民法講義

II

物権法

〔第4版〕

近江幸治著

成文堂

緒　言

本書は，私の『民法講義』シリーズの第２巻『物権法』であるが，実際に最初に出版したのは，この『物権法』からであった（1990年２月２日）。それは，当時大論争のテーマであった「物権変動論争」に関心を持ち，いくつかのところでその論稿を公表していたので，取りかかりやすかったからである。そこで，奮起をもって執筆に取りかかった。ただ，体系書となると，民法全般にわたる体系的整序作業が必要となる。例えば，物権変動論は，売買や契約に関する規定との関係，占有権は不当利得制度との関係など，整合性を考慮した解釈が必須である。このような問題に直面すると，なかなか筆が先に進まないのであるが，今では懐かしく思い出されるものである。

それからちょうど30年後の今年，全面改定の第４版を上梓することになった。

＊　　　＊　　　＊

民法制度は，ローマ法に淵源をもつところの，「人に対する法」（契約）と「物に対する法」（所有）という２つの軸から構成されている。前者は，「債権法（および親族法）」の基本概念であり，後者は，「物権法（および相続法）」の基本概念である。本書は，後者の「物権法」につき，我われ人間が「物」に対してどのように関係するか，具体的には，「物」を法律的にどのように「支配」するのかを，体系的に論じるものである。

なお，法制度というのは，普遍的な原理・原則を持っている反面，その時代の社会が生み出した歴史的産物でもある。封建時代の法制度，近代社会の法制度など，それぞれの社会が生み出したものであり，当然ながら，規範の内容も大きく異なっている。日本民法は，フランス革命を嚆矢とする「近代社会」の遺産であって，封建社会から脱却して，「人間の解放」（自由・平等）とともに，「所有の絶対」性を基調としているのである。

そして，社会が発展すれば，法制度もその社会に合った形で改正が行われ，また個別的な特別法による手当がされるのも，歴史的必然である。今後，日本社会は大きく展開していくことが予想されるが，民法もまた，それに応じて適宜改正されることになろう。

＊　　＊　　＊

初版の「緒言」には，『民法講義』シリーズの基本方針として，「初学者のための十分な配慮（図解の利用等），理解の上で必須の体系の重視（全体構成の見直し等），大部になることを避けること……」などが掲げてある。この点は，活字離れが進んでいる“現代の学生”への“教育的”配慮である。本書が，「注」を印刷屋泣かせの２行割注を使い，頻繁には使わない「索引」を小活字で３段組や４段組としているのもそのためであり，頁数を増やさず，大部の本になることを避けるための工夫である。

ところで，本書および本シリーズは，初版時の代表的な学説について，学術論文の作法として「プライオリティ原則」に従い，比較的詳しく引用してある。現在の学説の多くも，これら先賢の流れを汲んで展開しているので，学説の源流（オリジナリティ）がどこにあるのかも，容易にわかるであろう。

＊　　＊　　＊

本書の出版に際して，専門書の出版が必ずしも順風ではない今日に快諾を頂いた成文堂の阿部成一社長と，時間を惜しまずに編集を担当された小林等氏のご尽力によるところが大きく，お二人には心から感謝を申し上げなければならない。また，初版から第３版までは，阿部耕一会長（当時社長），前編集部部長 故土子三男氏，前編集部 石川真貴さんに大変お世話になったことを，忘れることはできない。併せて謝意を表する次第である。

2020年３月５日

近　江　幸　治

目　次

第2章　物権の変動

文献略語表

【体系書・教科書】

石口　石口修『民法要論Ⅱ物権法』(2017・成文堂)
石田(喜)　石田喜久夫『口述物権法』(1982・成文堂)
石田(穣)　石田穣『物権法』(2008・信山社)
内田　内田貴『民法Ⅰ［第4版］総則・物権総論』(2008・東京大学出版会)
大村　大村敦志『新基本民法2物権編』(2015・有斐閣)
於保　於保不二雄『物権法・上』(1966・有斐閣)
加藤(一)　加藤一郎『民法ノート(上)』(1984・有斐閣)
加藤(雅)　加藤雅信『新民法大系Ⅱ物権法［第2版］』(2005・有斐閣)
川井　川井健『民法概論2物権〔第2版〕』(2005・日本評論社)
河上　河上正二『物権法講義』(2012・日本評論社)
川島　川島武宜『〔新版〕所有権法の理論』(1987・岩波書店)
北川　北川善太郎『物権［第3版］民法講要Ⅱ』(2004・有斐閣)
篠塚　篠塚昭次『民法セミナーⅡ物権法』(1970・敬文堂)
末川　末川博『物権法』(1956・日本評論社)
末弘　末弘厳太郎『物権法(上巻)』(1960・一粒社)
鈴木　鈴木禄弥『物権法講義〔五訂版〕』(2007・創文社)
田井ほか　田井義信=岡本詔治=松岡久和=磯野英徳『新 物権・担保物権法〔第2版〕』(2005・法律文化社)
高島　高島平藏『物権法制の基礎理論』(1986・敬文堂)
田中編　田中整爾編『現代民法講義2物権法』(1986・法律文化社)
半田　半田正夫『やさしい物権法』(1985・法学書院)
平野　平野裕之『物権法』(2016・日本評論社)
広中　広中俊雄『物権法〔第2版増補〕』(1987・青林書院新社)
舟橋　舟橋諄一『物権法』(1960・有斐閣)
星野　星野英一『民法概論Ⅱ物権法』(1976・良書普及会)
槇　槇悌次『物権法概論』(1984・有斐閣)
松井　松井宏興『物権法』(2016・成文堂)
松岡　松岡久和『物権法』(2017・成文堂)
松坂　松坂佐一『民法提要・物権法〔第4版〕』(1984・有斐閣)
森泉=武川　森泉章=武川幸嗣『民法入門・物権法〔第3版〕』(1996・日本評論社)

我妻=有泉　我妻榮/有泉亨補訂『新訂物権法』(1983・岩波書店)
【Ⅰ】　近江幸治『民法講義Ⅰ民法総則〔第7版〕』(2018・成文堂)
【Ⅲ】　近江幸治『民法講義Ⅲ担保物権〔第3版〕』(2020・成文堂)
【Ⅳ】　近江幸治『民法講義Ⅳ債権総論〔第3版補訂〕』(2009・成文堂)
【Ⅴ】　近江幸治『民法講義Ⅴ契約法〔第3版〕』(2006・成文堂)
【Ⅵ】　近江幸治『民法講義Ⅵ事務管理・不当利得・不法行為〔第3版〕』(2018・成文堂)
【Ⅶ】　近江幸治『民法講義Ⅶ親族法・相続法〔第2版〕』(2015・成文堂)
近江『研究』　近江幸治『担保制度の研究』(1989・成文堂)

【文献引用の方法】

＊　上以外は，原則として，法律編集者懇話会「法律文献等の出典の表示方法」による。

＊　引用判決文中にある「右」という用語は，横書きの関係から，すべて「上記」に置き換えてある。

第１編　物権法総論

第１章　物権法の一般理論

第１節　物権の基本構造

1　物権とは何か

《社会的接触関係》――「物」に対する〈支配〉と「人」に対する〈要求〉

外界の事物は，人間（自分）を主体として考えると，「物」と，意思をもった「人」（他人）とに分けることができよう。そして，人間が社会的存在として生活していく場合，この外界には否応なしにかかわらなければならない。すなわち，「物」に対するかかわりと，「人」に対するかかわりであって，これは，人間の生存にとって必須の社会的接触関係なのである。この社会的なかかわり（＝接触関係）が，法律学上，「法律関係」（権利・義務の発生）となって現われるのである。次頁〔図〕参照。

では，これら２つの関係において，人は，どのようなかかわり方をするのであろうか。まず，人の「物」に対する関係である。人間は，「物」を使い，他人に貸し与え，また処分をすることができる。これは，人間が物を「支配」するという関係にあるからである。したがって，ここでは，「物」に対する〈支配〉という権利構造が成立するのである。

これに対し，人の「人」に対する関係はどうであろうか。「人」に対しては，人間は，〈支配〉するという関係構造を，少なくとも近代社会においてはもたない。近代法では，経済外的支配関係は否定されているからである（しかし，封建社会などの身分的階級社会では，「人」に対する〈支配〉が存在し，また，奴隷社会では，「人」は「物」の範疇にも入っていた）。人は，取引や不法行為など諸々の「人」（他人）に対する社会的接触のなかで，その「人」にあることを〈要求〉（〈請求〉）するということのみが認められ，これが法律的な権利構造となって現われるのである。

〔図〕
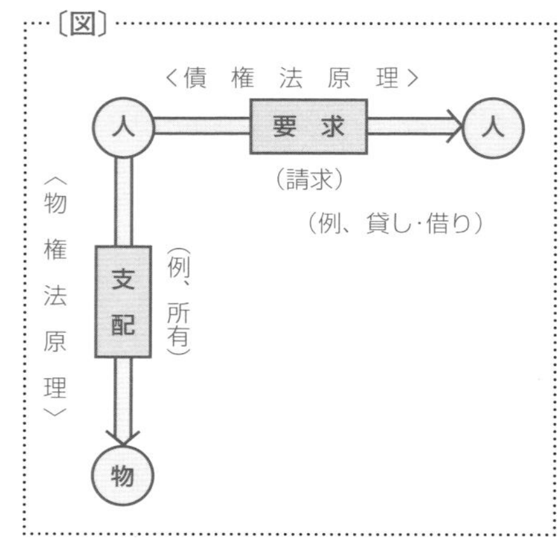

前者すなわち「物」に対する〈支配〉関係が，「物権」制度の基盤であり，後者すなわち「人」に対する〈要求〉関係が，「債権」制度の基盤である。このように，「物権」は「物」を〈支配〉することを基本原理とし，他方，「債権」は「人」にあることを〈要求〉（＝請求）することを基本原理としており，両者は相合して民法の双璧を構成しているのである。

なおまた，「物」が支配される対象となり，しかして，その支配関係の秩序・規範が形成されることは，外界の「物」が有限であるという事理（物の有限性）に基づいていることも理解されよう。物が有限であるかぎり，その物に価値が生じるのは必然である。ここに，「物」は財貨的意義を取得し，この価値「物」に対して「人」の支配が始まる。

そして，社会を構成する人々の間では，その「物」が誰に帰属するのか，誰の支配に服するのかを決定する規範（社会秩序）がおのずと生じてくるし，その反射として，その秩序を互いに尊重し合う意識もまた生まれてくる。この社会秩序の生成が，「物権法」規範の成立である。

2　物権の本質 ── 物の「排他的支配」性

(1)　物に対する「支配権」

(a)「支配」の態様　上記したように，物権とは，人が「物」を〈支配〉する権利（＝支配権）であるが，その〈支配〉の態様はどのようなものであろうか。例えば，土地という「物」を所有する場合を考えよう。土地の所有者は，その土地をみずから自由に使うことができるのは当然である（使用権能）。また，その土地を他人に貸して賃料を収得することもできよう（収益権能）。さらに，その土地を売却して売却代金を得ることもできる（処分権能）。このように，土地という「物」につき，所有権という「物権」を有する者は，その物を〈使用〉し，〈収益〉し，〈処分〉する権能を有している（206条参照）。

そして，物権の「物」を〈支配〉する権利，すなわち「支配権」とは，具体的には，上記の〈使用権能〉・〈収益権能〉・〈処分権能〉を指称*しているのである。

【所有権と制限物権】　このように，所有権は，物の使用・収益・処分のすべての権能を有する（206条）。したがって，所有権は物の全面的支配権である（物権の典型といわれるゆえんである）。

ところで，Ａの土地上にＢが地上権を設定したとしよう。地上権は，土地の使用と収益を内容とするので，土地の使用権能と収益権能はＢが有するが，処分権能は依然Ａが有している。このように，地上権や永小作権，地役権などは，使用権能と収益権能しか持たない（両者を併せて「用益物権」という）。

他方，抵当権は，抵当土地の使用・収益権能は有しないが，抵当債務が弁済されない場合は，その土地を換価処分して優先弁済を受けることができる権利であるから，処分権能を本質的内容とする物権である。

このことからわかるように，所有権以外の物権は，使用・収益・処分のうちの１つまたは２つの権能しか有しない。そこで，所有権以外の（ただし占有権を除いた）物権は，その権能が制限されていることから「制限物権」と呼ばれ，また，このような制限物権は他人の所有物の上にだけ成立することから「他物権」と呼ばれる。土地所有者は全面的支配権を持つから，その土地上にあえて自分のために地上権などを設定する必要はなく，たとえ理念的に設定できるとしても，混同によって消滅する（179条）。とすれば，制限物権が成立するのは他人の所有物上のみである。

＊　**「支配」の内容**　所有権の内容は，使用・収益・処分の３権限に尽きるものでなく，渾一なものであって，制限物権が設定されるのは，所有権の内容を構成している１権能を分けてやるのではなく，渾一な内容の一部を具体化して譲与するのだ，と考える説がある（我妻＝有泉258頁・270頁）。所有権は，全面的支配権であるからすべての権能を包含していることは確かであるが，しかし，およそすべての支配権能は，法律学的には使用・収益・処分の３類型に集約・還元できると考えられるから，それ以上の要素を抽出して規範立てする意味はないし，また，制限物権の設定は，これら各支配権能の物権者への移譲と考えてよいのである。

(b) 支配の「直接性」　物権が物を支配するのは，直接的であり，他人の行為の介在を必要としない。すなわち，例えば，Ａの土地上にＢが地上権を設定した場合，土地の使用・収益権能はＢに移譲するから，Ｂは，この土地を直接的に使用・収益できる。

これに対し，Ｂの土地利用権が賃借権（債権）であった場合には，物的支配権能としての土地の使用・収益権能はＡに帰属し，ＡがＢにその土地の使用を貸与・認容するという契約上のＡの「給付」行為を介して，Ｂの使用が可能となるわけである。したがって，Ｂの物支配は，直接的でなく，間接的である（後掲第２節**2**(2)（14頁）参照）。

(2)　支配の「排他性」

(a)「排他性」の意義　上に，「物権」は「物」を支配する権利であると述べたが，その支配の方法は，絶対的であり，かつ排他的（＝独占的）である。例えば，ある土地がＡの所有に属するならば，その土地上に重ねてＢの所有権が成立することはない（ある土地が，Ａの所有でもあり，Ｂの所有でもあるということはありえない）。また，先の例で，Ａの土地上にＢが地上権を設定した場合には，その土地の使用・収益権能はＢに移転するのであって，Ａは処分権能を有するのみである。このように，物権の「物」〈支配〉は絶対的・排他的である。

(b) 排他的支配権としての制度構築　物権は，「排他的支配」という強力な物支配制度であるが，この制度には，それを支えるいくつかの原則が存在する。

i　一物一権主義　物権の排他性ゆえに，同一の「物」の上には，同一の内容を有する物権は存在しない。このことは，法制度上も保障されている。すなわち，「一物一権主義」であり，物権の排他的性格から導かれる原則である。

ii　物権的請求権　また，たとえ「物」に対する排他的支配性が認められていても，その「物」が妨害されたり，奪取されたりして，その〈支配〉が乱されるならば，「排他的支配権」としての意味は消失するであろう。それゆえ，「排他的支配権」であることから当然に，妨害を排除したり，原状を回復したりする効力が認められなければならない。これを実現するのが，物権の妨害排除的効力としての「物権的請求権」である。

iii　物権法定主義・公示の原則　さらに，このような強力な効力を持つ物権は，第三者の利害に関係するところが大であるから，物権の種類を法律で認めておかなければならないし（「物権法定主義」），また，誰が物権者であるかを社会一般にあらかじめ知らせておく必要があるであろう（物権「公示の原則」）。

このように，後にみるところの，物権につき与えられている様々な効力および性格ないし性質等は，基本的には，物権の排他的支配性から導かれるか，またはそれと密接に関係しているものと考えてよい（詳細は追って述べる）。

第2節　物権の内容

1　物権の種類

(1)　物権法定主義

(a) 物権法定主義の意義　物権は，法律（民法その他の特別法）で定められたもの以外は，創設することができない（175条）。物権の種類はすべて法定されているのである。これが，「物権法定主義」である。この原則の持つ意味は，――

i　民法および特別法で定めている以外の種類の ―― 例えば，新型や異型の ―― 物権を創設できないこと

ii　民法および特別法で定めている種類の物権につき，それらの規定に定めるのとは異なった内容を与えてはいけないこと

の2つである。要するに，物権の種類と内容とは，法律が決定するということである（民法上の物権は11頁の一覧表に掲げる）。

> **【物権法定主義に違反した場合は】**　175条の規定に違反して，新たな物権を創設したり，法定の内容と異なった内容の物権を約定した場合は，強行法規に違反するものとして無効となる（91条）。ただし，当事者間の債権契約として債権的効力を生じさせることは差しつかえない。

(b) 物権法定主義の採用理由　物権法定主義が採用された理由は，次の2つである。第1は，土地上の封建的諸権利の整理，すなわち，封建的諸権利の復活の阻止である。近代的物権制度は，封建制度の複雑な物権秩序を解体・整理し，近代的所有権を中心とした新たな物権秩序の形成でもあった（第2編第2章第1節1（215頁）参照）。物権の法定（物権法定主義）は，この

過程において採られた基本原則なのである。

第2は，公示制度の確立，つまり，取引の安全に対する配慮である。物権のような強力な保護を与えられる権利は，反面において取引の安全を脅かすおそれも大きい。例えば，Aが自己の土地上に，民法で定めていないような物権的権利をBのために設定したとしよう。Aがその土地をCに売却した場合，もし，Bの権利が「物権」であったとすると，物権の絶対性（対抗力・追及力）によりCは思わぬ負担を強いられることになるであろう。このような事態になることを避けるため，まず，あらかじめ物権を登記により公示させる必要があった。つまり，取引の安全の要請から，物権の種類を限定し，内容を判明させる必要があったのである。

(c) 慣習上の権利の取扱い　上記のような物権に対する法律の制限的態度は，民法施行後，慣習法上の物的権利をどのように取り扱うかということで，次の2つの方向から問題とされた。

i　第1は，民法典編纂において民法外にとり残されたところの，民法制定前から存在した慣習法上の物権的な権利をどう取り扱うか。代表的なものは，流水利用権（水利権*），温泉権**，上土権（うわつち）***などである。

ii　第2は，民法制定後に，あるいは民法の欠陥を補い，あるいは経済社会の変遷に伴って慣行として生じた，新たな権利を物権的に扱うことはできないか。譲渡担保，根抵当権（昭和46年に民法「398条の2以下」として立法化），代物弁済予約（昭和53年に「仮登記担保法」として立法化）などである。

*　**水利権**（流水利用権）　水利権ないし流水利用権（呼び名は，地方によって異なる）とは，農村において，特に，水田に川や溜池から水を引く慣習上の物権的権利である。この水利をめぐる権利関係は，農村においては死活問題でもあり，その意味からも，判例上，早くから慣習的権利として承認された。

「流水利用権」として，「他人の所有地より湧出する流水を永年自己の田地に灌漑するの慣行あるときは，之に因りて其の田地所有者に流水使用権を生」じる（大判大6・2・6民録23輯202頁。第2編第2章第2節**3**(3)（222頁）参照）。

「水利権」として，「天明年間より今日に至るまで引続流水を引用し水車事業を営む者は，水車を目的とする水利権を有するものとす」（大判大14・12・11民集4巻709頁）。

**　**温泉権**　温泉権（温泉の湯口権）もまた温泉業を営む温泉街にあっては重要な

物権的権利であり，その権利関係は，各地方の慣習によって規律されているのが一般である。温泉権を物権的権利として最初に認めたのは，いわゆる「鷹の湯温泉事件」（大判昭15·9·18民集19巻1611頁）である。

松本地方の浅間温泉の旅館「鷹の湯」Aが，湯口権をBに質入れした後，湯が湧出する土地と湯口権とをC銀行に譲渡担保として提供した。そして，B（被告）がこの湯口権に対する差押命令を得たため，C（原告）は執行異議の訴えを提起した。争点は，もっぱらCの湯口権の対抗要件いかんにかかり，1審・2審は，Cが温泉取締規則による届出をし，またその土地の所有権登記を受けていたことをもって，Cを勝訴させた。

大審院は，「本件係争の温泉専用権即所謂湯口権に付ては，該温泉所在の長野県松本地方に於ては上記権利が温泉湧出地（原泉地）より引湯使用する一種の物権的権利に属し，通常原泉地の所有権と独立して処分せらるる地方慣習法存することは……原審の判定せる処……。然れども，既に地方慣習法に依り如上の排他的支配権を肯認する以上，此の種権利の性質上民法第177条の規定を類推し，第三者をして其の権利の変動を明認せしむるに足るべき特殊の公示方法を講ずるに非ざれば，之を以て第三者に対抗し得ざるものと解すべき」とし，原審はCの湯口権の取得につきこのような判断をしていないとして，破棄差戻した。

＊＊＊　上土権　　他方，存立を否定された権利として，上土権がある。大阪安治川周辺の新田開発者（小作人）には上土権利（地表のみの所有権）があるとされていたが，明治初期の地券交付による所有権←→利用権の二極分化にともない，これら小作人は単なる利用権者とされた。しかし，後の地価の高騰に乗じて地主が地代の値上げを要求したとき，小作人は慣習的物権である上土権でもって対抗し，これは地上権より強く所有権に近い権利であって，地主には地代値上げの権利はないと主張した。大審院は，しかし，上土権を「我民法の許容せざる所」として排斥した（大判大6・2・10民録23輯138頁）。なお，上土権は，理論的には分割所有権（geteiltes Eigentum）の一種であるが，このことは後述する（216頁【近代的所有権前史】，および278頁【小作関係小史】参照）。

(d) 慣習に関する諸規制　これら慣習法上の物権を175条の中で承認するには，次の2つの規制との関係がある。

i　法適用通則法3条　　まず，法適用通則法3条は，「法令の規定により認められた」慣習，および「法令に規定されていない事項に関する」慣習を，法として承認する。

ii　民法施行法35条　　次に，民法施行法35条は，「慣習上物権と認めたる権利にして民法施行前に発生したるものと雖も，其施行の後は民法其他の法律に定むるものに非ざれば物権たる効力を有せず」として，175条を補強している。

(e) 慣習に関する解釈問題　慣習法上の物権を承認しようとする場合に，これら諸規制との関係が問題となるが，学説は，まず，物権法定主義の必要とされた理由，すなわち，前掲(b)で述べた，① 封建的諸権利の復活の阻止，② 公示制度の要請（取引の安全），を取り上げ，この理由に悖らないものであれば認めてよいとする。つまり，公示方法を備えるならば取引の安全は害されず，そして，それらが近代的物権秩序に適合するものであれば慣習法上の物権として認められるべきだとするのである。ただし，条文上の根拠については，見解が多岐である。

i　法適用通則法3条と175条との関係　学説が分かれる。

〔A〕 当然承認説　社会の要求に基づいて生まれてくる慣習法を阻止することは不可能であり，有害でもあるから，慣習法上の物権を認めるには，175条や法適用通則法3条を無視すべきものとする（末弘厳太郎，石田文次郎）。

〔B〕 175条・法適用通則法3条説　「法令に規定されていない事項に関する」慣習は，法適用通則法3条により「法律と同一の効力を有する」とされているから，このような慣習（法）は，175条の「法律」に含まれるものと解する（末川27頁，川井7頁。同旨，我妻=有泉26頁）。

〔C〕 法適用通則法3条説　慣習法は，175条の「法律」とは無関係に，もっぱら法適用通則法3条によってその効力が認められるものとする（舟橋18頁，鈴木273頁，田中編13頁〔田中整爾〕）。

いずれの説も条文解釈上のぎごちなさはのこるが，〔A〕説は，実定法上の根拠を欠くという批判は免れない。また，〔B〕説については，175条の中にすべての慣習法を含ませることは，同条が表明する物権法定主義からして，その原則を無視することになろう。物権法定主義との関係を考えた場合には，慣習法は，175条には抵触しないで，法適用通則法3条によって認められるものとする解釈〔C〕説が妥当であろう。

ii　民法施行法35条　本条は民法施行前の慣習上の物権の整理に関

するものであり，それ以後に発生するものまでも否認する趣旨ではないと解するのが，学説一般の考え方である。

以上のように，慣習法上の物権は，一応物権的な取扱いを受けている。しかし，このことは，慣習法上の物権が，必ずしも民法上の「物権」として承認されたということではない。物権法定主義によって支えられている民法典上の物権制度は，強力に保護する必要性から，当然かつ包括的に物権的諸効力（後掲第3節「物権の効力」（20頁以下）参照）が与えられているのである。しかるに，慣習法上の物権については，そのような物権的効力のすべてを包括的に認める必要はなく，場合に応じて個別的に認めれば足りるものである（例えば，譲渡担保権については優先弁済権を認めれば足りる。また，流水権は，その引水割合や相続性を認めれば足り，「対抗」を考える必要はない）。したがって，そのような，個別的に認められた物権的効力を有する物権的権利を承認することは，175条の物権法定主義に抵触するものではないと解されよう（高島35頁，石田喜久夫『物権法拾遺』216頁参照）。判例が，このような慣習上の「権利」を，「物権」とは言わず，「物権的権利」という表現で承認していることに注意すべきである。

(2)　物権の分類と民法の物権構成

(a) 物権の分類　上で説明したように，物権の種類は，法律（民法その他の特別法）によって定められている（175条）。そこで，まず，次頁の〔図〕で民法典上の物権の種類をあらかじめ概観しておこう（説明は，各箇所に委ねる）。

(b) 民法の物権構成　民法の物権構成は，〔図〕で示すとおりであるが，そのように分類される背景には，若干の理論的根拠がある。その根拠を，あらかじめ簡単に説明しよう。

i　本権と占有権　本権とは占有権に対比されて用いられる概念なので，まず，占有権を理解しなければならない。占有権は，近代法においては多少異質なものであるが，占有しているという事実状態 —— したがって，物の支配の一態様でもある —— をそのまま保護しようとする制度である。そこでは，物を支配する権原は必要とされない（詳細は，第2編第1章（178頁以下））。

これに対し，本権とは，上記の占有権とは異なり，物の支配の権原を本体

〔図〕

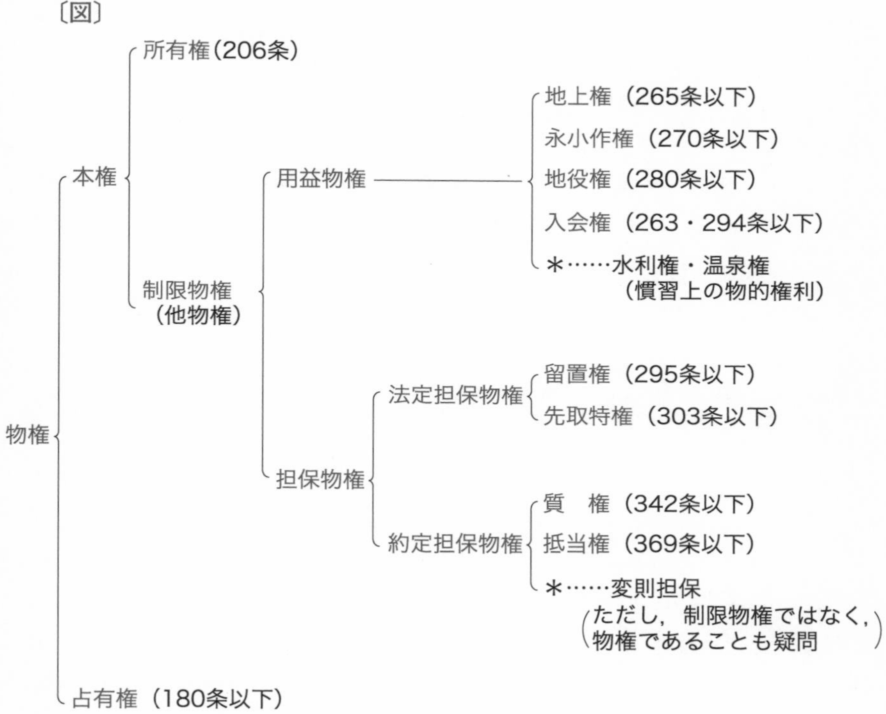

とする権利である。民法では，占有権以外の権利は，すべて本権である。

このように，民法では，占有権による支配秩序と本権による支配秩序との二重の物的支配関係が存在しているのである（田中編14頁〔田中〕）。

ii　所有権と制限物権　近代法は，物権制度のみならず，全般的に所有権を中心に構成されている。所有権は，商品交換関係での「商品」形成を保障する法律制度だからである。そして，物に対する支配性という観点から考えた場合には，所有権は，使用・収益・処分という支配権能のすべてを帯有している全面的支配権なのである。

制限物権とは，それら3つの支配権能のうち，1つまたは2つの権能しか有しない支配権である。そして，他人の所有物の上にしか成立しない。これらのことは，既述した（本章第1節**2**(1)(3頁）を参照せよ）。

iii　用益物権と担保物権　用益物権とは，制限物権のうちで，支配権の態様が，〈使用〉と〈収益〉に限定される物権である。

これに対し，担保物権とは，債権を保全することを物権の効力に依拠して達しようとする制度（物権）である。物に対する支配の態様からみれば，〈処分〉権能を有する物権である。債権が弁済されない場合，担保に供された物を売却・換価してしまうことのできる物権だからである。

2　物権と債権

(1)　物権と債権の峻別構成

(a) パンデクテン体系の継受　民法財産法は，「物権」（第2編）と「債権」（第3編）とに分かれる。この区別理論は，「パンデクテン体系」(Pandekten System) といわれるものであり，ドイツ普通法学（パンデクテン法学）が，ローマ法の「学説彙纂（いさん）」(digesta) を基礎に緻密に作り上げた財産法の理論体系である。わが現行の民法典は，フランス民法を受け継いだ「旧民法」の体系である「インスティトゥーツィオーネン体系」(Institutionen System) を廃棄し，パンデクテン法学の理論的集大成ともいうべきドイツ民法第1草案に依拠して，新たに「物権」と「債権」の峻別を基本とする体系を作り上げたものである（詳細は，【I】28頁以下参照）。

なお，この「物権」関係と「債権」関係とは，さきに第1節で叙したように（1頁），原理的には，外界の事物としての「物」に対する関係（支配規範）と「人」に対する関係（要求規範）の峻別を基本とした構成であることはいうまでもない。

【物権・債権の峻別とローマ法】　法体系としての「物権」と「債権」の峻別は，ローマ法を基幹とするパンデクテン体系（Pandekten System）に由来している。ローマ法では，元来，実体法と訴訟法との区別はなく，アクチオ（訴権 actio）によって一元的に構成されており（そして，アクチオがある場合にのみ救済された），そこでは，物に対する訴権（actio in rem）と，人に対する訴権（actio in personam）が認められていた。前者は物自体に対する訴権であって，物的追及，第三者への対抗を効力の基本とする。後者は，相手方（債務者）の行為（給付）を要求する訴権である。その後，ドイツ普通法学を通じて，アクチオが訴訟法と実体法とに分化するにいたり，対物訴権は実体法としての「物権」として，対人訴権は実体法としての「債権」として，それぞれ構成されたのである（原田慶吉『ローマ法(改訂)』398頁以下参照）。

(b) 物権・債権峻別の意義　物権・債権の峻別理論は，ドイツ普通法学が作り上げた法体系であり，フランス法の知らないところである。この法体系の意義の骨格を述べると（【I】29頁と重複する），——

i　物に対する法律関係と人に対する法律関係　第1は，この峻別は，ローマ法での「物に対する訴権」・「人に対する訴権」に由来するものであって，より根元的には，「物」に対する関係（支配規範）関係と「人」に対する関係（要求規範）の峻別を基本原理とした構成だということである（1頁参照）。

ii　支配関係の実現と義務の発生　第2は，したがって，人と人との関係である「債権」は，人（相手方）に対して一定の行為を「要求」（請求）をすることを内容とする権利であるから，債権の成立とは，相手方に一定の行為をすべき「義務」を発生させることである。これに対し，人と物との関係である「物権」は，物を直接的に「支配」することを内容とする権利であるから，物権の成立とは，物に対する直接的「支配」関係の実現であって，物権効果（支配関係の移転）は直接的に発生し，なんらの履行義務を残すものではない。

iii　物権の発生原因と債権の発生原因との峻別　第3は，債権も物権も，それぞれ，当事者の「合意」等一定の原因を基礎として発生するものであること。すなわち，「債権」は，合意（契約）その他（事務管理・不当利得・不法行為）によって発生するが，「物権」もまた，それを発生させようとする意思（物権移転の合意）によって発生することである。

以上が，ドイツ普通法学で展開し構成された，物権・債権峻別理論（パンデクテン体系）の骨格である。

(2)　物権と債権の法律的差異

(a)〈物権は人と物との関係／債権は人と人との関係〉

物権は，「物」を直接的に支配する権利であるが，債権は「人」にあることをせよと請求する権利（＝請求権）である。物権の「物」に対する〈支配〉はすでに説明した。債権が，「人」に対する請求権だというのは，例えば，債権者は債務者に対し，借金を支払え（金銭債権の場合）とか，ある物を作れ（物を製作する債権の場合），などと要求できる「請求権」（Anspruch）を有しているということである。

【債権と請求権】　既述したように（12頁【物権・債権の峻別とローマ法】参照），ローマ法では，実体法と訴訟法とが分離せず，アクチオ（actio）が法律を構成していた。そして，このアクチオ（訴権）は，現在の法律的考え方からすれば，実体法的な請求権（Anspruch）的側面と訴訟法的な訴権（Klagrecht）的側面を有するものであった。アクチオのこのような構造を発見したのは，ドイツの学者ヴィントシャイト（Windscheid）である。そして，その実体法的側面を「請求権」（Anspruch）と呼んだのである。

わが民法では，債権と請求権との区別は存しない。民法典上，「請求権」という名称として，債権法以外では，物権的請求権，夫婦の同居請求権（752条），親族の扶養請求権（877条）がある。ただ，債権法で一般的に使われる場合には，債権と請求権とは同義語と考えてよいであろう（ただし，債権の論理構造を考えた場合は別である。詳細は，奥田昌道『請求権概念の生成と展開』，同『債権総論〔増補版〕』7頁以下参照）。

(b)〈物権は物を直接に支配する権利／債権の物に対する支配は間接的〉

「直接」とは，法律的には多少不正確であるが，主体と客体（物）の間に何らの仲介者を必要としないという意味である。債権の物に対する「間接」的支配とは，例えば，使用借権者（593条以下）や賃借権者（601条以下）は，貸主に対して物（客体）を使用・収益させることの請求権（＝債権）を有しているが，貸主を介しての使用・収益であるから，このことを間接的に支配すると表現しているのである（第1節**2**(1)(b)（4頁）参照）。

(c)〈物権の「絶対性」／債権の「相対性」〉　物権はすべての人に対して主張できる ── 第三者に対して対抗力・追及力を有する ── が，債権は特定の人（債務者）に対してのみ，特定の行為を請求できる権利だ，ということ（債権の相対性につき，【Ⅳ】15頁・174頁参照。第2編第2章第1節**2**(1)(b)（217頁））。

(d)〈同一「物」上に同一内容の物権は複数成立しない／同一「人」（債務者）に対し同一内容の債権は複数成立する〉　**i　物権の場合**　物権の場合には，このことは，その排他性に由来する一物一権主義で貫かれている。前掲した例（第1節**2**(2)(4頁)）のように，同一土地につき所有権者が2人とか，地上権者が2人とかはありえないのである。

> **【物権の成立と対抗の問題】**　しかし，物権は意思表示（合意）によって成立する（176条）から，現実に多重の物権設定が生じることを阻止できない。そこで，これを，対抗要件主義（177条・178条）によって解決している。例えば，Aの所有する同一土地上に，BとCとがAから共に地上権の設定を受けたとすると，どちらの地上権が優先するかは，対抗要件（登記）によって決定されるのである（意思主義と対抗要件主義の問題である。→第2章（43頁以下））。

> **【共有の関係は？】**　同一の土地につき，AとBがその所有権を「共有」する場合は，理論が異なる。この場合には，同一土地に1個の所有権が成立し，その1個の所有権をA・Bが共同で所有するもので，上記の原理に反するわけではない（詳細は，第2編第2章第4節（242頁以下））。

ii　債権の場合　これに対し，債権の場合，A劇場主がC歌手と契約して6月1日に6時から9時まで出演してもらうという債権を取得することと，B劇場主が同じC歌手と同一日・同一時刻にB劇場で出演してもらうという債権を取得することは，法律的には可能である。その日にCがB劇場に出演した場合には，Aの債権の実現は事実上不可能となる ── すなわち，履行不能により消滅する ── が，その債権自体は，損害賠償債権（415条）に転化して存続する。

以上が，物権と債権の基本的な差異である。ただし，この区別が明白に現れていないものや，差異が事実上存しないようなもの*もあることに注意しなければならない。

＊　**債権の物権化**　例えば，不動産の賃借権は債権であるが，上記のような差異は，同じ内容の物権（例えば，地上権）と比べて，賃借人にとってきわめて不合理な結果をもたらす。そこで，賃借人の保護のために，借地法・借家法・農地法などの特別法によって賃借権（借地権，借家権）の効力が強化され，不動産賃借権は，限りなく物権に接合したのである。この現象を「賃借権の物権化」と呼んでいる（第3編第1章**3**（266頁）参照。詳細は→【Ⅳ】181頁，【Ⅴ】209頁）。

3　物権の目的

(1)　特定性と独立性

(a) 特定性　物権の目的物は，特定する独立の物でなければならない。債権は，種類と数量だけで成立するが，物権は，特定性[＊]と独立性が要求される。そして，この「特定性」とは，経済的・社会的観念から決定されるものであって，必ずしも物理的な意味ではない。したがって，1個の物の構成部分が変更しても特定性を失わない場合がある[＊＊]。

＊　**債権の成立と物権の成立**　債権は，種類と数量だけで成立する。例えば，Aが酒屋Bからビール1箱を買った場合，Aはビール1箱を引き渡せという債権を取得する。しかし，どのビール1箱かに特定しない間は，Aの所有物とはならない（Aの所有権は成立しない）のである。

＊＊　**「財団」の場合**　例えば，企業財団は，1個の「物」と見られるが，財団を構成する各財産に入れ替わりがあって変更しても，なお特定性を失わない。個々の物を集合して個の「物」とみなす「集合物」概念を前提としている（後掲**(2)(c)**〈例外〉**iii**（19頁）参照）。

(b) 独立性　「独立性」とは，物権の目的物となり得るのは独立した物であって，物の一部ないし構成部分に物権は成立しない，という原則である。これら物の一部や構成部分は，主物（主たる物）と切り離して排他的かつ直接的に支配することが不可能だからである。ただし，土地については，重大な例外がある（後掲**(2)(b)**〈例外〉**ii**（17頁）参照）。

【**構成部分と従物**】　物の「構成部分」ないし一部とは，「主物」（主たる物）

(87条参照)の本質を構成し，主物に包摂されるところの，独立性をもたない物である(例えば，柱を取り替えた場合の新しい柱)。したがって，それらに対して物権は成立せず，主物に成立する物権の効力が当然に及ぶことになるのである。

これに対し，「従物」(87条)とは，主物との位置関係ないし機能関係から見れば従たる関係にあるものであるが，しかし，主物からは独立した動産であって，物権は，主物と独立して従物の上に成立する(例えば，建物の賃借人が設置したエアコン)。

なお，この「構成部分」(wesentlicher Bestandteil)・「従物」(Zubehör)は，ドイツの学説理論に依拠するものである(詳細は→【Ⅰ】154頁)。

なお，民法で「物」とは有体物をいうが(85条)，この有体性の基準は，法律上の排他的支配の可能性であって，物理的に判断されるわけではない*。

＊ **「電気」は「物」である**　かつて，「物」の有体性をめぐって，「電気」が「物」であるか否かが争われたことがあったが，判例は，管理可能性ということから電気を「物」とし，窃盗罪を成立させた(大刑判明36·5·21刑録9輯874頁)。ただ，民法と刑法とでは，その概念構成が異ることに注意すべきである(大谷實『刑法講義各論［新版第2版］』175頁)。

(2) 一物一権主義

(a) 一物一権主義の意義　一物一権主義とは，1個の物に同一内容の物権は1つしか成立せず，逆に，1つの物権の客体は1個の物である，という原則である。前述したように，これは，物権の基本的性格である支配権の排他性から導かれるものであり，「物」の特定性・独立性を確実にして公示主義を全うするための原則である。一物一権主義の具体的な内容は，以下の2つである。ただし，各〈例外〉からわかるように，この原則が必ずしも厳格に貫徹されているわけではない。

(b)「物の一部分や構成部分に物権は成立しない」　前掲した，物権の目的の「独立性」をいっている(前掲(1)(b)(16頁)参照)。

＜例　外＞ ──

i　地役権は，土地の一部に設定される(282条2項)。

ii　土地は1筆(ひつ)，2筆として扱われるが，「筆」とは登記簿上の単位である。しかし，1筆の土地の一部でも，所有権（物権）は成立する。すなわち，1筆の土地の一部の譲渡は可能であり(後掲大連判大13・10・7（栗尾山林事件）)，また，時効取得も可能である（後掲大連判大13・10・7（孫左衛門塚事件））。

【土地の特殊性】

i　1筆の土地の一部の譲渡（大連判大13・10・7民集3巻476頁（栗尾山林事件））　本件山林はAら数名の共有名義となっているが，実際には各自がその区域を私的に定めて分有する単独所有であり，そのうちで，Aが遺産相続によって取得した部分をXが買い受けた。その後，Aの家督相続人Y_1は，家督相続による持分取得登記を経由した後，その持分をY_2に売却して登記を完了した。Xは，Aらの共有持分は虚偽の登記であり，したがって，Y_1→Y_2の移転登記も無効だとして，Y_1・Y_2に対する登記の抹消を請求。原審では，Xの勝訴。Y_1・Y_2は，1筆の土地を私的に区分しても物の一部であって，独立物ではないから，譲渡契約だけでは所有権はXに移転しないとして，上告。

大審院は，上告棄却。「所有者は1筆となれる自己の所有地内に一線を画し，或は標識を設くる等に依りて，任意に之を数箇に分割し，其の各箇を譲渡の目的と為すことを得べきものにして，其の之を数箇と為すに付ては，特に土地台帳に於ける登録其の他の方法に依り公認せらるるの必要なきものとす。……既に1筆として登記せられたる土地を上記の如く数箇に分割して譲渡したる場合に於て，譲渡の登記を為すには，先づ分筆の手続を為すことを要すべしと雖，契約の当事者間に於ては，其の以前既に権利移転の効力を生じたるものと謂ふべく」，としてXの請求を認めた。

ii　一筆の土地の一部の時効取得（大連判大13・10・7民集3巻509頁（孫左衛門塚事件））　「土地の如く之を区分して数箇と為すことを得る物に付ては，其の一部の占有ありたる場合に於ては，時効の完成と同時に法律上其の占有部分を区分して一箇の物として占有者に其の所有権を賦与する趣旨なり」。

(c)「数個の物に1つの物権の成立はない」　個々の「物」が，独立性を有する以上，個別に物権が成立するからである。

＜例　外＞──

i　抵当権の効力は，「従物」にも及ぶ（大連判大8・3・15民録25輯473頁）。従物は従たる地位にあっても独立した物（動産）であるが，抵当権の特殊性から，このように扱われる（【Ⅲ】131頁以下参照）。

ii　立木法（「立木ニ関スル法律」〔明治42〕）上の「立木（りゅうぼく）」と認められる樹木の集団は，不動産とみなされ（法2条1項），一括して所有権および抵当権の目的となりうる（法2条2項）。この「立木」とは，1筆の土地または1筆の土地の一部に生立する樹木の集団で，所有者が所有権保存の登記を受けたものをいう（法1条1項）。

iii　動産や債権の集合体である「集合動産」・「集合債権」——すなわち「集合物」——は，1個の「物」と認められ，その上に1つの物権が成立する。民法では，集合動産の譲渡担保（【Ⅲ】331頁以下），集合債権の譲渡担保（【Ⅲ】363頁以下）で問題となる。特別法では，企業施設全体を1個の「物」とみなす「財団」がある（例，鉄道抵当法。【Ⅲ】272頁）。これらの場合，その集合体を1個の「物」とみなすいわゆる「集合物」概念を承認することが前提となる（個々の物が独立しているものであれば，権利は個々の上に複数成立するからである）。

【「集合物」概念の意義と特定性】　「集合物」概念は，多数の物を「1個」の物として把握するものである。そうであれば，法律的に2つのことが問題となる。

第1は，取引の対象となる以上は，必然的に，一定の「範囲」（枠）を問題とせざるを得ない。そこで，集合動産ないし集合債権を「特定」する必要がある。集合動産の譲渡担保については，すでに，動産の，①種類，②所在場所，③量的範囲，という特定基準が確立している（最判昭和54・2・15民集33巻1号51頁，最判昭和62・11・10民集41巻6号1559頁）。例えば，「債務者所有の甲倉庫の中にあるH型鋼材全部」，とするごとくである。集合債権については，債権の，①種類，②始期と終期，③金額，がその特定基準とされる。

第2は，「集合物」という枠に後から入ってくるものはこれを捕捉し，逆に，そこから搬出されるものは集合物から離脱することが，理論として承認されなければならない。

第3節　物権の効力

1　物権の一般的効力とは

≪第三者に対する効力≫

第1節・第2節で,「物権」につき，その内容や，種々の原則等によって規定づけられた性格・性質が理解されたであろう。それらは，つまるところ，物権の本質である「排他的支配」性から派生してくるものであった。では，このような内容・性質を有する「物権」は，対外的には（対世的には），つまり第三者の利害と衝突するような場合には，一般的にどのような効力が与えられているのであろうか。ここで，一般的な効力というのは，およそ「物権」であれば必ず認められるところの,「物権」全部に共通する一般的な効力である*（各「物権」には，個別的に認められる特殊的な効力もあるが，それについては，各物権の箇所で触れる）。

「物権」は，対第三者の関係で，3つの一般的な効力を有している。第1は,「優先的効力」であり，物権が他の権利と衝突するときは他に優先する効力である。第2は,「妨害排除的効力」（物権的請求権）であり，他から妨害を受けたときはそれを排除できる効力である。第3は,「追及効」であり，物権はすべての人に対して主張（追及）できるとする効力である。いずれも，物権の排他的支配性という特質から導かれる効力である。順次説明しよう

＊　**慣習法上の物権と物権的効力**　慣習法上の物権として有効性を認められたものが，必ずしも物権に共通する一般的効力を与えられるものではないことは，既述したところである（第2節1(1)(e)（9頁）参照）。

2　優先的効力

(1)「優先的効力」の意味

物権の優先的効力とは，① 先に成立した物権が，後に成立する物権に優先してその内容を排他的に実現でき，また，② 同一内容の物権と債権とが存在するときは，物権が優先する，とする効力である。前者は，物権と物権との関係における問題であり，後者は，物権と債権との関係の問題である。したがって，場合を２つに分けて考察することが便宜である。

(2) 物権相互間 ──「成立順」原則

(a)「成立順」原則　物権は物に対する独占的な排他的支配権であるから，物の上に２個以上の同一内容の物権を成立させることはできない。そこで，物権相互間においては，「先に成立した物権が後に成立する物権に優先する」（成立順原則*）というのが民法原則である。

(b) ＜例　外＞　しかし，以下の重要な例外がある。──

i　公示方法ないし対抗要件の備わる物権　公示方法ないし対抗要件が制度的に備わる物権については，それを先に具備した方が優先する（177条・178条）。重要な例外であり，通常の物権は，この例外が事実上原則となっている。未登記の物権相互間でも同様であり，登記のない以上両者に優劣はない（最判昭33・7・29民集12巻12号1879頁。第２章第３節2(3)(b)（72頁）参照）。

したがって，上に述べた，本来の原則である成立の前後による優劣は，次のiiおよびiiiの例外を別として，留置権や入会権など，公示方法ないし対抗要件制度になじまない物権に適用されることになる。

ii　占有権　占有権は，本権たる物権とは異なり，排他性を有しないのであるから，優先的効力によってその権利を保障する必要はない。それゆえ，同一物上に数個の占有権が優劣なしに併存することになる。

iii　先取特権　先取(さきどり)特権は，法律が特別の政策的理由により認めた制度であるから，先取特権相互間（329条-331条）だけでなく，他の担保物権との関係についても優劣関係が法定されている（334条339条）。

＊　**債権相互間では平等原則**　それに対し，債権は，同一対象の上に複数成立することができるが，その債権間に成立の先後による優先関係はなく，債権額に応じて平等に扱われる。いわゆる「債権者平等の原則」である。

(3)　物権と債権間 ── 物権優先原則

(a) 債権に対する物権優先　債権の目的となっている物に物権が成立するときは，「物権が債権に優先する」というのが民法原則である。債権に対しては，物権は，原則として対抗要件を具備することを要しない。現実には，次の場合を考えることができよう（近江「物権と債権」法学セミナー583号34頁以下参照）。

(b) 物権と債権の競合　債権の目的となっている特定の物に，物権が成立した場合は，物権が優先する。例えば，Aが，Bに賃貸している物をCに売却した場合，賃借人Bは新所有者Cに対し，賃借権（に基づく物の使用）を主張できない（「売買は賃貸借を破る」（Kauf bricht Miete）からである）。使用貸借権に対しても同様である。

＜例　外＞──

i　不動産賃借権　不動産の賃借権は，登記（対抗要件）を備えることによって物権と対等の地位に立ち，両者の優劣は登記（対抗要件）によって決定される（605条）。さらに，借地権については建物保存登記（借地借家10条1項），建物の賃貸借については引渡し（借地借家31条），農地の賃貸借については引渡し（農地18条1項）がそれぞれ対抗要件とされ，その具備によって物権に対抗できることになった。「不動産賃借権の物権化」（不動産利用権の強化）であり，「売買は賃貸借を破る」の原則を崩している（前述16頁注＊参照）。

ii　仮登記制度による修正　仮登記によって順位を保全できる債権，すなわち不動産の物権変動を目的とする請求権（債権）（不登105条2号）は，仮登記によって物権に優先する効力が認められる（もちろん，その後の物権変動に基づいて，仮登記を本登記に改めなければならない（第2章第3節5(8)(b)（139頁参照））。

iii　対抗要件制度による修正　上記i・iiの関係においては，物権といえども，対抗要件を具備しなければ，債権に優先しない。その限りにおいて，物権優先原則が修正されている。

(c) 物権の目的物に対する執行　特定の物が物権の目的となっている場合に（例えば，その物が担保物権の目的である場合），一般債権者がその物につき強制執行をし，または換価手続をとるときは，物権者は，その強制執行を阻止し（民執38条。第三者異議の訴え），または強制執行を申し立てた債権者に優先して弁済を受けることができる（同87条1項4号・133条参照）。債務者の破産の場合における取戻権（破62条）と別除権（同65条）も，同様の制度である。なお，この関係では，物権は原則として対抗要件を具備する必要がある。

3　妨害排除的効力 —— 物権的請求権

(1)　物権的請求権とはどういうものか

(a)「円満な物権支配」の復元　物権は，物を直接かつ排他的に支配する。物権の物に対するこの支配関係は，法的に保護されなければならない。それゆえ，この直接的・排他的支配という本質的内容を脅かす侵害に対しては，自力救済が禁止されている法治主義の下では，それを排除する救済手段を与えられる必要がある。この救済手段が，物権的請求権（物上請求権）である。

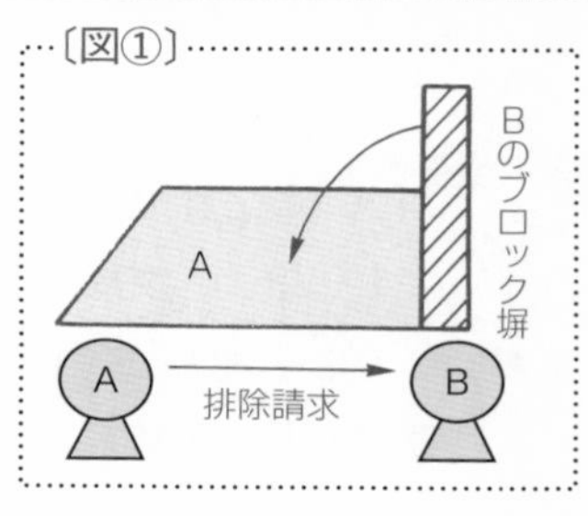

例えば，自己の所有物を奪われた者は，侵奪者に対して，当然に所有物の返還を請求できる。また，上の〔図①〕のように，Aの土地にB所有のブロック塀が倒れてきた場合（または，そのおそれのある場合），Aは土地の所有権の支配が侵害（妨害）された（または，そのおそれがある）わけだから，その侵害

の排除（または，その予防）を請求できる。このように，物権を有する者は，物の円満な支配が侵害され，または侵害されるおそれがある場合には，物権の効力として，侵害者に対して，所有物の返還，侵害の排除，または予防に必要な行為を請求する権利を有するのである。

この関係を他面から見るならば，物権の物支配には復元力があるということであり，したがって，物権的請求権とは，その円満な支配を法的に保障する制度なのである。

(b) 物権的請求権の発生 ── 物権の「侵害」　物権的請求権は，物権の侵害または侵害のおそれのある事実が生じることによって発生する。侵害または侵害のおそれのある事実とは，物権本来の内容 ── 物の支配性 ── の実現が妨げられている（またはそのおそれがある）という状態である。そして，これは，客観的状態から判断されればよく，侵害者の故意・過失に基づくことを必要としない。したがって，不可抗力による侵害の場合（例えば，さきの例で，B所有のブロック塀がAの土地内に倒れたのは地震によるという場合）でも発生する。不法行為（709条）の成立要件とは異なる点であり，物権的請求権が，不法行為のような「行為責任」ではなく，「状態責任」といわれるゆえんである（好美清光『注民(6)』71頁）。

(c) 当事者　物権的請求権は，一つの請求権であるから，被侵害者から侵害者に対する請求である。それゆえ，──

i　主　体　物権的請求権の主体は，侵害を受け，または侵害を受けるおそれのある物権を有する者である。すでに述べたように，物権的請求権は，物権保有者を離れて存在しないのである。

ii　相手方　物権的請求権の相手方は，現に他人の物権を客観的に侵害し，または侵害の危険を生じさせている者，である。したがって，例えば，Aの土地所有権がBの所有物によって侵害されていても，その物がBからCに譲渡されれば，Aの物権的請求権の相手方はCである（後掲大判昭7·11·9民集11巻2277頁（28頁【危険予防設備請求事件】所掲），後掲大判昭12·11·19民集16巻1881頁（32頁【判例の見解】所掲））。

その際，侵害物である建物の「登記」をBが現に有している場合に，Bが未登記のまま建物をCに譲渡した後に，自分の意思に基づかないで登記がされた（妨害排除請求の相手方とされたため，仮処分禁止の登記をする必要から裁判所の嘱託で保存登記がされた）ようなときは責任を負わないが（最判昭35･6･17民集14巻8号1396頁），Bがみずからの意思に基づいて建物の所有権取得登記を経由したものであるときは，たとい建物をCに譲渡しても，引き続きその登記名義を保有する限りは，信義則上，Aに対して，譲渡による建物所有権の喪失を主張して建物収去・土地明渡しの義務を免れることはできない（最判平6･2･8民集48巻2号373頁）。

同様の理論から，自動車の購入代金を立替払いした者がその自動車の所有権を留保する場合において，自動車の割賦払売買で「所有権を留保した者は，第三者の土地上に存在してその土地所有権の行使を妨害している当該動産について，……弁済期が到来するまでは，……特段の事情がない限り，当該動産の撤去義務や不法行為責任を負うことはないが，……弁済期が経過した後は，留保された所有権が担保権の性質を有するからといって撤去義務や不法行為責任を免れることはない」（最判平21・3・10民集63巻3号385頁）。

また，上記(b)で触れたように，侵害が，侵害者の故意・過失によるものであるか否かは問わない。したがって，所有権者は，自己の所有物について状態責任（一種の管理責任）を負っているものと解することができよう。

(2)　物権的請求権の根拠

(a)　物権的請求権の法的根拠　上記のような形で発生する物権的請求権の根拠については，民法上の規定はない。しかし，民法起草者は，当然のことである（所有物を奪われた場合に，その返還を要求できることは当然であり，このことは，法律的には物権的請求権の発動である）から規定を置かず，物権的請求権が認められない場合にのみその旨の規定*を置いたとしている。

そこで，学説は，202条の「本権の訴え**」と占有訴権の規定（197条以下）を法文上の根拠とし，さらに実質的根拠として，「権利としての不可侵性」，「物権の直接支配権としての性質」，「排他性」，「絶対性」などに依拠している（高島45頁は，前者は法的根拠づけであり，後者は物権的請求権の必要性であるから，両者を区別すべきだとする。なお，佐賀徹哉「物権的請求権」『民法講座2』17頁以下参照）。自力救済が禁止される以上，物権的請求権が認められなければ，物権の物支配は有名無実化してしまうからである。

＊　**物権的請求権が否定される場合**　占有を失った留置権（302条），目的動産が売却された場合の先取特権（333条），占有を奪われた動産質権（353条）などである。

＊＊　**「本権の訴え」**　「本権」については前に説明したが（第2節**1**(2)(b) i（10頁）），その「本権の訴え」とは，物権的請求権としか考えられない。

(b)　物権的請求権の法的性質　物権的請求権は，侵害者（特定人）に対して侵害の除去を請求する権利として構成されている。この権利は，支配権たる物権の内容をなすものではないが，物権の内容 —— 支配権 —— を実現するために認められるものである。しかも，侵害または侵害のおそれのある事実の発生を必要とする。この関係において，物権的請求権の性質の捉え方につき，若干の相違がある。

〔A〕　物権的効力説　物権的請求権は，物権の作用もしくは効力にすぎないもので，独立の権利ではない，とする（鈴木74頁。大判大5·6·23民録22輯1161頁）。

〔B〕　債権説（準請求権説）　物権的請求権は，物権から独立した純粋の債権，あるいは債権に準じる特殊の請求権である，とする（鳩山秀夫）。

〔C〕　独立請求権説　物権的請求権は，物権から派生して常に物権に依存する独立の請求権である，とする（末川35頁，我妻＝有泉23頁，舟橋40頁，川井11頁）。

物権的請求権は，特定人に対する請求権である反面，物権と離れて存在しない以上，理論的には〔C〕説が妥当である。これらの考え方の対立は，以下の具体的な諸問題に際して，顕著となろう。——

i　侵害除去の請求につき，債権に関する規定の適用または準用ができるか？　実際に問題となるのは，債務不履行（412条以下）や弁済（474条以下）の規定である。〔B〕説では当然のこととなろうが，他の説も，準用ないし類推適用でこれを認めている。しかし，〔A〕説は弱いであろう。

ii　物権的請求権を物権と切り離して移転できるか？　物権的請求権がたとえ〔準〕債権と考えられるとしても，これは物権から派生し，常に物権に依存している状態には変わりはない（〔C〕説参照）。すなわち，通常の債権とは異なり，物権的請求権は常にその母胎である物権と運命を共にする。したがって，物権と切断した形で移転することはできない（高島51頁）。〔C〕説が妥当である。

判例も，物権を有する者でなければ物権的請求権を有しないと同時に，物権を有する者がその物権を他人に譲渡したときは，これと共にその者は物権的請求権を失う，とする（大判昭3・11・8民集7巻970頁）。

iii　物権的請求権は消滅時効にかかるか？　物権的請求権は，物権の作用ないし物権から派生して物権と運命を共にするものと解すると（〔A〕説・〔C〕説），この請求権は，物権とは独立して消滅時効にかかるということはありえない（通説。前掲大判大5・6・23，大判大11・8・21民集1巻493頁）。

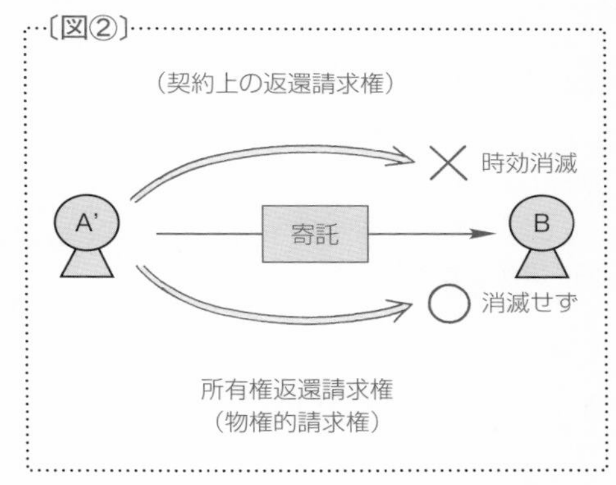

【物権的請求権は時効消滅しない】　〔図②〕前掲大判大11・8・21を略すると，Aは，財産保護の目的のために，本件宅地をBに「寄託」することにし，Aの請求あり次第BがAに返還することを約束して，その名義のみをBに移転させた事案で，Aを相続したA′（原告）がB（被告）にその所有権移転登記を請求したところ，Bは，A′の宅地返還請求権はすでに消滅時効にかかっていると主張した。原審はBの主張を容認したので，A′から上告。

破棄差戻。「寄託物の返還請求権は契約上の債権に基き之を為すことを得るの外，自己の所有物を寄託したるときは，所有権を主張して其の物の引渡を請求することを得べく，契約上の請求権と物上請求権とが相競合することあるを妨げざるを以て，契約上の返還請求権が消滅時効に因り消滅したればとて，受寄者の為に寄託物の取得時効完成せざる限り，其の物の所有権に基く返還請求を拒否し得べきものに非ず」。

以上が支配的見解であるが，ドイツ民法が物権的請求権の時効消滅を認め（194条），また，わが国の相続回復請求権 ── 物権的請求権と同質 ── も時効にかかる（884条）ことなどを根拠に，近時は，物権的請求権も特定の妨害者に対する関係では消滅時効にかかるとする説もある（末川37頁，星野23頁。川島武宜『民法総則』439頁は，妨害が存する限り不断に発生するという論理は，物権的請求権を説明するために人が構成したものであり，物権妨害が正当の理由に基づくのかどうかという問題こそ，長年月のうちに不明確になるのであるから，請求権時効の制度をこれに認めることは不可能ではないとする）。

(3)　物権的請求権の態様

物権的請求権は，沿革的には，侵害に対するその除去 —— 相手方の除去行為 —— を請求する権利であった。したがって，相手方に対する積極的行為を請求することが基本である。しかし，後に述べるように，物権的請求権は物権の支配を復元するための制度である以上，請求者がみずから排除行為をする場合にその忍容を請求することもまた，この請求権の内容として認められなければならない。

(a) 積極的行為請求権

相手方に対する積極的行為請求は，占有訴権の３つの態様に照応し（第２編第１章第３節**2**(3)（198）頁参照），目的物返還請求，妨害排除請求，妨害予防請求がある。なお，以下では，所有権を中心に述べるので，他の物権については妥当しない場合もあることを注意せよ。

i　目的物返還請求権　物権の目的物を他人が占有するために，物権の内容を実現できないことから，その回復 —— 目的物の返還 —— を求める請求権である。侵害者の占有は，侵奪（故意・過失による）であることを要せず，例えば，Ａの土地にＢの物が偶然入り込んだ場合でも，自力救済が認められない以上，ＡはＢの物を侵害していることになり，Ｂは物の引渡請求ができる。動産の場合は引渡請求，不動産の場合は明渡請求となる。

ii　妨害排除請求権　占有侵害以外の方法によって物権の内容の実現が妨げられている場合に，その侵害の除去を求める請求権である。

iii　妨害予防請求権　現実には物権の侵害を生じていないが，侵害を生じるおそれのある場合に，その防止を請求する権利である。

> **【危険予防設備請求事件】**　大判昭７・11・９（民集11巻2277頁）。土砂を採掘して隣地の崩壊をきたすおそれのある場合の予防請求で（後述32頁所掲の大判昭12・11・19とほぼ同じ事案），「土砂を掘採し隣地の崩壊を来たす虞ある危険なる状態を作為したるときは，其の土砂の掘採が前所有者の時代に為されたると，将た又現所有者の時

代に為されたるとを問はず，又其の掘採が現所有者に依りて為されたると，将又前所有者其の他の第三者に依りて為されたるとに論なく，現所有者が其の危険なる状態を其の儘に放置して顧みざるは，隣地の所有権を侵害するものなるを以て，之が予防に必要なる設備を為すの義務あるものと謂はざるべからず」

【差止請求の法的根拠は？】　物権的請求権は，しばしば，騒音・震動・煤煙などの公害問題や，日照等の生活妨害問題において，差止請求をする場合の法的根拠とされてきた。すなわち，騒音，震動，煤煙，あるいは日照の遮断などにより，付近の土地・建物の所有権その他の物権を有する者は，それら物権が侵害され，またはそのおそれがあるとする法律構成である。しかし，これは，「人格権」，「環境権」，「日照権」などが法的に承認されていないために現れた現象であって，それらが承認されつつある前段階としての機能と考えた方がよい（詳細は，【Ⅵ】170頁以下参照）。

現在では，公害の差止の法理は，物権的請求権構成から脱皮し，直截に「人格権」を根拠とする構成によっており，確固たる理論となっている。すなわち，その先駆をなした大阪高判昭50・11・27（判時797号36頁 ― 大阪国際空港公害訴訟。ただし，その上告審である最大判昭56・12・16民集35巻10号1369頁は，差止めを否定）は，「個人の生命，身体，精神および生活に関する利益は，各人の人格に本質的なものであって，その総体を人格権ということができ，このような人格権は何人もみだりにこれを侵害することは許されず，その侵害に対してはこれを排除する権能が認められなければならない。すなわち，人は，疾病をもたらす等の身体侵害行為に対してはもとより，著しい精神的苦痛を被らせあるいは著しい生活上の妨害を来たす行為に対しても，その侵害の排除を求めることができ，また，その被害が現実化していなくともその危険が切迫している場合には，あらかじめ侵害行為の禁止を求めることができるものと解すべきであって，このような人格権に基づく妨害排除および妨害予防請求権が私法上の差止請求の根拠となりうるものということができる」とする。

なお，日照被害の差止については，まだ物権的請求権構成が払拭されていない。東京地決昭47・2・28（判時660号32頁）は，「日照被害による建築差止めの被保全権利については，種々の見解があるが，隣接する土地，建物の住居としての利用に結びついたものとして，物権的請求権と人格権の複合的なものと解する」とする。

他方，「環境権」については，裁判所はこれを認めていない（例えば，大津地判平元・3・8（判時1307号24頁 ―琵琶湖総合開発計画工事差止訴訟）は，明白にそれを否定する）（以上の問題については，沢井裕『公害差止の法理』11頁以下参照）。

(b) 忍容請求権　物権的請求権は，原則としては，上記の積極的行為請求権であるが，しかし，物権の支配権を復元する制度である以上，請求者（被侵害者）みずからが物の支配を回復しようとする場合，その忍容を請求することも承認されなければならない（詳細は後掲(4)(b)［Ⅲ］（34頁））。

なお，無体財産権については，特別法により，侵害の排除や差止請求が認められている（商20条・21条，特許100条，著作112条，新案27条など）。

(4)「費用負担」の問題とそれに惹起された議論

(a) 問題の所在 ――「費用負担」の問題　以上で，物権的請求権の基本的な発生原理とその性質を理解したであろう。つまり，物権的請求権は，物権の正常な物支配が損なわれている場合に，損なわれるにいたった責任関係などは一切捨象して，物権の物支配を正常化させるための制度なのである。そして，物権の物支配が，本来あるべき状態でない場合には，この請求権の発生は，自然発生的でさえある。ここまでは，以上の説明の通りである。

問題は，これ以降である。妨害除去のための「費用」はいったい誰が負担するのか。既述した原理からいうと，相手方（侵害者）に請求するのだから，常に相手方の費用負担ということになる。この場合のモデルとしては，Ａの物をＢが盗み去った場合のＡのＢに対する請求や，Ｂが不注意に（あるいは故意に）Ａの土地上にブロック塀を倒した場合のＡのＢに対する請求などが，基本として描かれている。そこでは，例からわかるように，侵害の責任関係は不問とされつつも，相手方の故意または過失 ―― すなわち，相手方の「責任」―― の存在が推察されるのである。だからこそ，相手方に侵害の除去という行為を相手方の費用で請求しうることが，当然とされるのである。

しかし，Ｂのブロック塀が自然災害など不可抗力によってＡの土地に倒れた場合や，第三者ＣがＢの物を盗んでＡの土地上に放置したような場合には，Ａの妨害排除請求の相手方Ｂが侵害状態の作出に寄与していない以上，その除去の費用を相手方Ｂに負担させるのは酷であり，また，ＢもＡに対して物の返還請求権を有するので，ＡとＢの物権的請求権が互いに対立し，事態の収拾がつかなくなるであろう。

ここにおいて，物権的請求権実現のための「費用負担」の問題がクローズアップされることになった。と同時に，この問題によって，物権的請求権の本質的内容が，改めて論議されることになったのである（後掲35頁【不可抗力による建造物倒壊と撤去費用の負担】参照）。

(b) 物権的請求権の内容の再検討　そこで，この問題を検討する前提として，まず，〔図〕に沿って２つの基本モデルを措定しよう。

〔モデルⅠ〕「相手方」に侵害作出の責任がある場合　〔図③〕Ａの土地をＢが不法に占拠して建物を建てたという場合であり，ＡからＢへの妨害排除請求である。

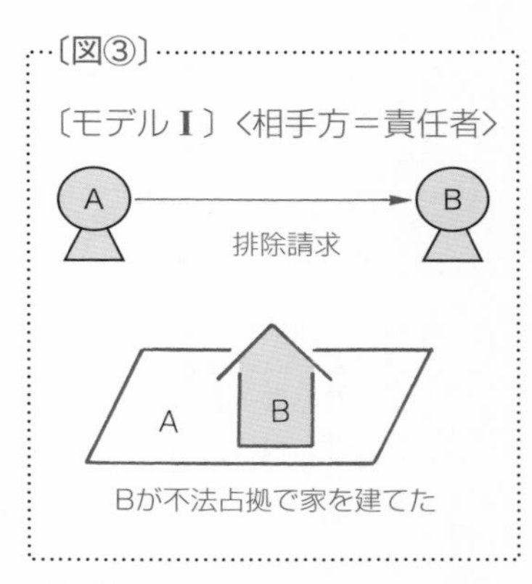

〔モデルⅡ〕「不可抗力」または「第三者の行為」によって侵害がもたらされた場合　２つに分けて考えた方が便宜である。――

→**〔モデルⅡ①〕「不可抗力」による場合**　〔図④〕Ｂのブロック塀が地震でＡの土地に倒れたという場合である。ＡからＢに対する妨害排除の請求がある反面，不可抗力によるものであり，また自力救済が禁止されている以上，Ｂもまた，Ａに対する返還請求権を有することになろう。

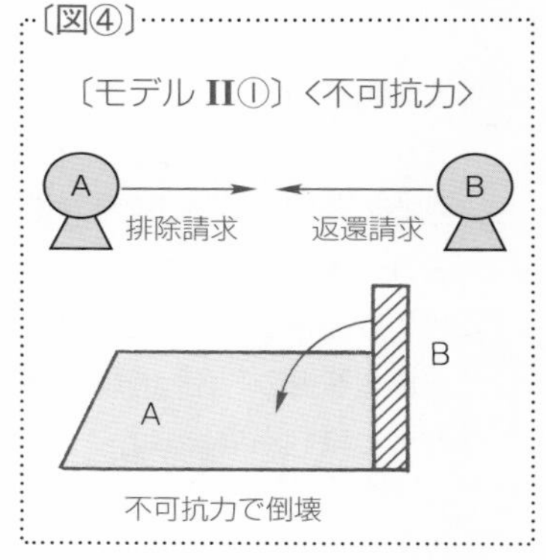

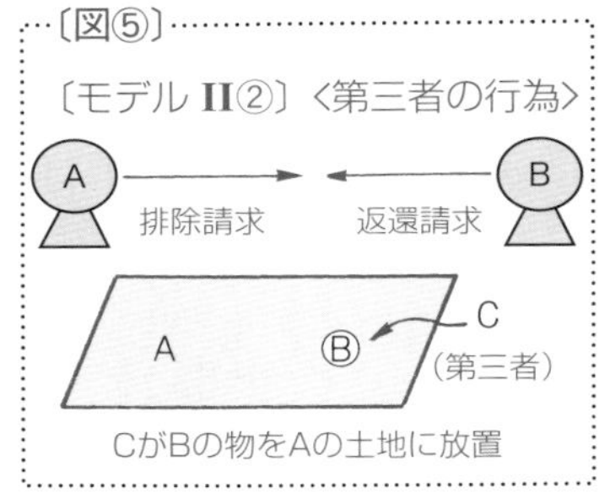

→〔モデルⅡ②〕「第三者の行為」による場合　〔図⑤〕CがBの物を勝手にAの土地上に置き去った場合である（大判昭5・10・31民集9巻1009頁）。ここでも，Aの妨害排除請求とBの返還請求とが対峙している。

このような各場合を総合的に把握した場合，物権的請求権の本質的内容をどのように理解すべきであろうか。大きく分けて，2つの考え方が対立する（前掲・好美『注民(6)』69頁以下参照）――

［Ⅰ］　行為請求権的考え方

物権的請求権の内容を，沿革どおり，相手方の行為を請求することに，基本を置く考え方である。

〔A〕　判例（行為請求権説）　物権的請求権の内容は行為請求権であり，土地所有者は，隣地所有者の権利を侵害し，または侵害の危険を生じさせた場合は，それが自己の行為に基づくものと否とを問わず，その侵害の除去または侵害の危険を防止しなければならない，とする（前掲大判昭5・10・31，大判昭12・11・19民集16巻1881頁）。

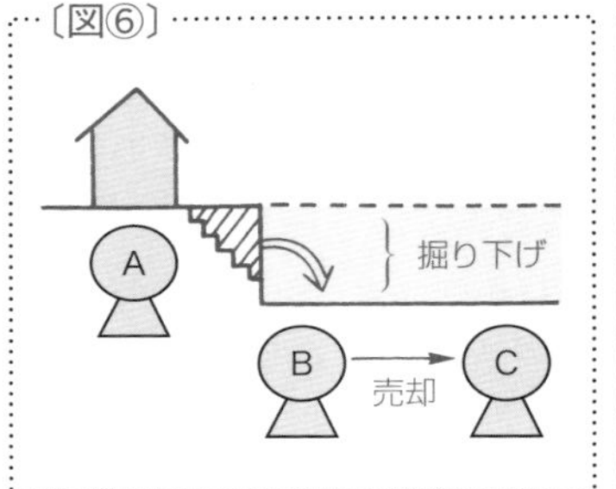

【判例の見解】　前掲大判昭12・11・19。〔図⑥〕Bは，Aの宅地に隣接する土地を掘り下げて水田に変換した。Cがこの水田を買い受けた後，Aの土地の土砂がCの水田へ崩れ落ちてしまい，さらに，Aの家屋の倒壊の危険をも生じたので，A（原告）は，C（被告）に対し，危険防止のための特定の設備の設置を訴求した。原審は，Aの勝訴。これに対し，Cは，直接の行為者ではないし，未発の損害まで責任を負わされる理由ないとして上告。

上告棄却。「土地所有者は……其の所有にかかる土地の現状に基き隣地所有者の権利を侵害し若くは侵害の危険を発生せしめたる場合に在りては，該侵害又は危険が不可抗力に基因する場合若くは被害者自ら上記侵害を認容すべき義務を負ふ場合の外，該侵害又は危険が自己の行為に基きたると否とを問はず，又自己に故意過失の有無を問はず，此の侵害を除去し又は侵害の危険を防止すべき義務を負担するもの」とする。

判例の見解では，〈不可抗力の場合〉は留保されているので不明であるが，〈第三者の行為の場合〉〔モデルⅡ②〕も，相手方の費用負担とすることは酷である。また，〔モデルⅡ②〕において，Bの妨害排除請求とAの返還請求とが衝突した場合は，いずれの当事者にもその責めに帰すべき事由がないのだから，先に原告となった方が勝つことになるが（請求者に，それを主張する正当な理由があるから），そのこと自体不合理である，との批判が成り立つ。

〔B〕　行為請求権修正説　自力救済が禁止されている以上，物権が侵害された場合に妨害を排除できなければ物権支配は有名無実となるのだとして，行為請求を物権的請求権の基本に据え，原則として相手方の費用負担で物の「返還」・妨害の「排除」・妨害の「予防」を請求できるが，ただ，「返還」請求の場合 ──〔モデルⅡ〕の場合（〔図④・⑤〕）のBからAに対する請求 ── において，相手方Aがその意思によって物の占有を取得したものでないときは，例外的に，相手方Aに取戻行為の忍容を請求できるにとどまるもの，とする（柚木馨。我妻=有泉265頁も同旨と捉えられよう）。しかし，「排除」請求，「予防」請求の場合は原則どおりとする（我妻=有泉268頁・269頁）。

この説に対しては，排除・予防請求の場合には，不可抗力であっても相手方の費用負担となるし，また，原則と例外とを区別することの理論的根拠が明白ではないとの批判がある（舟橋46頁）。

［Ⅱ］　忍容請求権的考え方

以上のような行為請求権的考え方の不合理性は，不法行為の原理にも反するとし，そこから，発想を転換して，物権的請求権を，受忍（忍容）請求権と構成する考え方が生じた。

〔C〕　取戻受忍請求権説　物権的請求権は，物権侵害という客観的状態を物権者みずからが除去することを相手方に受忍させる権利であり，費用は，原則として，請求者の負担であるとする（近藤英吉，鈴木17頁）。

しかし，この考え方は，物権的請求権の沿革にも反するし，侵害が相手方の所有物から生じている場合には妥当ではないであろう（我妻=有泉264頁）。

〔D〕 責任説　次に，上記〔C〕説に立脚して，相手方が，一般責任原則 ── 契約責任・不法行為責任・法定責任 ── により，妨害につき「責任」を負うべき場合（例えば，侵害の発生がその故意・過失による場合）には，相手方の費用による妨害の除去を請求できるが，それ以外の場合には，単に受忍を請求できるにとどまるとする説がある（川島117頁，末川44頁以下，於保46頁。なお，責任説形成の経緯と批判は，川角由和「近代的所有権の基本的性格と物権的請求権との関係」九大法学50巻61頁以下・51巻27頁以下（51巻47頁以下））。

ただ，この説によるも，2人の物権的請求権が衝突し，しかもいずれにもその「責任」がない場合には（〔モデルⅡ〕の場合），先に原告となった方が費用を負担しなければならない不合理性は残るであろう（舟橋46頁）。このことから，費用は折半とすべきだとか（渡辺洋三『民法演習Ⅱ』100頁以下，田山輝明「物上請求権とは何か」法セミ1981・6月号120頁。行為請求権説から，金山正信『物権法〔総論〕』54頁），引取りを受忍請求できるのみだ（広中251頁），などの説が生じている。

［Ⅲ］ 私　見

以上，学説の状況を概観したが，ここで注意しなければならないのは，「費用負担」の問題は，本来，物権的請求権の範疇とは別ではなかろうかということである。そもそも，費用負担の問題は，不法行為責任・契約責任などの「責任」の原理によって規律されるべきものであるが（川島116頁），近代法における物権的請求権は，このような「責任」原理から離れ，純粋に，物権の円満な物支配を法的に保障する制度として，すなわち物権の復元力を保障する制度として構成されているのである（川角・前掲論文51号83頁，田中康博「物権的請求権における『責任要件』について」六甲台論集34巻4号123頁参照）。このことを前提として考えると，物権的請求権の内容は，沿革上の，侵害者に対する返還・排除という行為請求が基本として据えなければならない（したがって，基本的には［Ⅰ］の考え方が正当である）（前掲『注民(6)』71頁以下〔好美〕，川角・前掲論文51号82頁以下参照）。しかし，自力救済原理が働かない以上，受忍請求もまた，このような制度の機能として包摂されなければならないであろう。

そこで，物権的請求権の考え方であるが，第1に，物権的請求権は，沿革からみても，行為請求権として構成されることが妥当である。このことは，不可抗力や第三者の行為によって惹起された場合でも同様である。相手方は，所有権を有することの属性として，このような行為義務を負うものと解すべきであろう。いわば，一種の所有物管理責任 —— さきに述べたように，行為責任ではなく状態責任である —— であって，すでに規定されている717条の所有者責任と同種のものと考えるべきである。

ただ，その結果として生じる「費用負担」については，別の観点から考えなければならない。すなわち，もし，相手方が，このような妨害状態が生じたことにつき請求権者の方にも原因があると考えるならば，あるいは不可抗力の場合でも，その「費用」を，いわゆる責任（行為責任）の割合に応じて，請求者に償還請求できるものと解すべきである。もとより，これは不法行為「原理」によって決定すべき問題であって，物権的請求権の内容とは無縁の問題である（同旨，川井15頁）。

第2に，物権的請求権者は，行為請求権を行使しないで，認容請求権を行使することもできると解すべきである。そして，その場合の「費用負担」については，請求権者は，「責任」の割合に応じて相手方に請求できるが，これは，不法行為原理に依拠して決定されるべき問題であることは，第1の場合と同様である。

このように，物権的請求権の本質と，いわゆる「費用負担」の問題とは，明確に区別して理解すべきであると考える。

【不可抗力による建造物倒壊と撤去費用の負担】　2019年9月に，台風15号の暴風により千葉県市原市でゴルフ練習場の鉄塔が倒壊し，隣接する数棟の住宅を直撃して，建物損壊の損害を与えた。鉄塔所有者側は不可抗力だとして費用負担を含む撤去を拒否していたが，その後，両者は和解したようである。

この事案は，まず，撤去については鉄塔所有者が行うべきこと上記の通りである。しかし，鉄塔所有者が拒否するのであれば，住宅所有者が，自力救済として，自ら行うことができよう（その費用は相手方に請求）。

問題は，多額の撤去費用をどちらが負担すべきかである。これは，「責任」理論から，責任の割合に応じて負担すべきことである。ただ，この事案に限っていえば，隣接する住宅の所有者に鉄塔が倒壊したことの責任があるとは思えない。逆に，鉄塔の所有者はその倒壊が不可抗力だというが，台風でもって倒壊するような鉄塔工事であれば，結果責任として何らかの過失があったと推定すべきであろう（過失がなかったとの立証責任は鉄塔所有者にある）。

また，建物損壊については，鉄塔倒壊を直接の原因とする損害であるから，これも，鉄塔建設につき過失が推定される当該所有者に全額請求できるものと解する。

(5)　物権的請求権と他の請求権の競合

物権的請求権が成立する場合，他の請求権も成立していることが多い。これらの関係を，どのように理解すればよいであろうか。問題となるケースを分けて考えよう。

(a) 不法行為責任との関係　例えば，Ａの土地にＢが不注意でブロック塀を倒した場合は，Ａは，Ｂに対し，物権的請求権（妨害排除請求権）と不法行為に基づく損害賠償請求権とをもつことは明らかである。しかし，不法行為責任は，金銭賠償主義をとり，原状回復請求を認めていないから，この場合の妨害排除請求と損害賠償請求とは競合を生じていないといわなければならない（鈴木15頁）。また，費用負担については，物権的請求権とは別に，不法行為などの責任原理から判断されるべきであることは，前述したとおりである。

(b) 契約責任との関係　例えば，賃貸借契約が終了し，貸主Ａが借主Ｂに対して目的物の返還を求める場合には，理論的には，賃貸借契約の終了に基づく返還請求権（契約責任）と，所有権に基づく返還請求権（物権的請求権）との競合が考えられよう。考え方は，大別して２つある。

〔Ａ〕　請求権競合説　Ａは，選択により，いずれの請求権を行使してもよいとする。通説・判例の考え方である。

〔Ｂ〕　請求権非競合説　物権関係は，２人の間に特殊な関係のない場合の一般法適用の問題であって，契約という特別な関係のある者相互間では，契約規範が物権法の規定に優先して適用されるべきものである以上（川島武宜『民法解釈学の諸問題』126頁以下，鈴木15頁，石田45頁），賃貸借契約に基づく返還請求権が機能するとする。

考え方の上では〔B〕説が正当であるが，しかし，〔B〕説はこのような場合に，物権法規定の適用を排除しようとする。だが，物権規範は契約上の権利の裏に埋没していると考えるべきであるから，契約上の請求権が時効消滅したような場合には，物権的請求権が浮上してくるものと考えた方がよい（前掲大判大11・8・21参照（27頁所掲）。鈴木16頁は反対）。このような考え方を，「請求権競合・規範優先説」という〔▶→「請求権競合論」（【Ⅵ】102頁）〕。

4　追及効

≪追及効の意味≫

「物権」は，物に対する排他的支配権であって，このことが実際に意味をもつのは，対第三者との関係である。すなわち，物権の対象たる目的物が第三者に移転された場合，物権者は，第三者に対してその権利を主張できる。所有権・用益物権はもとより，先取特権，質権，抵当権などの担保権もそうである。このような「誰に対しても主張できる」とする効力を，物権の「追及効」という（高島62頁）。ローマ法以来，物権の本質が第三者への「追及」と第三者に対する「対抗」にあるとされてきたことからも理解できよう。

これに対して，追及力は、優先的効力か物権的請求権のいずれかに包含されるものであって、特に独立して取り上げる必要はないとする説もある（我妻＝有泉19頁，川井８頁）。確かに，物への追及（返還請求）が「妨害排除」という場面で生じる場合には，物権的請求権の機能と考えることもできよう。しかし，担保目的物が第三者に移転された場合に担保権者が追及（＝対抗）できるかどうかという場面では，「対抗」理論が機能するが，理論的には，担保権の「追及力」（が切断されるか否）の問題なのである（例，333条）。そして，この物権の優先的効力の例外的処理とされる「対抗」（前掲**2**(2)(b)〈例外〉i（21頁））は，そもそも，物権の優先的効力とは無縁の制度なのであるから，追及力を優先的効力に包含させて理解しようとするのは，理論が逆だといわざるをえないのである（詳細は，近江「担保物権の追及効と物上代位」椿・新美編『関連でみる民法Ｉ』213頁以下参照）。

第2章　物権の変動

第1節　序　　説

1　物権変動の意義

(1) 「物権の変動」とは何か

物権の変動とは，物権を中心としていえば，物権の発生・変更・消滅のことであり，物権の主体を中心とすれば，物権の取得・変更・喪失をいう。例えば，売買による所有権の移転，地上権や抵当権の設定，時効による所有権の取得・喪失，などである。民法は，「物権の得喪及び変更」(177条)として，物権の変動を，物権の主体の側から見ている。

(2) 物権変動の種類

(a) 物権の取得　物権が特定の主体に帰属することであるが，承継的に取得する場合と原始的に取得する場合とがある。

i　承継取得　承継取得とは，既存の物権に依拠してされる物権の取得である(後述する**ii**の原始取得が，まったく新しい物権の取得であることと対比せよ)。したがって，前主の物権上に成立していた権利や負担・瑕疵などもそのまま存続する。この承継取得は，移転的取得と設定的取得とに分かれる。――

①　移転的承継　移転的承継とは，前主の物権が同一性を保って後主に取得されること ―― 物権の主体の変更 ―― である。これを，一般に，「物権の移転」(176条)といい，それが契約による場合は，「物権の譲渡」(178条)という。

移転的承継には，特定の物権を個別的に承継する「特定承継」と，個々の物権を包括的に承継する「包括承継」とがある。通常の譲渡（例えば，売買）による物権の取得は前者に該当し，後者は，相続・会社の合併・包括遺贈などの場合である。

②　**設定的承継**　地上権・永小作権・抵当権の設定のように，既存の物権者の権利を基礎として，内容の制限された別個の物権を設定・取得することを，設定的承継という。従来の主体（物権設定者）は，依然権利を保有するが，新たな物権によって制限を受けることになる。これを，一般に「物権の設定」（176条）といい，もっぱら，制限物権について行われる。

ii　原始取得　前主の権利とは無関係に，まったく新しい物権を取得することである。無主物先占（239条），遺失物拾得（240条），埋蔵物発見（241条），添附（242条以下），時効取得（162条以下），公用徴収（土地収用法）などの場合である。物権を原始取得することによって，前主の権利は当然に消滅する。それゆえ，前主の物権に付着していた負担（例えば，用益物権や担保物権など）や瑕疵などは，その消滅とともに消失する。

(b)　物権の喪失（消滅）　物権が従来の主体から離れることであるが，絶対的喪失と相対的喪失とがある。

i　絶対的喪失（消滅）　物権の絶対的喪失とは，目的物の滅失などによって，物権自体が存在しなくなることをいう。179条にいう「消滅」である（→本章第6節「物権の消滅」（170頁以下））。

ii　相対的喪失（消滅）　これに反し，物権の相対的喪失とは，例えば，Ａの所有物がＢに売却された場合のＡの所有権の喪失がそれに当たり，物権自体は消滅しないが，物権の帰属主体が変更することをいう。さきの「承継取得」を前主の立場から見たものである。

(c)　物権の変更　物権の変更とは，物権の同一性を害しない範囲内で，物権の客体や内容が変わることをいう。所有建物の床面積の増減や，地上権の存続期間の延長などが，これに当たる。物権変動の一般論として取り上げる意義はほとんどない。

(3) 物権変動の原因

前述したように，物権の変動とは，物権の取得・喪失・変更である。そして，この得喪・変更は，上記のように，様々な原因によって発生するのであるが，これらの「原因」―― 一定の事件や人の行為 ――は，法律学的には，法律行為とそれ以外とに分けることができる。

(a) 法律行為による物権変動　法律行為による物権変動には，売買・贈与・抵当権設定など「契約」による場合と，遺言・債務の免除・所有権の放棄など「単独行為」による場合とがある。前者の場合が最も重要であり，以下の物権変動は，これを中心に述べる。

(b) 法律行為以外の物権変動　この範疇に入るものは多様であるが，「契約」および「単独行為」以外の物権の得喪・変更であって，さきの(2)(a)ii で述べた，時効取得（162条以下），遺失物拾得（240条），埋蔵物発見（241条）などが，この場合に当たる。

2　物権変動の公示と公信

(1) 物権変動についての公示の原則

物権は，物に対する直接的な排他的支配権であり，同一物につき他人の物権の成立を許さない。物権は，このような強力な権利であるから，その所在および変動は，物権者以外の者の利害に与える影響が大きい。そこから，物権の変動を第三者に公示する必要が出てくるのである。

この必要性から生じた，物権の変動には外部から認識できる一定の徴表的な形式が伴わなければならないとする原理的な考え方を，「公示の原則」という。これにより，物権法における「公示主義」が確立するのである（逆からいえば，物権法は公示主義によって支えられているのである）。

民法において規定されている公示方法（＝手段）は，不動産物権については「登記」（177条），動産物権については「引渡し」（178条）である。ただし，わが民法上の規定は，登記や引渡しが物権変動の成立要件とはされないで，第三者に対する対抗要件とされている（このことの意味および解釈については，後述する）。

(2) 物権の存在についての公信の原則

上で，物権を公示する必要性とそこから確立する公示主義を観察したが，そこで，もし，物権の所在や変動が常に公示されているとしたら，一般人がこの公示されているところを信頼して取引関係に入ることは世の常であろう。このような蓋然性に立脚すれば，物権の存在の表象（＝公示）を信頼して取引関係に入った者は，たとえそれが真実の実体的権利関係と一致していなくても法律上保護されるべきである，とすることは，取引の安全のための優れた政策となろう。この考え方の原理を，「公信の原則」という。この場合は，あたかも真実の実体関係が存在していたのと同じような保護＝法律上の効力が与えられることになるのである。そして，公示された形式 ── 存在を表象するもの ── に与えられる独自の効力を，「公信力」という。

公信の原則が認められているとすると，例えば，A所有の動産または不動産が，Bによって占有され（動産），またはB名義に勝手に登記が移されている場合（不動産），その占有または登記を信頼し，Bを真の所有者と信じて取引をしたCは，その動産または不動産の所有権を当然に取得できるもの（Bが無権利者であるにもかかわらず），という扱いを受けることになる。

しかし，公信の原則が十分に貫徹されるためには，その基礎となる「公示」が，実体的権利関係を正確に公示する完全なものでなければならない。つまり，「公示」制度が権利関係を正確に表示しているという社会的確信を得るような機構でなければ，逆からいえば，公示の形式が権利関係と一致しないことがあり得るという建前の公示制度の下では，公信の原則は完全には機能しないのである。

ちなみに，ドイツの登記制度においては，登記官吏に権利関係の実質的な審査権が与えられており，それを基礎として登記に公信力が与えられ，公信の原則が貫徹されているのである（ドイツの公信原則については，田口勉「ドイツ不動産法上の公信の原則の確立」関東学園大法学紀要23号19頁以下）。これに反し，わが国の登記制度においては，登記官吏は登記申請の形式的な

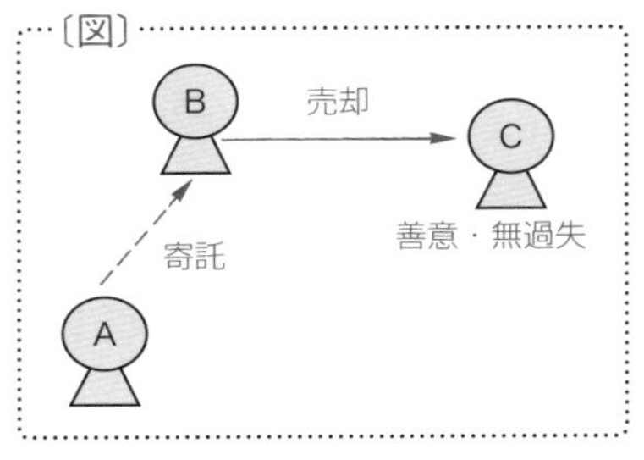

審査権しか与えられず，実体関係を審査する権限をもたない。したがって，その登記があるいは真実に合致しないかもしれない，ということがあり得るのである。わが国において，登記に公信力が認められず，不動産関係につき公信の原則が否定されるゆえんは，まさにそこにある(ただし，94条2項を類推適用できる場合には，登記に公信力が認められて公信の原則が採用されたのと同じ結果を醸し出しているが，そのこととは別である)。

このように，わが国では，不動産については公信の原則を認めないが，動産の物権変動についてはこれを採用している（ただし，制限的ではあるが）。すなわち，例えば，上記の〔図〕で，Ｂから物（動産）を買ったＣは，たとえその物がＢの所有物でなく，ＢがＡから預かっていた物であったとしても，Ｂの**占有**（＝公示状態）を**信頼**し，かつそのことにつき善意・無過失であれば，その物の所有権を有効に取得できる(192条)。いわゆる即時取得（善意取得）の制度である。動産の占有関係においては，占有者は一般に権利者（所有権者）であろうという蓋然性を基盤として，認められているものである。ここでは，**占有に公信力**が与えられているのである(詳細は，本章第４節「動産の物権変動」(141頁以下))。

第2節　物権変動の一般理論 ── 176条論

1　176条（物権変動）の基本的問題点

≪「意思表示による物権変動」の意義≫

物権の変動を生じさせる原因は多々あるが（前節1(3)（40頁）参照），そのなかで特に重要なのは，法律行為（意思表示）による場合，すなわち，当事者が物権を変動させようとする場合である。例えば，不動産の売買契約がそれである（それに対し，相続や取得時効で生じる物権変動は意思表示によらない場合である）。176条は，この意思表示による物権変動について規定している。

176条は，物権の変動は，当事者の「意思表示のみによって，その効力を生ずる」と規定する。ここで，当事者の「意思表示」とは，当事者間の〈合意〉（＝契約）を指す。そして，この規定が意味するものは，物権の変動は，当事者の〈合意〉のみによって生じるのであって，それは何らの形式を必要としないで効力が生じるのだ，ということである。この規定の意義を理解するためには，多少の沿革的な説明を必要とするのであるが，それは2で詳述することにして，まず，176条では何が基本的な問題となっているのかを考えよう。

この規定の「効力を生ずる」とは，物権の変動，すなわち，売買契約の場合には所有権の移転を意味する。所有権の移転は，意思表示だけでよいというのである。では，その意思表示とはいったいいつされるのか。例えば，次頁の〔図①〕で，AからBへ不動産が譲渡される場合，まず売買契約（債権契約）がされ（ⓐ時点），その後，代金の全額が支払われて，不動産が引き渡され，登記を経由して完了する（ⓑ時点），というプロセスを経るのが一般である。そこで，AからBに所有権が移転するのは，ⓐ時点であろうか，それともⓑ

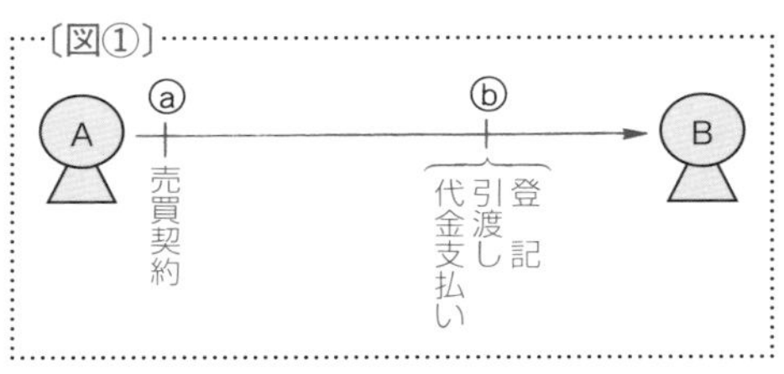

時点（代金支払い，引渡しまたは登記の時）であろうか ── この問題から，176 条の議論が出発している。

まず，176 条の文言どおりに解するならば，その「意思表示」はⓐ時点の「契約」であり，契約のみによって物権が変動すなわち所有権が移転する，ということになる。したがって，ⓐ時点が，所有権の移転の時期だということになる。

しかし，このような理解は，およそ現実の取引の実態と合致しているものとはいえない。単なる合意（売買契約）で所有権が移転するということは，取引社会の常識から外れるものである。不動産取引では，所有権は代金の支払い・不動産の引渡し時に移転するというのが，揺るがし得ない慣行となっているからである。そこで，176 条の「意思表示」を売買契約と捉える必然性はなく，後に（すなわち，代金支払いや引渡し・登記時に）される物権を移転させようとする意思表示（物権的合意）を指しているのだとする説が生じた（そう解することによって，所有権移転時期をⓑ時点とすることができる）。

かくして，176 条の規定の問題性が表出し，その規定の有する意味・内容が改めて問われることになった。具体的には，上記の基本的論点である「物権変動が生じるのはいつか」という問題が基軸となり，さらに派生して，「物権が変動するためにはどのような行為が必要なのか」という問題も議論の中心に置かれたのである。

【「所有権移転の時期」の問題と「物権変動に必要な行為」の問題】　〔図①〕において，所有権の移転時期をⓐ時点と解すると，物権変動が行われるためには，当事者の合意（意思表示）以外には何も必要とされないことになる。

これに対し，所有権移転の時期を，取引慣行に照らしてⓑ時点と解する説は，その時点 ── 代金支払い・引渡し・登記時 ── に「物権的合意」（＝物権行為）が存在するものとした（詳細は，次の**2**で後述する）。この説は，物権・債権を峻別するパンデクテン体系から，物権契約（例えば，地上権や抵当権の設定契約）には物権契約としての合意（＝物権行為）が必要だとする理論を基礎に置いている。
この論争をきっかけとして，「物権変動にはいかなる行為が必要か」という問題 ── 物権行為の問題 ── が認識されるようになった。この問題は，所有権の移転時期の問題と密接な関係を有するものであるが，必ずしも不可分というものでもないので，現在では，異別の問題として扱われている。ただ，上記のことからわかるように，問題の発生としては同軸性をもっていることに注意すべきである。

2　物権変動に必要な行為とは何か ── 物権行為の問題

(1)　立法上の二主義と日本民法

このように，「物権変動にはいかなる行為が必要か」という問題は，所有権の移転時期の問題と密接な関係にあるものの，理論的には，それと区別して考えることができよう。そして，この問題を理解するには，日本民法典の構成に影響を及ぼした2つの立法主義の考察が必須となり，その把握の上で，わが民法176条の有する意義を考えなければならない。

(a)　意思主義　物権変動は，当事者の意思表示，すなわち契約（債権契約）のみによって生じ，それ以外に何らの形式も必要としない，とする主義である。フランス民法の採用するところである。次の〔図①〕でいえば，最初の不動産売買契約（＝債権契約）によって債権関係が発生し，それに基づいて ── すなわち，その履行行為として ── 物権変動（所有権の移転）が生じるのである。

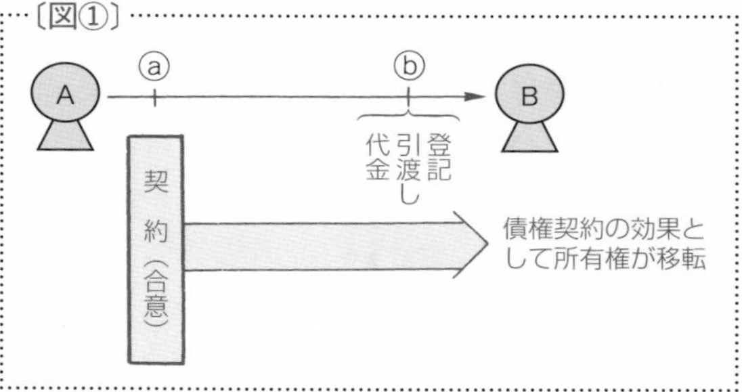

したがって，物権が変動するためには，売買契約（＝債権契約）以外に何らの行為も必要でなく，次に述べる，「物権変動を生じさせることを目的と

する意思表示」（＝「物権行為」）の概念を認める必要はない。代金支払い・引渡し・登記などは，債権契約の履行（事実行為）として行われるにすぎないのである。

> **【債権契約による所有権移転とフランス民法体系】**　このような物権変動理論は，フランス民法が採用しているインスティトゥーツィオーネン体系（Institutionnen System）と密接に関連している。すなわち，ガイウスの「法学提要」（Institutiones）を受け継いだフランス民法では，そもそも物権・債権の区別がなく —— その編別は，第1編「人」，第2編「財と所有権の制限」（不動産，動産，所有権，用益権，地役権などの規定），第3編「所有権取得の諸方法」（相続，生前贈与・遺言，契約，準契約（事務管理）・不法行為，売買，その他の契約，先取特権および抵当権，時効等）である ——，「契約・売買等によって所有権が取得される」とする構成をとる（この体系の下では，「所有権の取得」が重要な事柄であり，それは，契約等によっても取得されるということである）。したがって，意思表示によって物権が変動する（所有権の移転は契約の効果）というのは，当然の法構造なのである。
>
> なお，民法の意思理論からすれば，契約（合意）とは意思表示によって構成されるものであるが，フランスでは，この場合の「合意」（売買契約）を単に意思表示の合致とは捉えておらず，一般には，当事者が不動産売買の合意をした後に，公証人役場において —— 2・3か月の調査期間を経た後に ——，公証人が公正証書による売買契約書を作成するものと解している。謄記は，この売買契約書を登記所に提出することによって行われる。

(b) 形式主義　これに対し，物権変動の効力は，当事者間の意思表示以外に，法定の形式を具備しなければ生じないとするのが，形式主義であり，ドイツ民法の採用する主義である。次頁〔図②〕からわかるように，ここにおいては，物権変動は，当事者の合意としての売買契約（債権契約）がされた後における，「物権的合意」（Einigung）と「登記」（不動産の場合）または「引渡し」（動産の場合）を必要とするのである。

「物権的合意」とは，物権変動（すなわち，所有権の移転）を直接に目的とする当事者の合意（＝意思表示）であって，「物権契約」とも称される（しかし，これは，改めて特別な契約をするという類いのものではなく，次に見るように，一定の手続過程のうちに行われるものである）。そしてまた，このような一定の形

〔図②〕

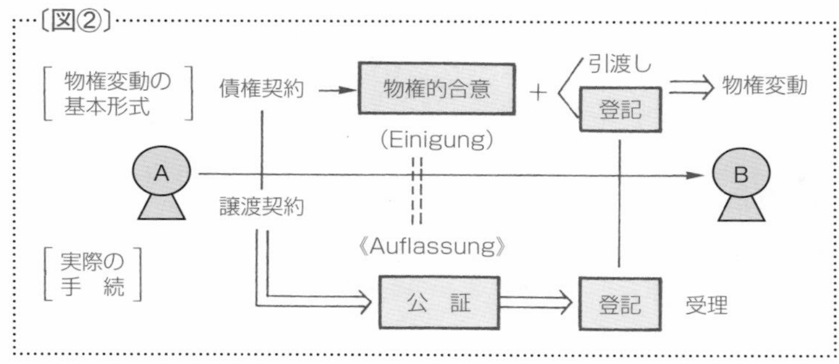

式の行為を,「物権行為」と呼んでいる。したがって, 形式主義の下においては, 物権変動が生じるためには, 法定の形式として, 物権行為と登記（不動産の場合）または引渡し（動産の場合）が必要だということになる。

では, この「物権的合意」(Einigung) としての「物権行為」(＝物権契約) は, どのようにして行われるのであろうか。〔図②〕で説明しよう。──

不動産の所有権の譲渡を例にとると, まず, 不動産所有権を譲渡または取得すべき義務を負担する契約（債権契約）は, 公証上の「証書」の作成を必要とする（ドイツ民法311b条1項（旧311条前段））。そして, 不動産の所有権の譲渡に必要な譲渡人と譲受人との「合意」(Einigung)（不動産の場合, この合意を, 特別にアオフラッスング（Auflassung 不動産所有権移転の意思表示ないし合意）という）は, 当事者双方（またはその代理人）が不動産登記所（公証人）に同時に出頭して表示しなければならない（同法925条1項）のであるが, その際, 登記官は, 上記規定に従い不動産所有権の譲渡行為に必要な「証書」(公証上の証書) が提示されるか, またはその所有権移転の意思表示と同時にこの「証書」が作成されるのでなければ, その意思表示を受領することができないことになっている（ドイツ不動産登記法）。このように, 公証を前提とした一連の登記手続のなかで, 物権的合意（物権契約）がされたことになるのである。

【物権的合意による所有権移転とドイツ民法体系】　「物権の移転には物権的合意が必要だ」とする理論は, 物権と債権とを峻別するパンデクテン体系に基づく理論的帰結である。パンデクテン体系は,「債権」を独立させて1つの「編」とし, これにつき,「物権」制度と「債権」制度を別個の制度として位置づけ，それぞれに独自の原因と効果とを与えた。すなわち，物権（の設定）は，物権を設定しようとする物権法上の「合意」（物権的合意）によって行われ，その効果は，物権の得喪変更を直ちに発生させるものであること，他方，「債権」（契約・債権的合意）は，当事者間に債務関係（義務の履行関係）を発生させるのみで，物権的効果を当然に導くものではない，とする理論である。このような「物権」・「債権」を原理的に峻別する理論体系を，ドイツ普通法学（Allgemeines Recht）は，ローマ法の「学説彙纂」（digesta）を基礎に緻密に構築したのである（詳細は→【I】28頁以下参照）。

なお，ドイツが，このような形式主義を採用した背景には，それによってヨーロッパ社会での近代化を目指したという歴史的事情が存する。形式主義（およびそれから導かれる無因主義）は，取引の安全に寄与するところから，取引の保護を重視する近代社会への発展には最も適した制度と目されたのである。

そして，現行日本民法典は，フランス法に依拠した「旧民法」体系を廃棄し，新たに，ドイツ民法を継受して，物権・債権を峻別するパンデクテン体系を採用したのである。

(c) 日本民法の立場　わが民法は，176条において，物権の変動が「当事者の意思表示のみによって，その効力を生ずる」と定めており，制度的原則として意思主義をとることを表明していることは明白である。では，これは，フランス民法の意思主義と同一のものと解せられるのかどうか —— このことが，176条の問題の分岐点である。

確かに，176条は，一見すると，フランス民法流の意思主義と同じ趣旨のものと解されよう（事実，この規定は，フランス民法を範にとった旧民法の規定を承けるものである）。しかし，フランス民法の意思主義，ドイツ民法の形式主義は，それぞれの法制度上の歴史的背景をもって構成され，発展したものであり，そしてまた，それらは，それぞれの登記制度など，他の民法諸制度との相互連繫の下に貫徹されるべきものである。

しかるに，わが民法176条は，わが国の事情から必然性をもって規定されたというよりは，むしろ，立法過程において偶然的な要因が強く作用した結果の産物であって（高島73頁），したがって，フランス流の意思主義的解釈がわが民法制度上妥当するかということは，まったく別問題である（ましてや，フランス民法を範にとったから「母法」たるフランス民法流の意思主義的解釈をすべきだ，などという概念的な考え方は排除されなければならない）。

176条は，確かに意思主義を表明しているが，しかしこれは，形式主義下での登記・引渡しという形式を必要としないことを表明するにとどまり，その「意思表示」がどのような性質を有し，また債権契約とどのような関係にあるのか ── すなわち，それと同一なのか否か ── は，明らかにしてはいない（したがって，日本民法のこのような構成が，フランス民法と同一の構成を採用したことを当然に意味するものではない。山本進一『注民(6)』125頁）。それゆえ，この規定から，フランス流の意思主義的解釈は直截には出てこないのである。要は，第1に，わが国で行われている実際の取引を法律的にいかに意味づけるか，換言すれば，いかなる法律的構成がわが国の実情に合っているか（末川57頁以下），ということと，第2に，わが民法制度全般の問題としてどのように扱った方がより適切か*，ということを基軸として出発しなければならないのである。

そこで，それぞれ認識すべき基点をあらかじめ指摘すると，上記第1については，176条の「意思表示」を債権的契約と解して直ちに所有権移転の効果が生じるとする結論は，不動産取引の常識に反することである。同第2については，わが民法が，フランス法の採用する体系を棄て，物権・債権を峻別する体系を採用していることは明白であり，その制度の中で176条の解釈を考えなければならないことである。

* **民法制度の統一性**　民法の各条文は，他の条文と連繋し合って，統一的な一つの「制度」を形成している。したがって，個々の条文の性格決定は，その制度全体との関係を考慮に入れて行わなければならない。176条がいかなる系譜を承けるものであるにせよ，そのこと自体は決定的意味を持たず，むしろ，民法「制度」の全般的構成のなかで位置づけられなければならないのである（山本進一「わが民法における物権行為の独自性と無因性(1)」法律論叢29巻1号18頁以下参照）。

(2)　物権行為の独自性

(a) 問題の所在　わが民法上，「物権行為」という概念を理論上認めることができるか。もし，認めることができるとしたら，それを認める意味はどこにあるか。

物権の移転が，当事者の「合意」によって行われるものであることはいうまでもない。この場合，フランス民法は，インスティトゥーツィオーネン体系の帰結として，「契約」の効果として所有権が移転するという構成をとる。この構成では，「物権行為」の概念を認める意義はない。他方，「物権」制度と「債権」制度を異別の制度として構成するパンデクテン体系の下では，物権の移転は，物権的効果を発生させようとする「合意」（物権的合意）が必要とされ，反面，「債権」（契約・債権的合意）は，当事者間に債務関係（義務の履行関係）を発生させるのみで，物権的効果を当然に導くものではない。したがって，ここでは，理論的にも「物権行為」概念が肯定されなければならないのである。

しかし，わが国においては，「意思主義」が採用されているのであるから，ドイツ法のような物権行為（物権契約）概念 —— とりわけ，アオフラッスング（Auflassung）—— 認めることはできない。ただし，そのことは，そのことから直ちに物権行為を否定することを意味しない。問題は，わが国の取引の実際を分析し，その法律行為に対して，民法の制度的体系からどのような法律的意味を与えることができるか，なのである。つまり，わが国独自の問題として，「物権行為」（物権契約）概念を認めることの可否である。

(b) 学説の対立　学説は，物権行為の独自性を否定する説と肯定する説との2つに激しく対立する。

［Ⅰ］　物権行為の独自性を否定する立場（独自性否定説）

176条の「意思表示」を債権契約と解し，物権変動は，この当事者間の意思表示（債権契約）によって効力を生じるのであるから，「物権行為」の独自性を認める必要はない，とする考え方である。フランス的な意思主義的解釈であるが，論者によって若干論拠が異なる。——

我妻説は，「物権行為」の概念自体を否定するものではないが，ただ，所有権の移転は，売買契約の債務履行行為の効果としてされるものと考えればよいから，さらに「物権行為」として法律的な意味を与える必要・実益はない，とする（我妻＝有泉57頁）。そして，所有権の移転は，176条の文言どおりに，意思表示（契約）時に行われるものと考える（56頁〔A説〕参照）。

これに対し，川島説は，「所有権の観念性のゆえに，所有権の移転を目的とする物権行為はその原因たる観念的な債権契約に吸収され，物権変動は『債権契約の効力として』行われることになる」とする（川島219頁。同旨，舟橋82頁以下）。

［Ⅱ］　**物権行為の独自性を肯定する立場（独自性肯定説）**

当事者間の契約（債権契約）は単に当事者間に債権関係を発生させるにとどまり，物権変動の効果を発生させるためには，その契約とは別個の，物権変動を目的とする ── ないし，目的とすると見られる ── 意思表示すなわち「物権行為」がされなければならない。そして，この意思表示（＝物権行為）が176条でいう「意思表示」である，と捉える（末川59頁以下，山本・前掲論文28頁以下，石田39頁以下，石田喜久夫『物権変動論』109頁以下，篠塚28頁，田山44頁）。

この説は，もともと，所有権の移転時期についての考え方と一体をなしていたものである。すなわち，前記［Ⅰ］説の，債権契約時に所有権が移転するとする考え方を批判し，代金支払い・引渡し・登記（＝外部的徴表行為）時に所有権が移転するとされるわが国の取引実態を基本に置き，そのような外部的徴表行為の時に「物権行為」がされたものとみるべきだ，とするのである*（末川65頁以下）。したがって，ドイツ法のそれとは異なり，物権行為の存在を観念的・抽象的に考えるものであり，わが国独自の物権行為の考え方といえよう（なお，後掲3（2）〔B〕物権行為時説（58頁）を参照せよ）。

以上の，物権行為の独自性否定説と独自性肯定説との法的構造を図示しておこう。

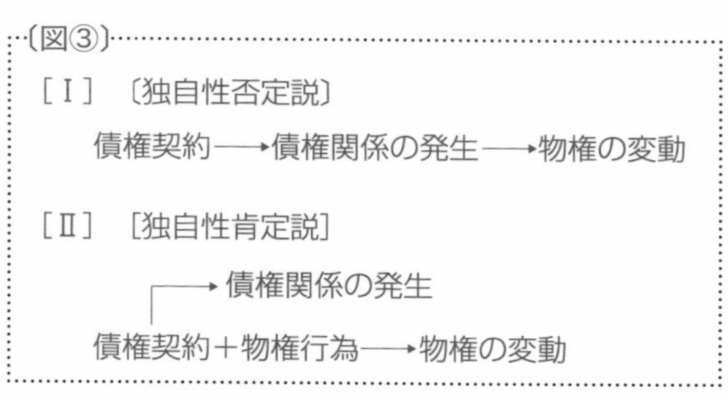

＊　**物権行為の観念性**　　このように，わが民法体系における「物権行為」は，外部

的徴表行為（代金支払い・引渡し・登記）が行われる場合に，その裏に存在する観念的な「意思の合致」を指すというのがこの立場の考え方であり，そこに，ドイツ「物権行為」との異同が存するのである。

ただし，田山教授は，物権行為を外部的徴表行為と結合させて理解すべき必然性はなく，むしろ債権契約時に同時に（観念的に）されるものとし，所有権の移転は，それと切り離して代金支払時であるとしている（田山46頁・48頁）。

(c) 物権行為の独自性を認める意義　では，このような「物権行為の独自性」を認める意味は，いったいどこにあるであろうか。――

i　物権・債権の峻別体系として　わが民法は，物権・債権の峻別構成に立つ。それゆえ，例えば，AとBとの間で不動産の売買契約を締結した場合，その契約は，Aが売ることを約し，Bが買うことを約することを内容とする債権的効果を発生させることは疑いない（555条）。すなわち，Aは不動産を引き渡す義務を負い，Bは代金を支払う義務を負うことになる（債権関係の発生）。しかし，この売買契約は，債権契約である以上，そのような債権的効果（債権関係）を発生させるだけであって，所有権移転の効果（＝物権的効果）を直ちに発生させるものでないことは，555条の規定からも，また債権法原理からも明白である（石田・前掲『物権変動論』111-112頁）。所有権の移転という物権的効果を発生させようとするならば，物権的な意思表示（合意）が必要なのである。このような，要件・効果の峻別は，債権・物権を峻別する民法体系をとっている以上，論理必然の帰結なのである。しかして，176条は物権編の規定である以上，そこでいう「意思表示」とは，物権的意思表示（物権行為）を指すものと解されるのである。

ii　民法176条の解釈として　次に，176条問題の出発点となった「所有権移転の時期」の問題に，適切に応えられることである。観念的にせよ物権行為の独自性を認め，それを176条の「意思表示」と解釈することは，決して不合理なことではなく，むしろ，わが民法が物権・債権を峻別する以上，理論的には正当なのである。しかし，それ以上に意義があるのは，176条についての解釈であって，従来，意思表示（契約）のみで物権変動が生じるという意思主義の有する不合理性に対して，そうではなくて代金支払い・引渡し・

登記の際に生じるのだという取引の現実につき，理論的な論拠を与えたことである。つまり，176 条の「意思表示のみによって，その効力を生ずる」の文意に最も近い解釈となったのである。

なお，反対説（物権行為否定説）は，その後，176 条の意思表示は物権変動が成立することだけをいい，所有権移転の時期までを意味するものではないとし，意思表示と所有権移転時期を分離させて解釈しようとする。しかし，それは，そのように理解しようとする１つの解釈（主張）であるにすぎない。「意思表示のみによって，その効力を生ずる」とは，物権変動の効力もまたその時点で発生するというのが条文の素直な読み方であり，だからこそ，これまで，その理解を前提として，176 条の文意に合わせる形で学説が努力してきたのである。

(3)　物権行為の有因・無因 ── 債権契約と物権契約との牽連関係

不動産の売買契約が，無効または取消しによって効力を失った場合*，すでにされた物権変動の効果（所有権の移転）はどのような影響を受けるであろうか。売買契約などの原因行為（causa）が無効の場合は，物権変動の効果もまた影響を受け，無効となるとする考え方を有因説という。これに対し，物権変動の効果は影響を受けないとする考え方を無因説という（有因・無因という言葉は，いうまでもなく，債権契約と物権変動との両者には因果関係が「有」るか「無」いか，ということである）。

ところで，上で述べた，物権行為の独自性を承認するか否かの立場の差異は，ここでの無因説・有因説とに必ずしも対応しているわけではない。そのことを，以下で示そう。──

［Ⅰ］　**独自性否定説からの考え方**

〔A〕　絶対的有因説　物権行為の独自性を承認しない，いわゆるフランス法的意思主義に立つならば，物権変動は債権契約の効力として ── その履行行為として ── 行われるものだから，無因的に考える余地はない。物権変動の効果が有効に生じるかどうかは，まったく法律行為の一般原則によって解釈されるだけである（我妻＝有泉 55 頁）。

〔B〕　相対的有因説　しかし，当事者が，特に物権変動の効果を売買契約から切断するとする特約を結ぶことは，契約上可能といわなければならない。だとすると，このような特約が存しない場合は，原則として物権変動は有因となると考えられる（舟橋92頁以下など通説）。なお，この説は，後掲［Ⅱ］〔C〕説と結論的に同一になる。

［Ⅱ］　**独自性肯定説からの考え方**

〔A〕　絶対的無因説　物権行為の独自性を承認することを前提にして，物権変動の効果は，債権契約の無効によって影響を受けないとする説である。ドイツ民法は，原則としてこの無因主義をとるが，ただ，絶対的無因説は，ドイツのように，債権契約の公証，登記の実質的審査主義を前提とする形式主義，それから引き出されるところの登記への公信力の付与など，制度的機構によって債権契約と登記との不一致が極力防止されていなければ，本来の意義を発揮できない。

〔B〕　相対的無因説　しかし，わが国では，ドイツのような形式主義をとっていないし，また，当事者の特約による有因（原因行為の有効なことを条件として物権変動がなされた場合）を承認しないわけにはいかない（ちなみに，ドイツでは物権行為に条件を付することはできない（ドイツ民法925条2項））。そこで，このような特約が存しない場合は原則として無因とする，と考えるのがこの立場である（末川80頁，篠塚28頁。なお，［Ⅰ］の独自性否定説から，我妻『物権法〔旧版〕』57頁はこの立場をとる（篠塚教授は，この立場に理解を示す。篠塚「物権の変動と不動産登記」『不動産登記をめぐる今日的課題』138頁以下））。

〔C〕　相対的有因説　だが，物権行為の独自性を認めたとしても，それが論理必然的に無因説に結びつくわけではない。物権取引における有因・無因の原則性は，物権取引における一般意識から考えられるべきものである。そして，通常の取引では有因的に考えられているから，当事者が特に特約によって債権契約の有効・無効と関係なく効力を発生させようとする場合を除いて，物権変動は原因行為によって影響を受けるとする（山本・前掲論文(2)4＝5号68頁，石田47頁，田山68頁）。

契約が無効または取り消された場合に，その物権的効果（所有権の移転）が有因か無因かは，それを規定する明文規定がない以上は，取引社会の一般観念によるべきことは当然であるから（例えば，96条3項などは有因を前提としていよう），〔C〕説が妥当である（前掲［I］〔B〕説と結論的に同じ）。

＊　**解除の場合は**　「無効・取消し」が契約の効力を遡及的に消滅させる制度であるのに対し，「解除」は，債務不履行を原因とする契約関係の白紙還元制度である。契約関係を白紙に戻すという意味では同様の制度であるが，解除は，解除権の行使によって発生する原状回復義務に基づいて物権が復帰すると解すべきであるから，有因・無因とは分けて考えるべきである（後掲第3節**4**(3)(b)(102頁)，および【V】101頁参照）。

3　物権変動が効力を生じるのはいつか ── 所有権の移転時期の問題

(1)「所有権の移転時期」の問題 ── 物権変動論の基点

176条の第2の問題は，物権変動（所有権の移転）の時期の問題である。この問題は，前述したように（**1**(43頁)），わが国の「物権変動」論争の起点である。

不動産の売買，すなわち所有権の移転の過程は，通常，売買契約が締結され，その後に，手付が打たれ，または内金が支払われ，最終的に，代金の全額が支払われて目的物が引き渡され，登記を経由して終了するのが一般である（ただし，その順序は一定していない）。このプロセスで，当事者が ── したがって取引社会が ── 特別の意義を認めている行為は，最初の売買契約と，代金の全額支払い，引渡し，および登記である（〔図①〕参照）。そこで，どの時点でAからBへの所有権の転換があるものと考えられるであろうか。当事者間で特別に合意（特約）している場合はそれが優先されるから，問題は，そのような合意がない場合の不動産取引社会における一般規範としてである。

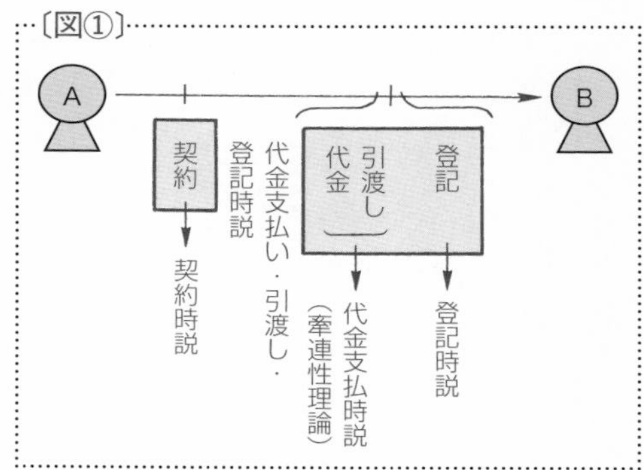

(2) 学説・判例の考え方

〔A〕 契約時説　最初に行われる売買契約(債権契約)の時に所有権も移転する，と考える説である。判例の立場でもある。この説は，物権行為の独自性を否認するフランス的意思主義を前提とするものであり，売買契約(債権契約)には所有権移転の合意も含んでいると解されるから，原則として，契約の成立と同時に債権関係の発生と物権変動（所有権移転）とが生じる，とする(末弘62-63頁，我妻＝有泉60-61頁，川井19頁，田井ほか37頁〔田井〕)。

そして，その例外として，① 不特定物の売買や他人の物の売買などのように，ただちに物権変動の効果を生じさせることにつき障碍のある場合は，それが除去された時に生じる，② 当事者が，所有権移転時期について別段の特約をしたときは，それに従う，とする。

> **【登記時説（形式主義）に対する批判】**　もともと，この契約時説は，それまで主流的学説であった，登記時説（形式主義）に対する批判として生じたものであった。登記時説というのは，わが民法がドイツ法体系と同じく物権法・債権法とが異別の体系をしていることから，それをドイツ法的に解釈しようとする学説（形式主義）であって，176条の「意思表示」は当然に物権行為を指しており，その物権行為は，不動産の場合は登記の時，動産の場合は引渡しの時に存するものとする。そして，その時に物権変動の効力が生じるとするのである(石田文次郎『物権法論』46-57頁)。
>
> 物権行為の独自性を承認する点では，さきの独自性肯定説(前掲**2**(**2**)(**b**)[Ⅱ]説（51頁）)と相通じるが，形式主義はわが民法のとるところではないので(176条)，成り立ちえない説である。

この立場に立つ判例理論は，次のとおりである。――

i　特定物の売買　売買契約時に所有権が移転する(大判大2・10・25民録19輯857頁，最判昭33・6・20民集12巻10号1585頁)。

> **【特定物の所有権の移転】**　前掲最判昭33・6・20。Xは，昭和27年7月に，YからY所有の土地・建物を163万余円で買い受ける売買契約を締結し，即日内金として60万円を支払い，残代金については，40万円を12月末日ま

でに，残り全額については，昭和28年3月末日に，所有権移転登記および引渡しと同時に支払うことが約された。そして，Xは，12月に40万円を支払い，所定の3月末日に残金全額を持参してYに履行を求めたが，Yはそれに応じず，かえって20万円の支払いを要求した。そこで，Xは20万円を支払ったが，Yは履行に応じないばかりか，契約解除を通告してきた。そこで，Xは，残代金の支払いと引き換えに，土地・建物の移転登記と未登記建物の所有権確認を請求した。1審・2審ともXの勝訴。Yからの上告。

上告棄却。「売主の所有に属する特定物を目的とする売買においては，特にその所有権の移転が将来なされるべき約旨に出たものでないかぎり，買主に対し直ちに所有権移転の効力を生ずるものと解するのを相当とする（大判大2·10·25民録19輯857頁参照）。そして原審は，所論の建物については，売主の引渡義務と買主の代金支払義務とは同時履行の関係にある旨を判示しているだけであって，上記建物の所有権自体の移転が，代金の支払または登記と同時にされるべきであったような事実を認めていないことは，原判文上明白である」。

ii　不特定物の売買　目的物が特定した時に当然に移転する（最判昭35·6·24民集14巻8号1528頁）。

iii　他人の物の売買　売主がその物の所有権を取得した時ただちに移転する（大判大8・7・5民録25輯1258頁，最判昭40・11·19民集19巻8号2003頁）。

iv　第三者のための売買　第三者が受益の意思表示をした時に移転する（大判昭5·10·2民集9巻930頁）。

以上が，契約時説の考え方である。しかし，第1に，当事者の合意だけで所有権が移転するとすることは明らかに一般の意識に反するし（51頁[Ⅱ]説参照），それを回避するために，この説は当事者の別段の特約（およびその黙示的存在性）を広範に認めるのであるが（56頁②参照），取引社会ではその特約的効果が原則化しているのであるから，そうすると，自己の原則性をみずから崩してしまうことに帰結するのである（鈴木89-90頁）。

第2に，上記**ii**・**iii**・**iv**の例外は，契約時に所有権が移転するとする理論からは，いかにも奇妙である。本来は，契約時点で売主が所有権を有していないのであるから無効であり（フランス民法は，意思主義に忠実に，他人物売買を無効とする），「特約」がなければそのような効果は生じないはずであろう。

第3に，判例が掲げる契約時説の原則論は，その判決の基礎となった事実関係との対応のなかで理解すれば，それを前提にしなければならない問題解決ではなく，他に方法がある場合がほとんどであるから（前掲大判大2·10·25，前掲最判昭33・6・20などの事例を考えよ），傍論的意義しか有していない（原島重義「特定物売買と所有権移転時期」民法の判例〔第3版〕51頁以下）。そのため，近時は，判例は実質的には，代金支払い・引渡し・登記時説に立っているものと理解されつつあるのである。

〔B〕 代金支払い・引渡し・登記時説 ―― 物権行為時説　上記の〔A〕説のように，代金支払いや引渡し・登記がされていないにもかかわらず，所有権だけが買主に移ってしまうとすることは，取引一般の慣行に反することは事実である。しかして，わが国の慣行を調べると，所有権は，当事者間の意思表示（合意）だけで移転するとは一般に考えられておらず，代金支払い・引渡し・登記などの外部的徴表があった場合に移転する，というのが社会意識であり，かつ古くからの取引慣行であった。

そして，代金支払いにしても，引渡しや登記にしても，常に両当事者の合意によって行われるものであるから，これらの外部的徴表を生じさせている当事者間の「合意」を法律的に意味づけて考えるならば，一つの契約を構成するものであることは疑いない。この「合意」（意思表示）は，それ以前にされた売買契約（債権契約）とは明白に区別され，直接に所有権を移転させようとする合意であるから，「物権契約」（＝物権行為）と解することができるのである（もとより，ここでいう物権行為とは，ドイツでの Auflassung のようなものではなく，わが国特有の物権行為概念である（前掲**2**(2)(b)〔Ⅱ〕説（51頁）を参照せよ））。以上のことから，本説は，所有権は，この物権契約の外部的徴表，すなわち代金支払い・引渡し・登記などの時に移転するものとする。そして，きわめて稀な例ではあるが，当事者の合意（特約）による移転時期の決定*を認める（末川63-68頁。51頁所掲〔Ⅱ〕説論者は，篠塚教授・田山教授を除き（次掲〔C〕©説参照。ただし，篠塚教授は，外部的徴表時（篠塚28頁）から，代金支払時（同『民法のよみかたとしくみ』161頁）へと改説している），おおむねこの立場をとる）

さきの「物権行為」の箇所で述べたように（**2**(1)(c)（48頁以下）），176条の文意からいっても，この説が妥当であろう。なお，私見をさらにいえば，① 外部的徴表としての代金支払い・引渡し・登記のいずれか最初にされた時に所有権が移転すると考えてよい。そのような行為は，いずれも物権を変動させようとする意思の下に行われるものであり，したがって，そこに物権行為（物権的合意）が観念的に存在すると考えられるからである。② 当事者間で，特に合意して所有権移転時期を定めることができる（特約）のは当然である。

＊ **稀な特約による移転とは**　この説がいう特約とは，代金後払いの特約や，売主に当分の間使用を許す特約などがあった場合であって（篠塚28頁参照），〔A〕説が考えている特約の内容（代金支払い・引渡し・登記時に移転する特約）とは異なり，実際にも稀に生じるものであることに注意せよ。

〔C〕 代金支払い・引渡し・登記時説 ── 物権行為独自性否定理論

上記の末川説が与えた影響は大きく，とりわけ「わが国の取引慣行では代金支払い・引渡し・登記などの時に所有権が移転する」という指摘は，学界共通の認識となった。そこで，物権行為の独自性を否定する立場は，同様の結論を別の理論に依拠して導こうとしてきた。この立場には，2説がある。

ⓐ 代金支払い時原則説 ── 有償性説　まず，〔C〕説の基礎を築いたのは川島武宜博士であり，その主張は，売買契約では代金支払いがあるまでは所有権は移転しないとするのが原則だから，所有権の移転は双務契約上の「対価」(＝代金)支払いとの牽連関係から導かれ，したがって，その時期は「対価」（代金）の支払時であるとする。

この説は，次の2つの基点を持っている。第1は，物権行為の独自性を否定する立場であり，第2は，上記〔B〕説の指摘したわが国の慣行の再確認である。すなわち，第1の点については，所有権の観念性のゆえに，物権行為はその原因たる観念的な債権契約に吸収され，物権変動はその債権契約の効力として行われるもので，代金支払い・引渡し・登記などはその効力の完成のための事実行為にすぎない，とする。そして，第2の点については，わが国の慣行はまさしくその通りであるが，所有権の移転は有償契約の本質である対価的牽連関係＝同時履行から導かれるのであって，したがって，所有権に対応するものは代金であるから，代金支払時が所有権の移転時期であり，わが国では旧来からこのように慣行的に意識されてきた，とする（川島219-224頁）。しかし，後に批判に遭って改説し，「引渡をなすべき時」（したがって，代金支払時または登記時）とした（川島『民法Ⅰ』〔昭35〕153頁。その理由は，後掲【有償性理論の意義と矛盾】iii参照）。

所有権の移転をこのような有償性原理でもって説明したことは卓見ではあるが，しかし，例えば，代金支払いがないのに売主が引渡しや登記の移転をした場合は，有償性では説明はつかないであろうし（石田44頁，石田・前掲『物権変動論』114頁以下），また，片務契約の場合は無原則とならざるをえない。さらに，翻って考えると，第1点は必ずしも一般的な承認を得ている理論ではない。また，第2の点については，有償契約における対価的牽連関係＝同時履行とは，「請求権」の履行関係に牽連性をもたせるというだけのことであって，所有権移転（物権の変動）とは別問題である（売主の代金支払請求権に対置するのは，買主の目的物引渡請求権・登記協力請求権であって，所有権の移転ではない）。

【有償性理論の意義と矛盾 —— 末川理論から川島理論へ】　川島博士が立てた有償性理論は，確かに卓見ではあるが，所有権理論としては矛盾なしとしないのである。この有償性理論の発想の原点は，あまり知られていないが，私は末川博士にあると考えている。

i　末川理論の着想　末川博士は，昭和7年の『契約総論』のなかで，特定物売買における所有権移転の問題を論じ，その同一文章を昭和10年に「特定物売買における所有権の移転の時期」と題して民商法雑誌に掲載した。その中で，当時主流であった我妻説（前掲〔A〕契約時移転説）の矛盾点を批判する。

すなわち，〔図②〕〔A〕説に立ち，契約時にAからBに所有権が移転したとして，AはBに対して代金支払請求権を有し，反対に，BはAに対して目的物引渡請求権と登記協力請求権を有する。しかし，「登記」は，物権者が請求で

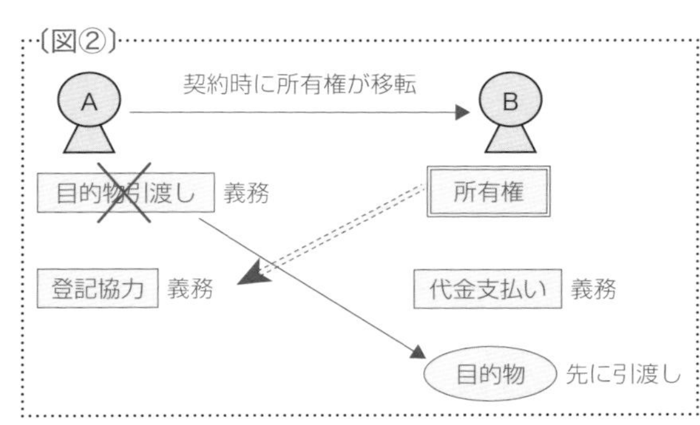

きる権利であるから，Bは，所有権に基づいて登記を得ることができる。そうすると，同時履行の抗弁権（533条）の問題として，Aが拒むことのできるのは「目的物引渡し」の義務だけであるから，533条がいう〝「履行を拒む」という表現〟は当たらない。しかも，もし，何らかの事情でAがBに不動産を引き渡していた場合には，Aは「引渡し」をも拒む余地がないのだから，同時履行の抗弁はまったく役立たないものとなる。もしそうであれば，このような考え方（=〔A〕説）はおかしい。そこで，「代金」に対して「履行を拒むことができる」のは所有権の移転（物権の変動）でなければならないと考えたのである（つまり，所有権は依然Aになければならないということ）。この論理を，末川博士は，前記著書と論文で主張した。

ii　川島理論への継受　そして，おそらくこの論理に着想を得て，川島博士は，所有権の移転は，有償契約の本質である同時履行関係から導かれ，したがって，その移転時期は所有権の「対価」である「代金支払い」時であるとする理論を，昭和17-18年の講義案の中で構想し，昭和24年の『所有権法の理論』で展開したのである。

iii　理論的矛盾　しかし，この川島・有償性理論は，本文で述べたように，双務契約の義務履行規範である同時履行の関係と，所有権の移転という物権変動理論とを混同しているといわざるをえず，また，代金支払いがないのに売主が引渡しや登記の移転をした場合（学説からの批判）の対処として「引渡をなすべき時」と改説したことは，もはや有償性理論ではないといわざるをえない（『双書・民法(2)』〔第3版〕50頁〔原島重義〕も，代金支払いがないのに登記や引渡しがされて所有権が移転するというのは有償性の原理からは出てこないとする）。

この点，末川理論も同様の批判を免れないのである。「代金」に対して「履行を拒むことができる」のは所有権の移転であるとする論理は，このように，明らかに誤りだからである（石田・前掲『物権変動論』114頁以下）。

ⓑ　代金支払い・引渡し・登記時説（舟橋説）　川島理論は，物権行為独自性否定説に対して，決定的な影響を与えた。特に，舟橋博士は，川島理論を原則的に承認した上で，物権変動の時期については，その難点を克服するため，引渡し，登記または代金支払いのうち，いずれか先にされた時であるとした。そしてまた，〔B〕説を批判して，物権行為の独自性の問題と物権変動の時期とは必ずしも相伴う必要はないのだとした（舟橋86-87頁）。この考え方

が，物権行為独自性否定説の主流に影響を与え，それが，176条は物権変動の成立のみをいい，所有権移転の時期までも意味しないとする説へ発展するのである（現在の多数説）。しかし，こうなると，既述したように，176条の文意をまったく無視する解釈とならざるを得ないのである（前掲**2**(2)(c)ii(52-53頁)参照）。

【有償性理論の影響】　有償性理論は，上記ⓑ説のみならず，以下のように影響を及ぼしている。

i　信用授与説（原島説）　この説も，原則的に有償性理論を承認するが，代金支払いがないときに登記や引渡しが行われた場合には有償性原理では説明がつかない川島理論の難点を，「信用授与」という概念を用いて克服しようとする。すなわち，「売主が買主にもっとも完全な信用を与え，売主は一切の物権的保護を放棄しても代金債権さえもっていればそれでよい，と考えられる取引関係」がある場合には所有権は移転するのだとする（原島・前掲論文55頁，前掲『双書・民法(2)』50頁〔原島〕）。

ii　独自性肯定説　有償性理論は，物権行為の独自性を肯定する説へも影響を及ぼしている。すなわち，売買契約の有償性にかんがみ，不動産引渡しと対価関係にあるものは代金支払いであるから，この代金支払時を所有権移転時とする（篠塚『民法のよみかたとしくみ』161頁，田山67頁）。

〔D〕　確定不要説（段階的所有権移転説）　所有権の移転は，売買契約の締結，代金支払い・引渡し・登記などのプロセスを経て終了するが，そのプロセスにおいて移転時を確定することは実益がなく，理論的にも不可能である，とする。その論証として以下の解決方法を示し，プロセス中は売主・買主共に完全な所有者ではなく，その過程を通じて所有権 —— むしろ，危険負担・果実収取権・損害賠償請求権など，所有権の法効果と考えられる各種の権能 —— は，売主から買主に，なしくずし的・段階的に移っていくのだとする（鈴木78-80頁。同旨，内田427頁）。

①　当事者間　まず特約が支配し，それがなければ民法の他の制度（例えば，危険負担（534条），果実収取権（575条），登記請求権など）によって解決される。

②　買主と売主の債権者との関係　買主が目的物につき対抗要件を具備しているかどうかで決まる。

③　売主と買主の債権者との関係　債権者は債権法理（債権者代位権など）によって保護されるかどうかで決まる。

④　取引関係に立たない第三者との関係　売主も買主も共に損害賠償請求権（不法行為）と妨害排除請求権（物権的請求権）とを有する。

この説に対しては，例えば④につき，損害賠償請求権や妨害排除請求権が2人に帰属することはありえないことや，物権的請求権は所有権の属性ではないのかなどの批判がある（田井ほか38頁〔田井〕参照）。しかし，より原理的には，「所有権」の帰属が解決規範（すなわち法的規範）となり得ないのか否かについての，社会科学的価値観の問題に帰着しよう（そのことは，鈴木対石田（喜）・篠塚論争に見られよう）。

【学説の流れ】　以上，物権変動時期の問題をめぐる学説・判例の考え方を示したが，この問題については古くから紛糾してきた。したがって，多少とも，学説史的な流れを追う必要があろう。

民法制定当時から明治時代の間は，もっぱらフランス法的解釈が行われていたが（立法関与者の解釈および判例共に），その後，明治の末からドイツ法的解釈（形式主義的解釈）が主流となり，これが通説的立場を占めるにいたった（56頁【登記時説（形式主義）に対する批判】参照）。しかし，大正10年に末弘博士が，フランス的意思主義理論を力説し，これを我妻博士が支持したのに及んで，再度フランス法的解釈が台頭したのである（〔A〕説）。

その後，末川博士は，176条をフランス流に解釈する結論が，民法理論上矛盾を引き起こすのみならず，わが国の取引慣行にも反することから，「物権行為」の概念（ドイツ法直輸入理論ではなく，独自の概念）を用いて176条を解釈すべきことを提唱した（〔B〕説）。この末川理論は，実際の不動産取引関係に適合して説得的であるだけに大きな影響を与え，その結果，学説は〔A〕説と〔B〕説とに二分するにいたったのである。

ところが，末川博士が解釈理論のなかで示した所有権と代金支払いの「同時履行」性は，川島博士によって承継され，「有償性原理」へと発展した（〔C〕ⓐ説）。この理論は，所有権移転を有償性原理によって説明したことから，所有権移転の時期を，「意思表示」時から分離させたところに大きな意味をもつ（ただ，そのことによって，176条がその文意から隔たった解釈となったことは否めない)。そのため，物権行為の独自性を否定する中心的な理論となり，現在の独自性否定説の基点となっているのである。

他方，〔D〕説の登場は，従来，「所有権移転の時期」の問題が観念的な論争のきらいがあったことに対し，その問題に内在する意味を根元的に問うものである。特に，「所有権」の内容を分析して，現実的な紛争の処理から所有権移転の「機能」に再検討を加えたことの意義は大きい。

第３節　不動産の物権変動 ── 177 条論

1　177 条の基本的問題点

(1)　物権変動と公示の必要性

物権変動は,「意思表示」(それが, 債権的意思表示であるか物権的意思表示であるかは, 説が分かれるが) のみによって, その効力を生じる (176条)。したがって, 物権変動それ自体は, わが民法上, 定型ないし法定の形式をとって行なわれることを要求されていない。法律行為による場合には, 一般に外部的徴表 (代金支払い・引渡し・登記) を伴うのを常とするが, しかし, それといって法定されているわけではない。要するに, 物権変動自体は,「意思表示」(当事者の意思の合致) だけで生じるのである (このことは, 物権変動理論につき, どの説をとるにせよ, 変わりがない)。

だが, 物権変動は第三者の利害への影響が大きく ── 物権が排他的・絶対的な支配権であるゆえに ──, したがって, これを第三者に公示する必要が出てくる。それが, 物権法における「公示の原則」であることは既に述べた (第1章第1節2(2)(b)iii(5頁), 第2章第1節2(1)(40頁)) (ただし, この公示は, わが国の場合は, 物権変動が行われたときは必ずしなければならないというものではなく, 単に対抗要件とされているにすぎない)。しかし,「公示」の形式は, 対世的な公示である以上, 法定の定型的な形式でなければならない。その形式とは, 不動産については「登記」(177条), 動産については「引渡し」(178条) である。

(2)　対抗要件主義 ── 意思表示による物権変動の多重的発生

ところで, 物権変動が意思表示のみによって生じるとする以上, 現実問題としては, それが多重的に発生することは避けられない。例えば,〔図①〕で,

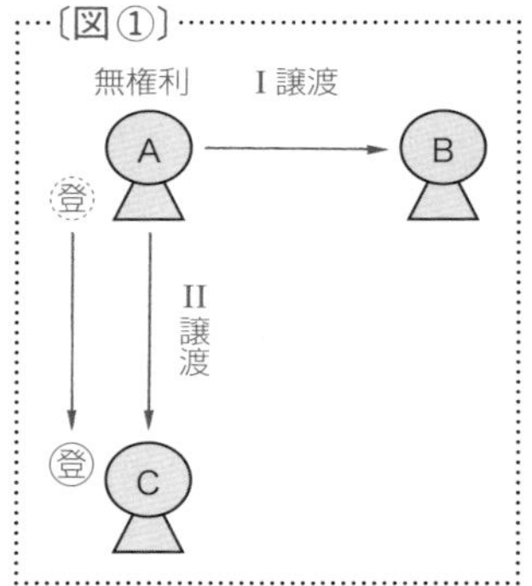

Aは，Bに土地を売ったにもかかわらず，その登記を移転していないことをいいことに，その土地をさらにCに売却するということが生じてしまう。純理論的に考えると，意思表示によって物権はすでにBに移転しているのだから，Aは無権利者となり，CはAからその土地を買うことはできないことになる（後述【「無権利法理」と「第三者保護」の理論】参照）。だが，理論的には矛盾するも，意思主義（176条）を採用した結果として，このような現実を無視するわけにはいかないのである。

また，既述したように，物権変動は公示主義がとられているので，公示（登記・引渡し）によればその多重的発生を防止することはできるけれども，必ず公示しなければならないという制度でない以上は，その発生を阻止することはできない。

要するに，以上のような制度である以上，二重譲渡の発生（物権変動の多重的発生）を避けることはできないのである。そこで，民法は，これに対して「対抗要件」主義で対処した。すなわち，不動産の物権変動は，「登記をしなければ，第三者に対抗することができない」（177条）とし，動産に関する物権の譲渡は，「引渡しがなければ，第三者に対抗することができない」（178条）とされたのである。

「対抗要件主義」というのは，結論的には，「対抗要件（登記または引渡し）を得た者が勝つ」（対抗要件による早い者勝ち）という原則であるが，しかし，**それを支えるものは**，＜対抗要件（公示手段）を備えることができる状態にあるにもかかわらず，それをしなかった以上，不利益を受けてもしかたがない＞という一つの信義性である。物権変動は，公示主義がとられる結果，公示手段を備えることができるのであって，したがって，それを備えない以上，不利益を受けてもやむをえないのである。

【「無権利法理」と「第三者保護」の理論】

(a)「無権利法理」　ローマ法に,「何人も自己の有する以上の権利を他人に譲渡することはできない」(Nemo plus juris ad alium transferre potest, quam ipse habet) という法諺がある。このことを持ち出すまでもなく，無権利から権利は発生しない。したがって，無権利者から権利を取得することはできないのである。この原則を「無権利法理」と呼んでいる。近代法は，当然のこととして，この理を前提としている。

(b) 第三者（外観信頼者）保護の必要性　ところで，上記のように，物権が意思表示のみで変動するとすると，譲渡人Aは，Bに不動産を売却したのだから無権利者となり，同一不動産をCに二重に売却することはできないはずである（無権利法理)。ところが，Aは，自分の下に登記があるのを奇貨として，同一不動産を第三者Cに売却することがある。その際，第三者Cは，その登記（公示）を信頼し，Aを真実の所有者であると思って買い受けるわけであるから，その保護が要請されよう。総じて，一般に無権利法理を貫徹した場合には，わが制度上の現実的な問題として，無権利者を権利者であると信じて取引に入ってくる第三者（虚偽外観信頼者）を保護する必要性が出てくるのである。

そこで，民法は，無権利法理の適用によって現実的に生じる外観信頼者（第

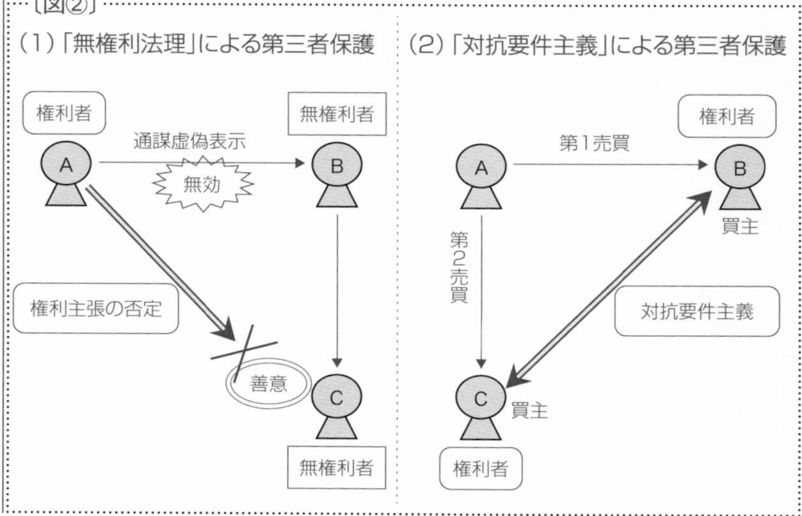

三者）を保護する方法として，２つの制度に依拠した。

第１は，「善意者保護」制度である（〔図②(1)〕）。これは，＜「権利者」は「善意の第三者」に対しては自己の権利を主張できない（→その反射的効果として，無権利者からの権利取得が認められる）＞とするもので，理論的には，無権利法理の貫徹を前提とし，その例外的処置として第三者を保護する制度である。94条2項，96条3項，110条，192条などの「外観信頼者保護制度」がこれに該当する。

第２は，「対抗要件主義」である（〔図②(2)〕）。これは，対抗要件主義，すなわち＜対抗要件を備えることができたのに，それを備えなかった以上は，不利益を受けてもやむを得ない＞とするもので，理論的には，無権利法理と決別し，二重譲渡が可能であるという前提で採用される制度である。しかし，実質的には，この制度もまた，無権利法理の例外的処置であることは明らかである。物権の多重譲渡（二重譲渡）の場合においては，この制度に依拠して第三者を保護しているのである。

2　「対抗することができない」の意味 ──「対抗」の法的構成

(1)「対抗」と無権利法理の理論的説明

さきの〔図①〕(66頁)で，Aは，Bに土地を売却して代金を受け取ったが，まだBに登記を移転していないことをいいことに，その土地をさらにCに売却して（二重譲渡），登記をCに移転させたとしよう。物権変動の基本原則(176条)によれば，物権は意思表示で変動するのであるから，Aは，Bに土地を売った以上は「無権利」者となってCに二重に売却する権限はなく，したがって，Cは所有権を取得できないことになる（無権利法理）。しかし，物権の二重譲渡（多重移転）の場合には，民法は，この無権利法理を棄てて対抗要件主義を採用し，BとCとの関係を「登記による早い者勝ち」としている(177条)。

そこで，「対抗」(177条)の理論と，意思表示主義(176条)からくる「無権利」法理との関係につき，理論的な説明の必要が生じている。それが，ここで扱う「対抗」の法的構成の問題である。端的にいえば，Bに物を売却して無権利者となったAが，なぜに，さらにCに売却できるのかということの理論的な説明，すなわち，二重譲渡が理論的に可能であることの法的構成である。以下に見るように，旧来より学説は多岐に分かれ，帰一するところを知らない状況である。

(2)「対抗」の法的構成

〔A〕 債権的効果説　登記がなければ物権変動の効力が生じず，単に債権的効果を生じさせるにすぎない，とする（近藤，山中）。したがって，B・Cへの物権変動は，先に登記を得た者が当然に勝つということになる。ドイツ法・形式主義から導かれた理論であって，176条・177条の根本趣旨に反し，現在では，歴史的意義を有するにすぎない。

〔B〕 否認権説

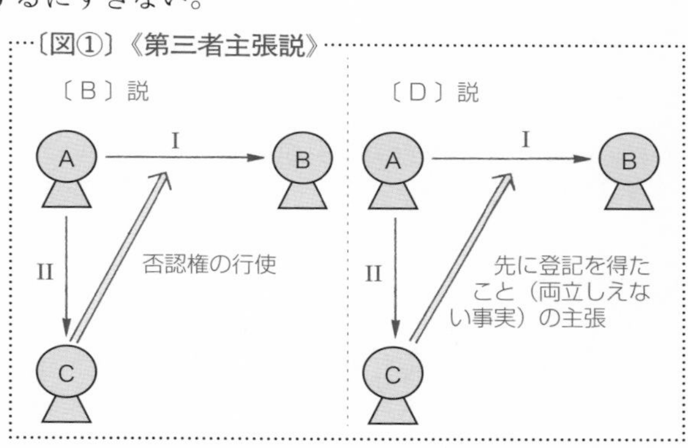

〔図①・B説〕登記がなくてもA・B間の物権変動は当事者間（A・B）および対第三者間（B・C）で完全にその効力を生じるが，第三者Cが，登記欠缺の積極的主張ないし否認権の行使をしたときは，この第三者Cに対する関係では，その物権変動は効力を生じない，とする（中島（文），石田，柚木）。一世を風靡したかつての通説であった。

否認権説に対しては，第三者Cが第1の物権変動（A→B）のあることを知らない場合には，否認権の行使という概念は成り立たない，などの批判が当てはまる。

〔C〕 相対的無効説　登記がなくても当事者間（A・B）では完全に物権変動の効力を生じるが，第三者Cに対しては，まったくその効力を生じない（効力は相対的となる）。ただし，第三者Cが，A・B間の物権変動を承認することは可能であるとし，〔B〕説の難点を克服している（末川90頁以下）。

これに対しては，物権の絶対性に反するとか，第三者に対して無効なのが第三者の承認によって有効となるのはおかしい，対抗と無効を混同している，などの批判がある。

〔D〕　反対事実主張説　〔図①・D説〕登記がなくても物権変動は当事者間および対第三者間で完全にその効力を生じるが，ただ，第三者Cが当該物権変動と反対ないし両立できない事実を主張するときは，A・B間で物権変動が行われなかったものとする（末弘154頁以下，舟橋146頁）。Cが当該事実を主張すると，Aが依然所有権を有することになるので，Cは権利取得の実質的基礎を有することになる（舟橋146頁）。

さきの〔B〕説とこの〔D〕説は，第三者主張説と呼ばれるものであるが（〔図①〕所掲の両説を参照），第三者主張説に対しては，BもCも未登記の場合には説明がつかない，などの批判がある。しかし，未登記の場合にはB–C共に主張できないのだから，「対抗」とは無関係であろう。そもそも，対抗要件主義とは，意思主義の下での理論的不都合を回避するための法技術であって（前述**1**(2)(65頁）参照），所詮この〔D〕説のような考え方の上に成り立つものである。それゆえ，「対抗」の説明としては〔D〕説が最も妥当であり，私はこの説に立つ。

〔E〕　不完全物権変動説　登記がなくても当事者間・対第三者関係で物権変動は生じるが不完全なものであり（したがつて，Aは完全に無権利者とはならず，さらにCに譲渡できる権原がある），登記を備えることによつて完全な物権変動となる，と説く（我妻＝有泉149頁）。

意思主義を主張する本説の論者が，完全な物権の取得が登記によるとはどういうことか，債権と変わりがないではないか，などの批判が存する。

〔F〕　法定証拠説　まず，物権変動の基本を，意思主義による成立（176条）と時間的前後による優劣決定におく。そして，177条は，裁判所が事実認定をするに際して，時間的前後についての法定証拠を与えた規定（裁判規範）であり，したがって，A→BへのⅠ譲渡後にA→CへのⅡ譲渡がされた場合，Cが先に登記を備えた以上，裁判官はこの法定証拠に拘束され，Cへの譲渡が時間的に先にされたものであるとの事実認定をしなければならない，とする（安達三季生『判例演習・物権法』45頁以下。鈴木88頁は，結論的には同旨か）。

177条を裁判規範と捉えること，およびB・C共に未登記の場合の処理に問題を残している。

〔G〕 公信力説　〔図②〕無権利者から権利を取得する制度として，即時取得の制度（192条）があるが，この理論の応用と考えてよい。まず，AからBへの物権変動によって，Bが所有権を取得することによりAは無権利者となる（無権理法理），ということを理論的前提として，Aが有している登記を信頼してAと取引をしたCは，善意・無過失であるならば，所有権を有効に取得できる，とする論理を立てる。ここからは，次の2説に分かれる。──

ⓐ 篠塚説　〔図②・Gⓐ説〕Cが所有権を取得した結果，反射的にBは権利を失う。Cが登記を信頼したことについての善意・無過失は，Bが登記をしなかったこと（帰責事由）との相関関係で判断される。また，Cの権利取得のためには「登記」の取得を前提としているが（「信頼」という理論を徹底すると，Cの登記の具備は必要なさそうだが），その理由を不動産法だからであるとする（篠塚昭次『論争民法学Ⅰ』14頁以下）。

ⓑ 半田説　〔図②・Gⓑ説〕Cの権利取得の要件である「善意・無

〔図②〕《公信力説》

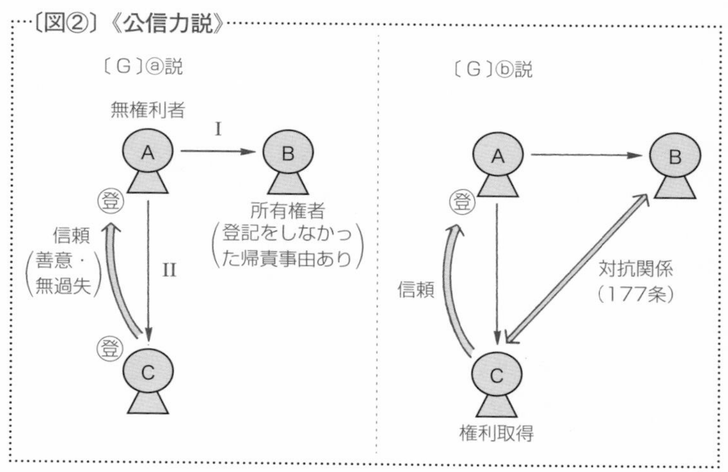

過失」については，Bに帰責事由（登記をしなかつたことの責任）のない場合には，Cに善意・無過失が要求されるが，Bに帰責事由のある場合は善意だけでよい，とし，また，Cの「登記」の取得を前提としない（ⓐ説との差異を考えよ）。そして，ⓐ篠塚説と異なる点であるが，Cが権利を取得しても，Bは権利を失わず，CとBとの関係は「対抗」関係となり，177条によって決定される，とする（半田正夫『不動産取引法の研究』3頁以下）。

公信力説に対しては，登記に公信力があるとする点でわが民法の基本的立場と相容れず，また，本来不動産法では「過失」は問題とされていないのにその発生根拠が示されていない，などの批判があるほか，上記2説の修正からわかるように，もはや「公信」（公示に対する信頼）の効果という構造にはなっていない（ⓐ説では登記を要求し，ⓑ説では対抗とする）。

(3)「対抗」を考える場合の注意点

「対抗」の法的構成については，前述したように，私は〔D〕説が妥当であると考える。しかし，この問題をどのように考えるにせよ，以下の点を視野に入れておかなければならない。──

(a) 第三者からの承認　「対抗」できないとは，〔図①〕（66頁）でBからCに主張できないということである。したがって，登記のないA・B間の物権変動を，第三者Cが承認することは，差しつかえない（通説。大判明39・10・10民録12輯1219頁）。「対抗」とは無縁だからである。

(b) 登記のない物権変動相互間　B・C共に登記がない場合には，先に登記をした者が優先する（最判昭33・7・29民集12巻12号1879頁（立木の明認方法）。第1章第5節**2**(2)(b) i（21頁）参照）。物権原則（成立順序）に対する例外である。

(c) 登記の主張・挙証責任　BがCに対し目的物の引渡しを請求する場合，これを争う相手方Cの側で，登記の欠缺を主張・挙証しなければならない（大判昭9・1・30民集13巻93頁）。しかし，Cが自分もAから譲り受けたことを主張・挙証したときは，Bは再抗弁として，自己に対抗要件が具備されていることを主張・挙証しなければならない，とする説も有力である。

(d) 対抗力の存続と登記との関係　不動産の対抗要件は登記であるが，その対抗力については後述する（5(6)(b) 137頁）。

3　177条の「第三者」

(1)「第三者」とはいかなる者をいうか

177条は，「物権の得喪及び変更」は「登記をしなければ，第三者に対抗することができない」と規定し，「第三者」については何の制限も付していない。したがって，一見すると（そして，原則的には），登記のない物権変動は，すべての「第三者」に対抗できないものと考えられよう。この原則からすると，「第三者」とは，物権変動の当事者（およびその包括的承継人）以外のすべての者をいうことになる（無制限的な考え方）。

(a)「第三者」を制限する必要性

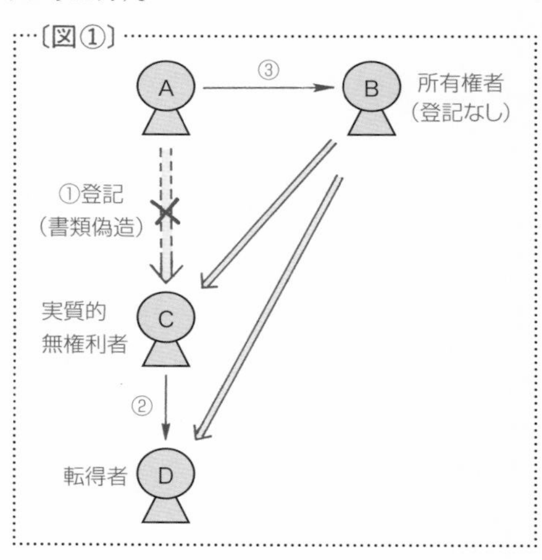

しかし，例えば，〔図①〕のように，Aの土地につき，Cが書類を偽造して自己名義に登記を移し，それをDに売却した後，Bが当該土地を真の所有者Aから買い受けた場合に，BがC（または転得者D）に対して所有権を主張できないとなると，きわめて不当であろう。また，わが国の不動産取引の実情からして，旧来，不動産の売買が行われても登記されないことが少なくなく，このような場合に出現してくる不当な第三者に対して，登記を経なくても物権変動を対抗させる必要があったのである。

【わが国の登記制度と実際の取引】　わが国において，不動産を売買した際に，必ずしも「登記」がなされるとは限らなかった。登記制度は，それ自体，租税の徴収を目的として制定されたためである。すなわち，登記制度は，それまでの地租の徴収手段であった「地券」制度に代わるものとして導入されたのである（明治32年）（122頁【不動産登記法前史】参照）。そのため，旧来より，不動産取引上，「登記」という慣行が必ずしも定着しなかった面がある。

また，第2次大戦後の社会的混乱状況下でも，不動産売買において，登記がされないケースが相当に発生した。このように，わが国の不動産取引の実情をみるならば，登記のない物権変動が多く存在してきたし，したがってまた，このような物権変動を保護する必要もあったのである。

上述のような事情がある一方で，わが国の民法制度および登記制度の仕組みにおいては，不当な「第三者」の出現を排除することはできない（ドイツと異なり，登記申請にあたっては，登記官は実質的審査権を有しないからである。本章第1節**2**(**2**)（41頁）参照）。そこで，不動産登記法は，民法177条の「第三者」について，2つの例外を認めている。すなわち，──

i　第1は，「詐欺又は強迫によって登記の申請を妨げた第三者」（不登5条1項）である。

ii　第2は，「他人のために登記を申請する義務を負う第三者」（不登5条2項）である。

これらの者は，登記を経ていない不動産の所有権取得者Bに対して，その登記の欠缺を主張することはできない。したがって，これらの者は，民法177条の「第三者」には当たらないことになる。逆からいえば，不動産の取得者Bは，これらの者Cに対しては，登記を受けていなくても物権の取得を主張（対抗）できるということである。

では，それ以外に，なおかつ不当な第三者と考えられる者に対してはどうか。例えば，不法行為者や無権利者に対しては，登記がないからといって，真の権利者が所有権を主張できないとなると，やはり不合理であろう。また，賃借人や差押債権者などに対してはどうであろうか ── このような形で，177条にいう「第三者」を制限する必要が生じてきた。

(b) 制限的解釈　現在では,「第三者」を制限して解釈すべきだということには異論はない。しかし，以下のような考え方の変遷および差異がある。

i 「登記の欠缺を主張する正当の利益を有する者」(制限説Ⅰ)　まず，大連判明41・12・15(民録14輯1276頁)は,「無権利者」を排除すべく，民法177条の「第三者」を「登記の欠缺を主張する正当の利益を有する者」に限るとし,「第三者」を制限的に解釈した。この判決を契機として，いわゆる制限的解釈が始まった。

【第三者制限連合部判決】　上記大連判明41・12・15。詳細は必ずしも明瞭ではないが，Aは，Yが東京市より同市基本財産河岸地貸渡規則に基づいて借り受けていた土地上に，本件未登記建物を所有していたが，その所有者名義(おそらくは家屋台帳上か同市規則上の名義)を便宜上Y名義としていた。Xが，本件建物をAから買い受けたところ，Yが，本件建物は自ら建築して所有権があると主張したので，Xは，Yに対して所有権の確認を求めたという事案である。

原審は，Xは，登記を経由していない以上，その所有権取得をYに対抗することはできないとし，Yを勝訴させた。Aからの上告。

大審院は，X・Yいずれの主張によりYが177条の「第三者」に当たるか否かが決定されるものとして破棄差戻したが,「第三者」につき次のようにいう。「第三者とは当事者若くは其包括承継人に非ずして，不動産に関する物権の得喪及び変更の登記の欠缺を主張する正当の利益を有する者を指称すと論定するを得べし。即ち，同一の不動産に関する所有権，抵当権等の物権又は賃借権を正当の権原に因りて取得したる者の如き，又同一不動産を差押へたる債権者，若くは其差押に付て配当加入を申立てたる債権者の如き，皆均しく所謂第三者なり。之に反して，同一不動産に関し正当の権原に因らずして権利を主張し，或は不法行為に因りて損害を加へたる者の類は，皆第三者と称することを得ず」。(この判例の意義については，大河純夫「『第三者連合部判決』における『正当ノ利益』概念について」立命法学1977年4＝5＝6号460頁以下，川井健『民法判例と時代思潮』31頁以下参照)

このように，上記判例は,「登記の欠缺を主張する正当の利益を有する者」

という基準を立てることにより，次のような処理をしたのである。──

① 同一不動産に関し，所有権，抵当権等の物権または賃借権を正当な権原によって取得した者，差押債権者，配当加入債権者などは「第三者」として捉える。

② 同一不動産に関し，正当の権原によらないで権利を主張する者（＝「無権利者」）や「不法行為者」は「第三者」から排除する。

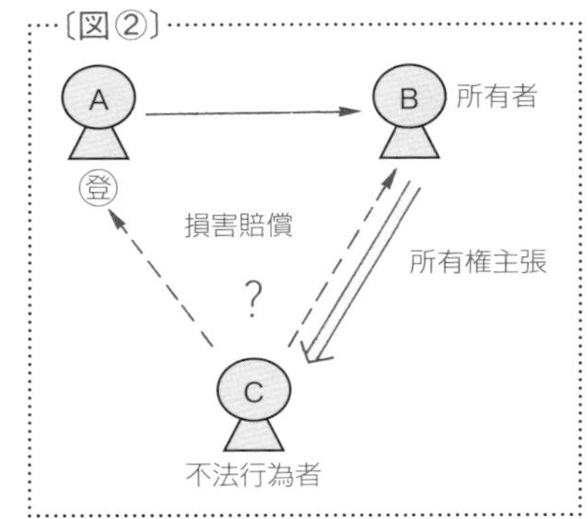

> **【無制限説と制限説】**　上記の連合部判決後，無制限説は，反動的に主張された。すなわち，一方で，立法者意思としての無制限説が強調された（梅謙次郎）ほか，他方で，登記により画一的に処理することが，登記・公示制度の理想であること，また，上記連合部判決の挙げる②の「不法行為者」につき（〔図②〕），不法行為者Cといえども，誰が賠償請求権者であるかを知るにつき，Bの登記の欠缺を主張する正当な利益を有する者であるとし，制限説に反撃を加えた（鳩山秀夫）。しかし，この説は，やがて衰退していった（学説・判例の状況については，川井健・前掲書57頁以下に詳しい）。
>
> 前記連合部判決の示した制限的解釈（＝制限説）は一般に支持され，大正から昭和にかけては主流の解釈となった（末弘，舟橋，我妻，柚木）。しかし，上記無制限説の説くごとく，判例の立てた「登記の欠缺を主張する正当の利益を有する第三者」という基準では，「不法行為者」を必ずしも排除できないであろう。

ii 「有効な取引関係に立てる第三者」（制限説Ⅱ）　そこで，我妻博士は，制限的立場から，新たに「当該不動産に関して有効な取引関係に立てる第三者」という基準を設定したのである（この基準によると，不法行為者が排除されることは理解されよう）。だが，例えば，──

① **賃貸借契約上の賃借人C**　〔図③〕Cに賃貸している不動産を所有者（賃貸人）Aから譲り受けたBが，賃貸借契約の存続を承認した上で，賃料請求や解約申入れなど，賃貸借契約上の権利を行使する場合

〔図③〕
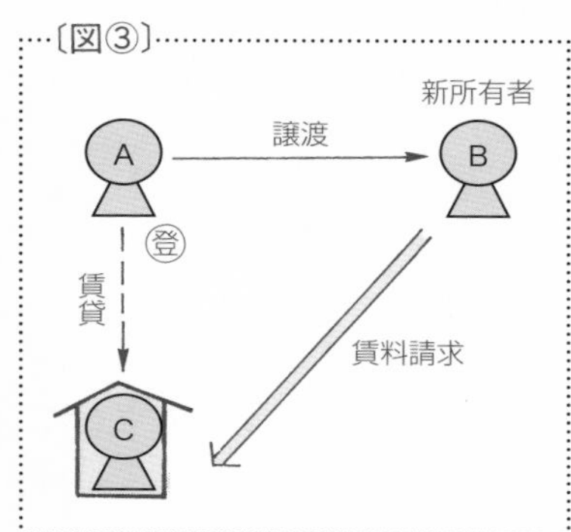

〔図④〕
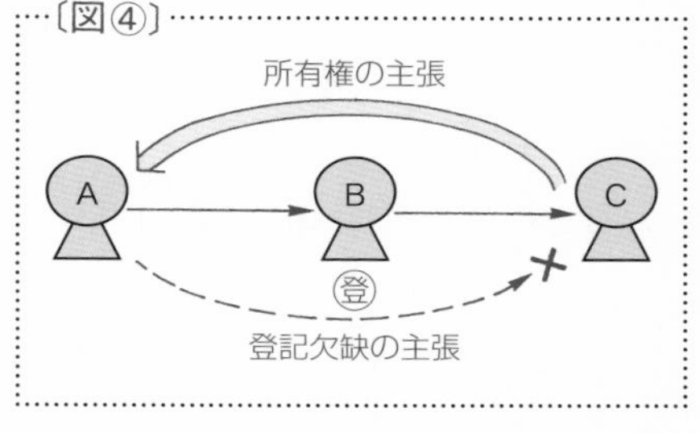

の相手方（賃借人）C（詳細は，後掲（2）(b) i（80頁）参照）。

② **所有権移転被請求権者**　〔図④〕不動産がA→B→Cと譲渡された場合のA（詳細は，後掲(2)(e)（82頁）参照）。

③ **一般債権者**　〔図⑤〕不動産がAからBに譲渡された場合の，Aの債権者C（詳細は，後掲(2)(e)（82頁））。

〔図⑤〕
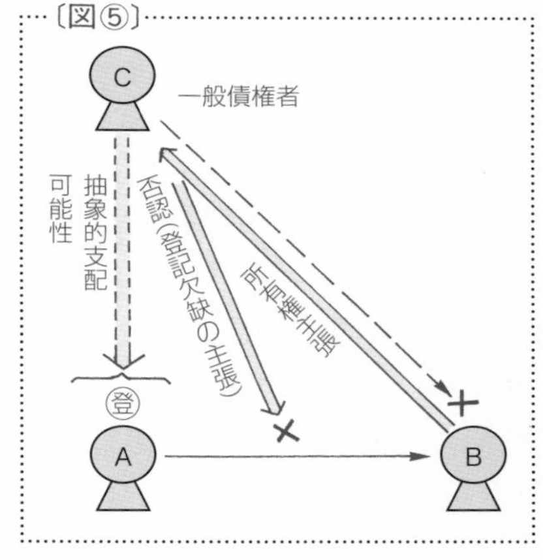

などは，上記の基準によると，「有効な取引関係」に立つと考えられるから，「第三者」に含まれ得る余地がある。しかし，これらの者は，177条でいう「対抗」（＝所有権帰属を争う拮抗関係）の理念に照らせば，およそ「第三者」とは無縁の者といわざるをえない。そこで，改めて「対抗」の意味が問われなければならないのである。このような観点から，次の説が，この点を明確にする。

iii 「対抗問題限定」説（制限説Ⅲ）　この説は，まず，177条の規定について，同条は対抗問題を生じる場合にのみ適用されるべき規定であるから，対抗関係に立つ者のみが「第三者」であり，対抗関係に立たない者は「第三者」ではない，と考える（したがって，実質的に，第三者の範囲を制限している）。

そして，対抗関係に立つ「第三者」につき，次のような基準を立てる。──

① 「両立しえない物権相互間の優先的効力を争う関係に立つ者」（於保不二雄）

② 「物的支配を相争う相互関係に立ち，かつ登記に信頼*して行動すべきものと認められる者」（舟橋182頁）

これらの基準によると，前記 **ii** 所掲の ① 賃借人，② 所有権移転被請求権者，③ 一般債権者などは，177 条の「第三者」とは認められないことになる。177 条の「対抗」の意味を考えれば，この説を至当としよう。

＊ 「登記への信頼」　舟橋教授が，「登記への信頼」をこの基準の中に入れられたのは，「登記への信頼」を「善意」と解し，反対に，登記を信頼しない者を，後に述べる背信的な悪意者として，これを排除しようとする趣旨からである（舟橋183-184頁）。

iv　登記の権利保護要件的機能　ただし，上記の諸例などにおいて，Cが 177 条にいう「第三者」に該当しない場合であっても，このようなC（「第三者」に該当しない者）の利益を保護する観点から，現実上「登記」をもって取引関係の基準とすることを善しとする場合のあることは否定できない。つまり，取引関係の安定のために，177 条を転用した方がよい場合があるのである。「登記」には，権利の「公示」作用から，その「対抗」作用（＝対抗要件的機能）だけでなく，その「保護」作用（保護要件的機能）が認められるからである。そこで，後者のような場合に機能する「登記」を，「対抗要件」ではなく，「権利保護要件」（または権利保護の資格要件）と呼んでいる。

ただ，注意してほしいのは，一概にこの「権利保護要件」を持ち出すのではなく，何が本来の「対抗」問題であるかを明確にした上で（上記「『対抗問題限定』説」参照），政策上の必要性にかんがみ，177 条の転用を考えるべきことである（原島重義『注民(6)』273頁以下，加藤一郎「民法177条と対抗問題」『新版・民法演習 2』47頁）。この問題の具体例（具体的適用）は，次掲 **(2)**「『第三者』の具体的検討」で個別的に説明しよう。

【「登記」の権利保護要件としての機能】　登記は，本来，権利を公示するものであるが，公示主義がとられる結果，取引社会においては，登記をもって不動産取引関係の標準としようとする慣行が生じることは自然である。このようにして認識された登記の作用が，登記の権利保護機能であり，このような形で使われる登記が，登記の権利保護要件といわれるものである。例えば，さきの〔図③〕において，BとCとは対抗関係に立つものではないが，Cの利益の保護のためには，Bに登記を要求することは，理にかなっていよう（判例。詳細は，(2)(b) i（80頁）で後述する）。

この機能は，本来的な公示機能とは，理論的に明確に区別される必要があろう。177条の「第三者」をいかに捉えようとも，登記のこのような機能は承認されなければならない（良永和隆「登記の保護機能(1)」専修法学論集48号109頁以下。なお，下森定「法律行為の取消登記」『不動産物権変動の法理』62頁参照）。

(2)「第三者」の具体的検討

以上のように，177条は，基本的には，「対抗」関係を生じる場合に限定して適用されるべき規定であって，したがって，その「第三者」とは，対抗関係に立つ者と把握するのが妥当である。ただ，上記したように，対抗関係にはなくても，「登記」をもって不動産取引の基準とすることが妥当である場合のあることに注意しなければならない（177条の転用であるが，「対抗」とは理論的には区別して考えなければならない）。

そこで，いかなる者が「対抗」関係に立つ「第三者」に当たるのか，または177条の転用（権利資格保護要件）として「登記」が必要とされるのか，あるいはまったく「第三者」には当たらないのか，などにつき，個別的・具体的な検討を必要としよう。

(a) 所有権取得者

所有権を取得した者が「第三者」に該当することは説明はいるまい。なお，時効による取得や，取消し・解除による物権の復帰的取得については，その場合の「登記」との関係で特殊な問題が生じるので，後の本節**4**（89頁以下）で詳述する。

(b) 制限物権者・賃借権者

前掲〔図③〕（77頁）制限物権（用益物権・担保物権）ないし賃借権を有する者Cと，Aから所有権を取得した者Bとは，基本的に「対抗」関係に立つものではない。物的支配（排他的支配権）を相争う関係にはないからである（舟橋189-190頁。同旨，半田27頁）。しかし，若干の検討を要しよう。——

i　賃貸借の存在を前提とする賃料請求・解約申入れ　BがCの賃借権を承認して賃料を請求したり，解約の申入れをする場合（前掲〔図③〕），判例は，Bには登記がなければならないとする（賃料請求につき，大判昭8・5・9民集12巻1123頁，最判昭49・3・19民集28巻2号325頁。解約申入れにつき，最判昭25・11・30民集4巻11号607頁）。

> **【賃借人に対する賃料請求】**　前掲最判昭49・3・19。事案を簡単にすると，B（原告）は，Aから土地を買い受けたが，所有権移転請求権保全の仮登記をしたままであった。そして，本件土地上に建物を所有するC（被告）に対し，地代を催告したが支払われないので，地代不払いを理由に賃貸借契約を解除した（他の争点は省略する）。
>
> 「本件宅地の賃借人としてその賃借地上に登記ある建物を所有するCは本件宅地の所有権の得喪につき利害関係を有する第三者であるから，民法177条の規定上，BとしてはCに対し本件宅地の所有権の移転につきその登記を経由しなければこれをCに対抗することができず，したがってまた，賃貸人たる地位を主張することができないものと解するのが，相当である（大判昭8・5・9民集12巻1123頁参照）」。

また，〔図⑥〕地上権者AがBにこの地上権を譲渡したが，その登記を経由していないときに，地主CがAに対して地代を請求した場合も同様であり，Aが地上権の喪失（譲渡）をCに対抗 ── 地代支払いの拒否 ── するためには，登記を必要とする（大判明39・2・6民録12輯174頁）。

〔図⑥〕
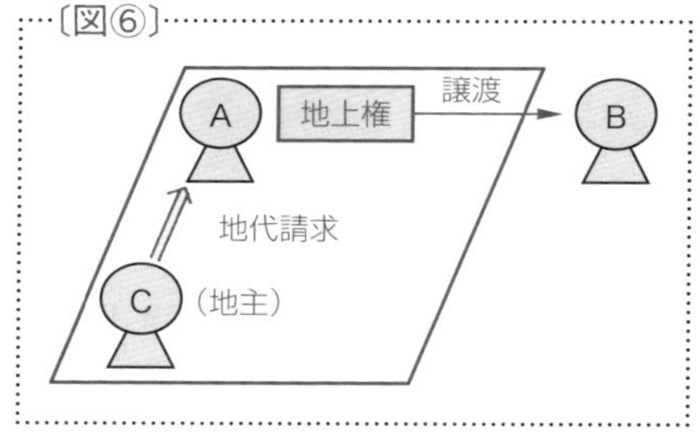

判例の結論は妥当であろうが，ただ，このことは，BとCとは対抗関係に立つわけではなく，したがって，Bに登記が要求されるのは，権利保護要件としての登記の機能からである（177条の転用）と考えるべきである。

なお，この場合につき，賃貸人の地位の譲渡 ── AからBへの ── の要件としての，通知・承諾が必要であると考える説もある（鈴木96頁）。

ii　対抗問題となる場合　これに対し，新所有者Bが賃借人Cに対して明渡しを求める場合は，Bの所有権登記とCの賃借権登記（605条。または，借地借家法上の対抗

(要件)との「対抗」となる。不動産の利用を目的とする賃借権は,「登記」をすることによって物権に対しても対抗することができるからである(605条)。この場合は，上記 i の場合と区別されるべきであって，さきの(a)の範疇に入るものであり，したがって，Cは「第三者」に当たる。

(c) 一般債権者　前掲〔図⑤〕(77頁)譲渡人Aの単なる一般債権者Cは，Aの特定財産を直接支配しているわけではなく，その支配可能性があるにすぎない。したがって，BがAから不動産を譲り受けたが，登記をしていない場合，Cが登記欠缺を理由としてその物権変動を否認したところで,法律的には無意味である(大判大4・7・12民録21輯1126頁参照)。このように,一般債権者Cは，特定不動産について，そのままの形では，所有者Bと物的支配を争うことはありえないから,「第三者」に当たるか否かを論じることは意味がないといわなければならない(鈴木96頁，加藤・前掲論文54-55頁)。

これに対しては，一般債権者が差押え・配当加入をしても債権の効力が特に強くなるわけではないから，理論としては，一般債権者にも登記なしには対抗できないとする説もある(末川110頁，我妻＝有泉158頁)。この説は，未登記不動産の譲渡人Aの一般債権者Cは，譲受人Bが登記をしない間は，自分の債権に基づいてAに代位して保存登記をすることができること(大判昭17・12・18民集21巻1199頁)，および，Aが相続の限定承認をすれば，登記のない譲受人Bは，もはや所有権の取得をもって相続債権者に対抗できなくなる(大判昭9・1・30民集13巻93頁)，とした判例を根拠としている。

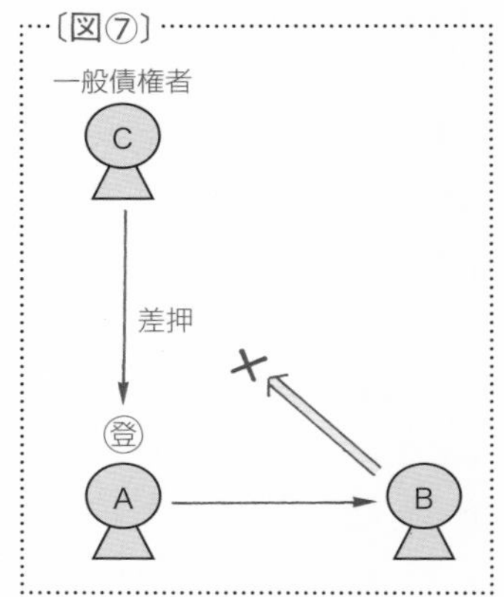

(d) 差押債権者・配当加入債権者　〔図⑦〕しかし，一般債権者Cが，差押えをした場合は別である。Aの債権者であるCがA名義の不動産を差し押えた場合，真の所有者であるBは，登記なくしては第三者異議の訴えを主張することはできない(最判昭39・3・6民集18巻3号437頁。租税滞納処分による差押につき，最判昭31・4・24民集10巻4号417頁)。Cは，差押えをすることによって，当該不動産につき直接の

排他的支配権を取得し，Bと物的支配を相争う関係になるからである（舟橋190-191頁）。この理は，仮差押債権者（最判昭38・3・28民集17巻2号397頁），仮処分債権者（最判昭30・10・25民集9巻11号1678），特定債権を有する者（最判昭28・9・18民集7巻9号954頁（立木の引渡債権 ― 立木の二重売買））の場合も同様である。しかし，差押えの場合は本来の「対抗」問題ではなく，177条の転用（登記は権利保護要件）だと考える説（加藤(一)・前掲論文55頁），差押え段階では登記は必要でなく，競落人などの新たに出現するDに対してBに登記が必要とされるのだとする説（鈴木96-97頁），も有力である。

(e) 転々譲渡の前主（所有権移転被請求者）　前掲〔図④〕（77頁）不動産が，A→B→Cへと譲渡されたが，Cは登記がなくても所有権をもってAに対抗でき，逆に，AはCの登記欠缺を理由にB・C間の物権変動を否認できない（最判昭43・11・19民集22巻12号2692頁。Bに譲渡したAは，その後Bに対し処分禁止の仮処分決定を得ても，Cの登記欠缺を主張できる立場にないから，Cは登記なくしてAの仮処分決定に対抗できる）。AとCとは，当該不動産につき物的支配を相争う関係にないからである。したがって，Aは第三者には当たらない。

(f) 不法行為者・不法占拠者　前掲〔図②〕（76頁）例えば，BがAから家屋を買ったが，まだ登記をしないうちに，Cの放火によりその家屋が焼失してしまった場合，BはCに対し登記がなくても不法行為に基づく損害賠償の請求ができる（大判大10・12・10民録27輯2103頁）。Cは第三者には当たらない。不法占拠者Cに対するBの明渡請求（物権的請求権）と損害賠償請求（不法行為）についても，同様である（最判昭25・12・19民集4巻12号660頁）。

さきに叙したように（76頁），なるほど，これらの者は，誰に損害賠償をすべきかで「登記」の所在は1つの目安となるかもしれないが，しかし，このような者（さらに，次で述べる実質的無権利者も）に対してまで，所有者が登記を備えなければ権利を主張できないとされるいわれはないであろう。

(g) いわゆる実質的無権利者　前掲〔図①〕（73頁）CがA所有の土地につき書類を偽造して登記を自己名義にしたとしても，Cは，本来その土地につき何の権利も有しないのであって，Aが所有権者であることには変わりがない。このようなCを，「実質的無権利者」と称している。第三者に当たらないことは当然である。したがって，Aから当該土地を買い受けたBは，登記がなくても，Cに対して ― さらに，Cから転得したDに

対しても ── 所有権を主張できる。この「実質的無権利者」の範疇には，この例のように登記を冒用した者，仮装登記をした名義人，無効または取消しの結果として権利を失った者，表見相続人から権利を受け継いだ者，などが含まれる（なお，このような場合に，これら無権利者から権利を譲受けた者は，94条2項の類推適用として保護されることがある。【I】201頁以下参照）。

(3) 「背信的悪意者」の排除

(a)「背信的悪意者」とは何か　前述したように（(1)(a)(73頁)），不動産登記法は，①「詐欺又は強迫によって登記の申請を妨げた第三者」（5条1項），②「他人のために登記を申請する義務を負う第三者」（5条2項）を，177条の「第三者」から除外し，これらの者に対しては，所有権者は，登記がなくても所有権を主張できるとしている（この処置は，フランスの通説を具体化したものであるといわれる）。これらの者が排除されるのは，その心理・精神状態において，信義則等の民法の基本精神に著しく反するからである。

対抗要件主義は，確かに対抗要件を備えることができたのにそれを備えない以上不利益を受けてもしかたがないという法思想ではあるが，信義則に背き（1条2項），権利濫用法理に違背するなど（1条3項），自由競争の範囲を明らかに逸脱して民法の基本精神に背を向けるならば，民法は，その者を保護する必要はない。不動産登記法5条は，このような精神に裏づけられた規定である。そうであれば，厳密にはその2つの場合に該当しなくても，なおかつそれに類するような，または常識ないし一般の法感情から許せないような者（例えば，後掲の，第1買主Bに対して復讐する目的から，Aを説得して先に登記を受けた第2買主Cなど）に対しても，同様の処置が妥当である。

このように，あるいは信義則に反し（1条2項），あるいは公序良俗に違反し（90条），あるいは権利濫用の法理に違背するなど（1条3項），民法の基本精神に反する者を，「背信的悪意者」と総称し，これを，177条の「第三者」から排除してきた（水本浩「不動産物権変動における利益衡量」『私法学の新たな展開』（我妻榮追悼）269頁以下，川井健『不動産物権変動の公示と公信』15頁以下，広中106頁，吉原節夫「177条における背信的悪意者」ジュリ・民法の争点I 116-117頁）。

【「背信的悪意者」の理論的基盤】　背信的悪意者排除論には，2つの理論的基盤が存する。

第1は，前記した不動産登記法5条の存在である。この規定で捕捉している者は，明文で定めた背信的悪意者ともいわれる。

第2は，前述した，「第三者」の制限的解釈という判例・学説の流れである。その〈制限〉の本質は，「背信」性の排除に直結する要素を含んでおり，とりわけ，明治41年の第三者制限連合部判決が無権利者や不法行為者を排除しようとしたことは，このような排除理論の展開の芽を内包していたのである。

(b) 判例の展開　この理論が生まれたのは第2次大戦後であり，戦後の社会混乱期のなかで，登記を具備しない物権者や借地権者に対して，信義則に悖るような権利取得者が，明渡しを請求するケースが多く現れた。それに対し，多くの下級審判例は，権利濫用や信義則違反を用いて，このような者を排除してきた。判例上の承認過程をみると，

i　まず，不動産登記法5条に類するような信義に反する第三者は，登記の欠缺を主張する正当な利益を有しないとした（最判昭31・4・24民集10巻4号417頁，最判昭40・12・21民集19巻9号2221頁）。

ii　次に，第1買主Bに対して復讐を目的として売主Aから譲り受け，登記した者Cは，公序良俗に違反し，第三者には当たらないとした（最判昭36・4・27民集15巻4号901頁）。

iii　そして，「実体上物権変動があった事実を知る者において上記物権変動についての登記の欠缺を主張することが信義に反すると認められる事情がある場合には，かかる背信的悪意者は，登記の欠缺を主張するについて正当な利益を有しない」とし（最判昭43・8・2民集22巻8号1571頁），ここに背信的悪意者排除理論が確立したのである。

【判例による「背信的悪意者」排除理論】　前掲最判昭和43・8・2。Aが山林をBに売却したが，登記を移転しないで20数年が経過したところ，Aが権利証（登記済証）を所持していることを知ったCは，それを安価で買い，Bに高く売りつけようとしたが，Bが応じないため，自己名義の登記をしてしまい，さらにBに対し，所有権確認の訴えを提起したものである。

「実体上物権変動があった事実を知る者において上記物権変動についての登記の欠缺を主張することが信義に反するものと認められる事情がある場合には，かかる背信的悪意者は，登記の欠缺を主張するについて正当な利益を有しないものであって，民法 177 条にいう第三者にあたらないものと解すべきところ（最判昭 31·4·24 民集 10 巻 4 号 417 頁，最判昭 40·12·21 民集 19 巻 9 号 2221 頁参照），原判決認定の前記事実関係からすれば，ＣがＢの所有権取得についてその登記の欠缺を主張することは信義に反するものというべきであって，Ｃは，上記登記の欠缺を主張する正当の利益を有する第三者にあたらないものと解するのが相当である」。

(c) 背信的悪意者排除の理論的骨格　「背信的悪意者」の排除は，２つの理論的骨格（要件）を持っている。

i 「事情を知っていること」=「悪意」　第１は，先に登記を備えた第三者Ｃが，既にＡ・Ｂ間で第１売買が行われ，その買主Ｂが登記を備えていないことを知っていることである（＝悪意)。では，知らなかったが，少し注意をすれば「知り得た場合」（重過失ないし過失）の場合はどうか。この点は，次の **ii**「背信性」と相関的に考えなければならないので，次に述べる。

ii 「登記欠缺を主張することが信義則に反すること」=「背信性」　第２は，第１買主Ｂに対して登記を備えていないことを主張することが，信義則に反することである（＝背信性)。「信義則に反する」とは，不動産登記法 4·5 条に類する場合とか，復讐目的などのように，Ｂがたまたま登記を備えていないことに目をつけ，Ｂが甚大な損害を被ることを知りつつ，敢えて自己の利益を貪ろうとする主観的意思態様である。

このような場合が「背信性」（信義則違反）なのであるから，上記 **i** で第三者Ｃに「悪意」が要求されるのは当然であって，単なる「過失」によって知らなかった場合などは，問題とならないというべきである。

このように考えると，背信的悪意者排除論においては，「背信性」は「悪意」を前提としているのであって，両者は，一体化しているものといわざるを得ない*。ただ，「重過失」概念は，民事事件においては「悪意」に代わる作用**をしているのも事実であるから，そうであれば，せめて「重過失」は要求されるというべきであろう。

＊　「悪意」のない「背信性」はあり得るのか？　後掲する最判平10・2・13（民集52巻1号65頁）は，地役権の承役地の「譲渡の時に，〔①〕承役地が要役地の所有者によって継続的に通路として使用されていることがその位置，形状，構造等の物理的状況から客観的に明らかであり，かつ，〔②〕譲受人がそのことを認識していたか又は認識することが可能であったときは，譲受人は，通行地役権が設定されていることを知らなかったとしても，特段の事情がない限り，地役権設定登記の欠缺を主張するについて正当な利益を有する第三者には当たらない」。「このように解するのは，譲受人がいわゆる背信的悪意者であることを理由とするものではないから，譲受人が承役地を譲り受けた時に地役権の設定されていることを知っていたことを要するものではない。」とする妙な理論を展開した（詳細は，290頁以下参照）。

この判例の理論に立つ限り，背信的悪意者には当たらない「登記の欠缺を主張できない第三者」という“第三の”概念が存在することになる。しかし，背信的悪意者というのは，上記の通り，「信義則違反」がその骨格（中心的概念）であって，「登記の欠缺を主張できない第三者」というのも，信義則違反が基盤となっている概念であるから，上記の判例理論は悖理（はいり）といわざるを得ない。当該判例の事実関係を精査すれば，悪意ないし重過失の判断は十分に可能であったように思われる。

＊＊　「重過失」概念の実際的作用　民事事件においては，なかなか「悪意」が認定されないのが事実である（他の事件等の引拠となることを嫌うためである）。そこで，現実においては，「重過失」が，「悪意」の立証の緩和として作用しているのである（米倉明『債権譲渡』201頁参照）。この点において，「重過失」を「悪意」と同質とみて，上記 **i** の「悪意」に「重過失」を取り込むべきものと考える。

(d) 背信的悪意者と転得者　A→B，A→Cの不動産の二重譲渡において，Cからの転得者Dはどのように扱われるか。2つの場面が考えられる。

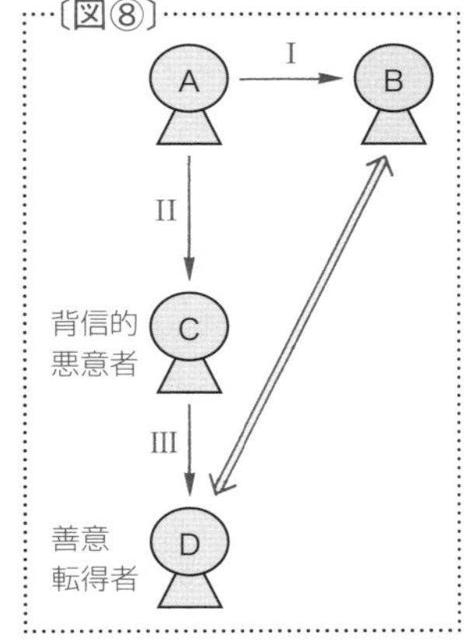

i　C（背信的悪意者）→D（善意）　〔図⑧〕B（登記欠缺者）との関係でCが背信的悪意者とされた場合に，Cから不動産を取得した善意の転得者Dは，有効に権利を取得できるであろうか。2つの考え方がある。

〔A〕 絶対的構成説　Cの権利が否定され

ることによりBが権利者となって法律関係は確定する。したがって，Dは善意であってもCから権利を取得することはできないとする。

〔B〕　**相対的構成説**　しかし，背信的悪意者Cは無権利者となるわけではなく，背信性ゆえに自己の権利主張が否定された（Bの登記欠缺を主張できない）にすぎない。したがって，CからDへの譲渡の法律的基礎は存在するのである。それゆえ，譲渡を受けたDは，第1買主Bとの関係で背信的悪意者と認定されない限りは，有効に権利を取得できると考えなければならない（背信的悪意者排除論の「相対的適用」理論）（最判平8・10・29民集50巻9号2506頁）。

【背信的悪意者排除論の相対的構成】　前掲最判平8・10・29。B市は，市道を造るため，Aから本件土地を買い受けて造成し，アスファルト舗装・整備して一般市民に市道として提供してきた。しかし，分筆登記手続の手違いから，Bへの移転登記はされず，固定資産税もAに賦課されていた。この事情を知ったCは，Aから格安で本件土地を購入し，移転登記を経由した。その後，幾人かを介在して本件土地はDに渡り，D名義の登記がされた。Dは，本件土地は市道ではないとして，本件土地上にプレハブ建物を建築し，バリケードを設置して一般の通行を拒否した。Bからの公道等確認請求。

まず，Cを背信的悪意者と認定して，「所有者甲から乙が不動産を買い受け，その登記が未了の間に，丙が当該不動産を甲から二重に買い受け，更に丙から転得者丁が買い受けて登記を完了した場合に，たとい丙が背信的悪意者に当たるとしても，丁は，乙に対する関係で丁自身が背信的悪意者と評価されるのでない限り，当該不動産の所有権取得をもって乙に対抗することができるものと解するのが相当である。けだし，(1)丙が背信的悪意者であるがゆえに登記の欠缺を主張する正当な利益を有する第三者に当たらないとされる場合であっても，乙は，丙が登記を経由した権利を乙に対抗することができないことの反面として，登記なくして所有権取得を丙に対抗することができるというにとどまり，甲丙間の売買自体の無効を来すものではなく，したがって，丁は無権利者から当該不動産を買い受けたことにはならないのであって，また，(2)背信的悪意者が正当な利益を有する第三者に当たらないとして民法177条の『第三者』から排除される所以は，第1譲受人の売買等に遅れて不動産を取得し登記を経由した者が登記を経ていない第1譲受人に対してその登記の欠缺を主張することがその取得の経緯等に照らし信義則に反して許されないということにあるのであって，登記を経由した者がこの法理によって『第三者』から排除されるかどうかは，その者と第1譲受人との間で相対的に判断されるべき事柄である。」

そして，本件では，Cが背信的悪意者であるにせよ，D自身が背信的悪意者に当たるか否かを改めて判断することなしには，Dの所有権取得をBに対抗できるか否かを判断することはできないとして，破棄差し戻した。

ii　C（善意）→D（背信的悪意者）

〔図⑨〕

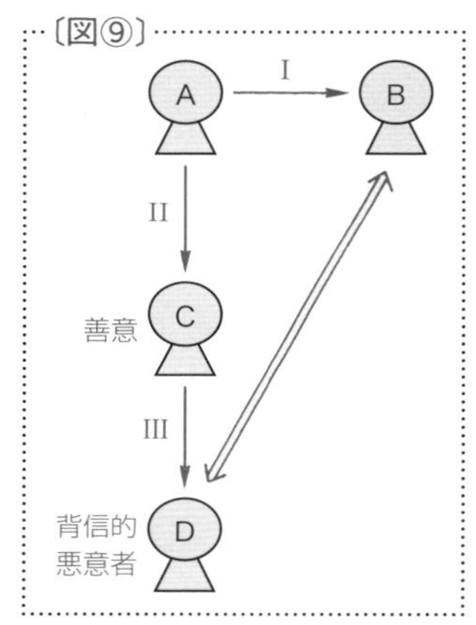

〔図⑨〕他方，第2買主Cが善意だった場合に，Cから買い受けたDが背信的悪意者のときはどうであろうか。Cの善意によって法律関係は確定し，Dは背信的悪意者であっても有効に権利を取得できるとする考え方（絶対的構成説）もあるが，しかし，背信的悪意者は，Bとの関係で判断されるものであり，転得者の場合にもBとの関係で相対的に適用されるべきものとする考え方（相対的構成説）が妥当である。そうしないと，Dが善意の中間者Cを介在させて権利取得を可能とする途を容認する結果となるからである（東京高判昭57・8・31判時1055号47頁）。

【善意の第2譲受人からの転得者は？】　前掲東京高判昭57・8・31。事案を簡単にすると，Aは，土地をBに売却したが，その登記未了の間に本件土地を分筆して善意のCに売却し，Cはこれを背信的悪意者とされたDに売却した。BからDに対する登記移転請求に対し，判例は，──

「背信的悪意論は，……信義則の理念に基づいて背信的悪意者を登記制度の庇護の下から排斥せんとする法理であるから，登記欠缺者と当該背信的悪意者間の法律関係について相対的に適用されるべきものであり，善意の中間取得者の介在によって，その適用が左右される性質のものではないと解するのが相当である。蓋し，斯く解したからとて，その適用の結果が中間に介在する善意の第三取得者の法律関係，法的地位に影響を及ぼすものでもなく，又反面……悪意の遮断を認めると，善意の第三者を介在させることにより背信的悪意者が免責されるという不当な結果を認めることになるからである」，とする。

4　登記が要求される物権変動とは ── その具体的検討

(1)「登記がなければ対抗できない物権変動」の視点

(a) 問題の所在　177条は，「物権の得喪及び変更」につき「登記」が対抗要件となる旨を規定する。この規定 ── 登記が対抗要件として要求されること ── は，すべての物権変動に適用されるべき原則なのであろうか。

物権変動を生じさせる原因には，種々のものがある。そのなかで，契約による場合が最も重要であるが，それ以外にも，取消しや解除などの単独行為，取得時効や公用徴収などの原始取得，相続などによっても，物権変動が生じる（第1節1(2)・(3)(38頁以下）参照）。そこで，これらの各物権変動において，登記が対抗要件として要求されるべきなのかどうか。いずれの場合においても，物権変動と対抗に関してそれぞれ特有の問題があり，単純に登記をもって対抗の基本と考えられないような側面がある。

なお，このような物権変動の種類からの検討は，直接的には，177条の「対抗」の意味づけに関係するものであるが，実質的には，その「対抗」関係の範囲を限定する意義をも有している。

(b) 基本的な考え方（学説）　まず，この問題についての学説の考え方を整理しておこう（末川118頁以下，舟橋158頁以下 参照）。──

〔A〕 意思表示限定説　177条は176条（意思主義の規定）との関係で存在するのだから，「意思表示」による物権変動について予定された規定であり，したがって，この場合に限って登記が対抗要件となる，との見方も生じる（旧判例，石坂音四郎）。古く主張された説である。しかし，この建前を貫くと，公示の原則が破壊されるおそれがある。そこで，意思表示による物権変動以外の場合についても，登記の必要性が論じられてきた。

〔B〕 登記必要説＝無制限説　かつて，わが国で生前相続（隠居相続）が認められていた時代においては，その相続が開始された後，その登記移転前に被相続人Aがさらに第三者Cに相続不動産を処分した場合は，相続人Bと第三者Cとの関係は，ちょうど二重譲渡と同様の関係として捉えることができた。これに対処した判例は，この相続の場合にも登記が対抗要件になるものとし（大連判明41・12・15民録14輯1301頁），さらに一般的に，意思表示による場合に限らず，すべての物権変動について登記を必要とする，という立場を表明した。

現在の判例も，後に検討する相続の各場合には若干の動揺が見られるが，基本的にはこの立場にあるといえよう。

〔C〕 登記必要説＝修正無制限説　上記〔B〕説の修正説である。すでに存在している権利の変動は，移転的取得（例，売買），設定的取得（例，抵当権・地上権などの取得）の別なく，また承継取得のみならず，理論上原始取得とされる場合（時効取得・公用徴収など）も，すべて登記なしには対抗できないが，ただ，例外として，全然新しく生じた不動産について原始的に取得した所有権 ── 主として，建物の新築による所有権の取得 ── は，取引というものがないから，登記なしに対抗できるもの，とする（我妻＝有泉93頁）。

〔D〕 対抗問題限定説　これに対し，さきに掲げた対抗問題限定説（本節3(1)(b)iii（77頁所掲））は，「第三者」を生じる余地がないような物権変動については，そもそも「対抗」問題を生じないのであるから，対抗問題を生じる物権変動についてだけ登記を要する，とする（川島237頁，末川121頁，舟橋159頁）。前述の対抗関係に立つ「第三者」の理論構成との関係からいえば，この説が妥当である。しかし，この説においても，「対抗問題」を生じない場合でも，公示手段たる「登記」を一定の場合には紛争の解決のために用いようとしているので（権利保護要件として），実際上の差異はないものといえよう。

以上が，ここでの問題の基本的な視点と捉え方の差異である。そこで，以下では，意思表示によらない物権変動が生じている場合に，「登記」を信頼した第三者との関係でどのように問題を解決すべきかを，具体的・個別的に考察しよう。最も争いの激しいところでもある。

(2) 「取消し」と登記

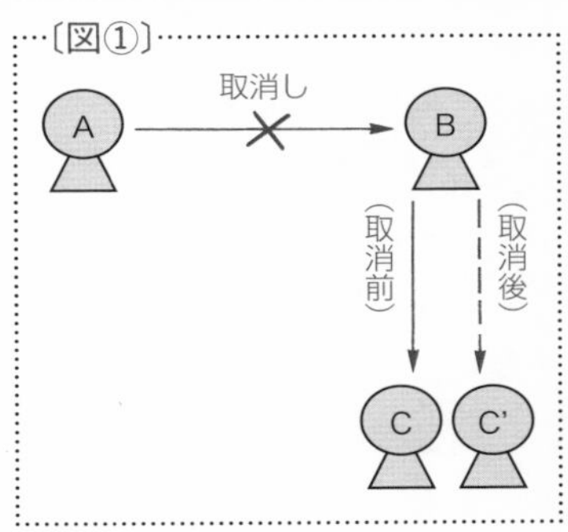

(a) 問題の所在　民法では，いくつかの原因（行為能力の制限，意思の欠如，意思表示の瑕疵）により，法律行為の「取消し」が認められている。「取消し」があると，その法律行為は「初めから無効」となり（121条），物権が変動しなかったことになる。しかし，その際，すでに行われた物権変動を基礎に第三者が生じる場合がある。この場合に，「取消し」(遡及的無効) の効果はどうなるのか，また，対抗要件としての「登記」はどのように機能するのか。具体的には，2つの場面で次のような問題が生じる〔図①〕。

すなわち，① 第1は，「取消前に生じた第三者」との関係である。Aが不動産をBに売却し，Bがこの不動産をさらに第三者Cに転売した後で，AがBとの売買契約を取り消した場合〔第三者Cの出現がAの取消前〕，Aは，Cから無条件にその不動産を取り戻すことができるかどうか。② 第2は，「取消後に生じた第三者」との関係である。AがBに不動産を売却して登記を移転した後にその売買契約を取り消したが，登記を回復しないうちに，Bがその登記を利用して不動産を第三者C′に転売してしまった場合〔第三者C′の出現がAの取消後〕，AはC′から不動産を取り戻すことができるかどうか。

第三者C・C′はBの登記を信頼して取引に介入してきたのであるから，対抗要件制度上保護されなければならない。そこで，取消制度によるAの保護と，対抗要件制度によるC・C′の保護との関係をどのように位置づけるべきか。

(b) 2つの基本的な考え方　取消しによる所有権回復者Aの保護と登記による第三者C・C′の保護との関係については，「取消し」制度をどのように理解するかにより，考え方が大きく2つに対立している。──

［Ⅰ］　**復帰的物権変動説**　当事者間でいったん買主に移転した所有権は，取消しの意思表示によって原因を失い，直ちに売主に復帰する（A・B間にBからAへの物権変動の意思表示があるわけではなく，条文からは若干離れるが，プラグマティック（実用的・実際的）に考える）。取消しは，原状回復という一つの法的手段にすぎず，要するに，物権が復帰的に移転するとみるのである（判例。我妻＝有泉64頁・96頁，末川121-122頁，鈴木81頁・83頁，広中120頁）。この説は，対抗要件主義的処理を妥当とし，そのために，対抗要件主義を適用させる前提として，「物権が復帰」するという理論を展開するのである。それゆえ，売主Aと買主Bから転得した者Cとの関係は，対抗問題（177条）として処理されることになる。

［Ⅱ］　**無権利説（遡及的無効説）**　これに対し，121条の「初めから無効であったものとみなす」とは，権利の遡及的な「無効」であって，取消しの時に「復帰」という物権変動が生じるのではないから，177条の対抗問題は生じないとする。そこで，取消しがあると，売主Aは所有権を直ちに回復し，反対に，買主Bは権利を失って無権利者となる（川島武宜『民法総則』301頁，幾代通「法律行為の取消と登記」『民法学の基礎的課題(上)』66頁，下森定「『民法96条にいう第三者と登記』再論」『民事法学の諸問題』131頁以下，加藤（一）47頁以下）。そして，所有権回復者Aと第三者Cとの関係は，対抗要件などは問題とならず，無権利者を権利者であると信頼して取引をした場合の善意第三者の保護規定（96条3項，94条2項など）の運用によることになる。

以上の見解の対立は，この問題が民法で本来的に予測された問題ではないため，どのような理論で規律するのが最も妥当かという法的価値判断に依存する（したがって，両説とも仮象性が強い（池田恒男「登記を要する物権変動」『民法講座2』170頁参照））。［Ⅰ］説は，この問題を対抗要件主義で律しようとする。それに対し，［Ⅱ］説は，無権利法理を基礎に，無権利者からの権利取得という方法でこれに対処しようする。いずれの解釈も成り立ち得るが（広中170-171頁），私は，後に述べるように，この問題を生じさせている現実とその処理方法に着目するならば，［Ⅰ］説（対抗要件主義的思想）の理解が妥当であると考える。

以上のことを理解した上で，取消しと登記の関係を，前掲した2つの場面（第三者の出現が取消しの前か後か）に分けて考察しよう。なお，上記の問題が先鋭化し，議論されてきたのは，主として「取消後に生じた第三者」の場面（後掲(d)（96頁））であることに留意せよ。

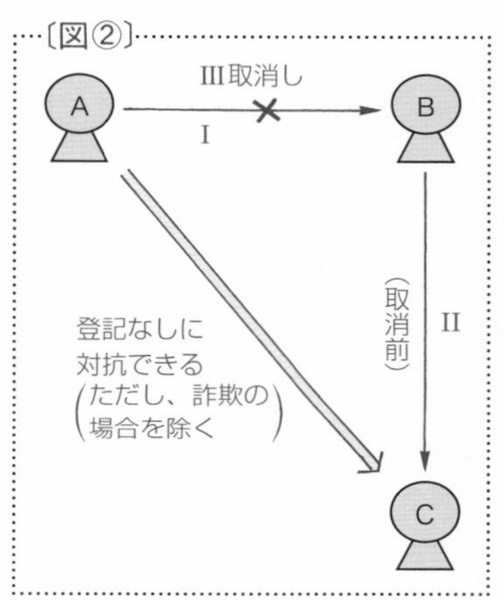

(c) 取消前に生じた第三者との関係

〔図②〕買主Bがすでに不動産を第三者Cに転売した後で，Aが取り消した場合である。

i　基本的な考え方と第三者の保護理論　さきに掲げた，2つの考え方の相違がある（ただし，この場面では，結論的に隔たりはない）。──

［I］　**対抗理論的考え方（復帰的物権変動説）**　前掲の復帰的物権変動説である。取消しの「初めから無効」（121条）という効果を，物権の遡及的復帰と理解した上で，Aの地位を一種の停止条件付権利を有する者と同様に捉える（取消しを停止条件として権利が復帰）。そして，取消しによって生じる物権変動（復帰的物権変動）をあらかじめ登記させることは不可能だから，「初めから無効」＝遡及的復帰という法効果は，第三者Cの善意・悪意などに関係なく，絶対的に効力を生じる（我妻＝有泉96頁）。しかし，遡及的復帰が絶対的に効力を生じるとなると，買主Bから転得したC（第三者）の利益を害すること甚だしい。したがって，第三者Cの保護も考慮に入れなければならない。そこで〔※*ただし，2017年改正で錯誤の効果が「取消し」となったことから，古い学説については，現時点からの推測として位置づける*〕，──

① **錯誤・詐欺による場合**　「錯誤」及び「詐欺」による取消しは，「善意かつ無過失の第三者」に対抗することができない（95条4項，96条3項）。したがって，Cは，善意である限り保護されることになる（この場合，Cが保護されるためには，登記を備えることが必要か否かについては，後掲**ii**で述べる）。この規定は，復帰的物権変動説からすれば，遡及的効力を遮断する規定と解することができる（我妻＝有泉96頁）。

② **制限能力・強迫による場合**　しかし，「制限能力」や「強迫」による取消しの場合は，詐欺に関する96条3項のような規定はないので，原則どおり，取消しは絶対的な効力を有する。それゆえ，Aは登記な

くして取消しの効果をＣに対抗でき（大判昭4・2・20 民集8巻59頁），第三者Ｃは善意であっても保護されないことになる。

【強迫による取消し】　前掲大判昭４・２・20。ＡがＢ所有不動産上に有する抵当権を放棄し，その登記を抹消した後で，その不動産上にＣのために新たに抵当権が設定された事案である。判例は，Ａが強迫を理由にその抵当権放棄を取り消したときは，Ａは，抵当権の復活を登記なくしてＣに ── その善意・悪意を問わずに ── 対抗できるもの，とした。

錯誤・詐欺の場合と強迫・制限能力の場合とで取扱いがこのように異なるのは，法政策的な問題 ── 本人保護という要請 ── である。しかし，強迫の場合にも，96条３項を類推適用する余地はあろう。また，制限能力の場合，取消権者が，取り消すことができることを知った後に登記を相当期間回復しないでいるときは，94条２項の類推適用が可能であろう（我妻＝有泉 100-101頁）。

［Ⅱ］　**無権利的考え方（遡及的無効説）**　さきの無権利説である。取り消した結果，法律行為は「初めから無効」（121条），すなわち遡及的に無効となる。したがって，例えば，Ａが，不動産をＢに売却して移転登記を済ませたが，それを後に取り消したとすると，直ちにＡは所有権を回復し，反対に，Ｂは権利を失って無権利者となる（Ｂに残された登記は空（から）登記となる）。したがって，Ｂからその不動産を買ったＣも無権利者となるから所有権を取得できず，Ａは，Ｃに対してその返還を請求できる。Ｃに登記が移っていても，この法効果に変わりはない（無権利法理）。そこで，第三者の保護だが，──

①　**錯誤・詐欺による場合**　「錯誤・詐欺」による取消し（95条４項，96条１項）は，「善意かつ無過失」の第三者Ｃに対抗できない（96条３項）とされているので，問題はない。なお，この説は，この規定を無権利法理における「善意第三者の保護」の制度として理解する（加藤（一）47-48頁参照）。

②　**制限能力・強迫による場合**　「制限能力・強迫」による取消しの場合には，96条３項のような規定はないので，原則どおりとなる。しかし，**(d)**［Ⅱ］（98頁）で後述するように，登記除去可能時以降に登記を放置しておいた場合は，94条２項の類推適用を認めようとする説もある（幾代通「法律行為の取消と登記」『民法学の基礎的課題（上）』62頁，下森定「法律行為の取消と登記」『不動産物権変動の法理』66頁など）。

ii　第三者に「登記」は必要か？　さて，ここで第三者Cが保護されるためには，Bからの移転登記を備えていることが必要であろうか。

〔A〕　登記不要説　判例は，Cが善意の第三者であるというためには，「登記」を備えていることを要しないという（最判昭49・9・26民集28巻6号1213頁）。

【取消前の第三者に登記は不要】　〔図③〕前掲最判昭49・9・26。B会社は，Aより農地を買い受けて仮登記をした後，これを売渡担保としてC会社に譲渡し，仮登記の付記登記を済ませた。その後，A（原告）は，詐欺を理由としてBとの売買契約を取り消し，C（被告）に対し，付記登記の抹消を請求した。原審はA勝訴。

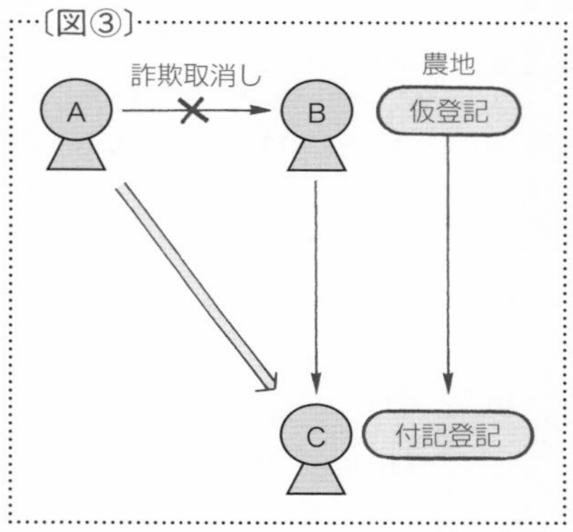

破棄自判。「96条第1項，3項は，詐欺による意思表示をした者に対し，その意思表示の取消権を与えることによって詐欺被害者の救済をはかるとともに，他方その取消の効果を『善意の第三者』との関係において制限することにより，当該意思表示の有効なことを信頼して新たに利害関係を有するに至った者の地位を保護しようとする趣旨の規定であるから，上記の第三者の範囲は，同条のかような立法趣旨に照らして合理的に画定されるべきであって，必ずしも，所有権その他の物権の取得者で，かつ，これにつき対抗要件を備えた者に限定しなければならない理由は，見出し難い」。

しかし，この判例は，Bが仮登記を受けた農地につき，それにCが付記登記を経由したものであって（まったくの無登記というわけではない），このような事実関係との対応で本判決を評価するならば，判例は必ずしも登記不要という立場にあるものとはいえない（星野英一・法協93巻5号813頁，加藤・前掲書50頁）。

学説でも，AとCとが対抗関係に立つという問題ではなく，Aの取消しの効果を善意の第三者Cに及ぼすことができないというものであるから，Cには登記は不要であるとする説がある（下森定『注民(3)』230頁，四宮和夫『民法総則』〔第4版〕188頁。なお，幾代・前掲論文69頁以下は，詐欺による場合の第三者には登記を要するが，それ以外の場合（94条2項の類推適用される場合）は登記は不要と解する）。

〔B〕 **登記必要説**　これに対し，近時は，第三者Cは，対抗要件としての登記ではなく，権利保護要件としての登記（前掲78頁【「登記」の権利保護要件としての機能】参照）を要するとする説が有力である（高木多喜男「第三者保護と対抗要件」Law School 29号74頁など）。なお，加藤（一）教授は，AとCとの優劣は対抗要件によって決するとする（加藤（一）50頁）。

上記〔A〕説をとると，Bの下に登記があるときにAが取り消し，その登記を回復した後でも，Cが保護されることになるが，そのような場合にまでCを保護する必要はないであろう（加藤（一）50頁）。したがって，〔B〕説が妥当である。

(d) 取消後に生じた第三者との関係　〔図④〕Aが取り消した後，その登記を回復していない間に，Bがその空（から）登記を利用して不動産を第三者C′に売却した場合である。さきの基本的な考え方の対立に照応して，捉え方は，大きく2つに分かれる（なお，この場面が，取消しと登記の議論の中心に置かれた）。

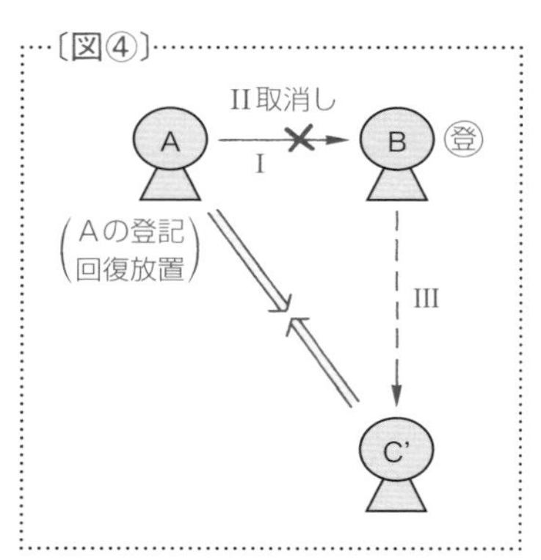

［I］ **対抗要件的考え方**　AとC′との関係につき，対抗要件の根本精神――「対抗要件＝登記を備えることができる状態にあるのにそれを放置しておくのだから不利益を受けてもしかたがない」――を基本に据えて，対抗問題として処理しようとする考え方である。

〔A〕 **対抗要件説**（判例）　Aが取消しの意思表示をしたが登記を回復しないでいる間に，C′がBからその不動産を取得した場合は，Aは登記をすることができるのにそれを放置しておいたという事情――対抗要件主義の精神から責められるべき事情――が認められ，ちょうど「二重譲渡」の際の登記の放置の関係に類似する。そこで，取消しの効果としてのB→Aへの所有権復帰を「復帰的物権変動」と捉え，B→A，B→C′への二重譲渡として，A・C′間を対抗問題＝177条の問題と解するのが正当である（大判昭17・9・30民集21巻911頁，最判昭32・6・7民集11巻6号999頁（公売処分の取消後の第三者に対して）。我妻＝有泉97頁，末川121-122頁）。そして，121条の理解（遡及的無効の否定）については，取消しは無効の場合と異なり，物権の変動があることは事実であって，ただそれが初めから生じなかったように扱われるにすぎないものとする（我妻＝有泉97頁，末川122頁）。

このように解することについては，次のような問題点が出てくる（［Ⅱ］無権利説からの批判として）。すなわち，──

①　Aが取消権の存在を知りながら，取消権を行使しないでいるうちに，善意のCが登場し，その後でAが取消権を行使した場合には，Cは取消前の第三者として扱われるから，Aは登記なくしてCに対抗できる（ただし，詐欺の場合には善意のCが保護される）。そうすると，Aは恣意的に取消しの時点を遅らせることができるから，不当である。

②　取消後の第三者との関係を対抗問題とすると，悪意の第三者Cも保護されることになって，96条3項の趣旨に反する。

しかし，①については，前述したように（95頁），取消前であっても，事情によっては（例えば，取消可能な状況にあるにもかかわらず，相当期間放置していて，Cが現れてから取り消した場合）94条2項の類推適用を認めるべきであろう（我妻＝有泉100-101頁。このことが現実に問題となるのは，制限能力の場合であって，取消権者のすみやかな権利行使が予想される詐欺や強迫の場合は，あまり問題とはならないであろう。また，新我妻説は，制限能力者が追認をすることができない状態の下で取り消した場合には，法定代理人がその事情を知っているなどの特別事情のない限り，登記なくして対抗できるとする）。また，②については，対抗問題（177条の問題）とすると，当然のことながら，Cが「背信的悪意者」ならば「第三者」から排除されるのであって，その批判は当たらないことになる。したがって，私はこの〔A〕説が妥当であると考える。

〔B〕　対抗要件徹底説　〔A〕説の対抗要件理論をさらに徹底させようとする次の2説がある。──

ⓐ　鈴木説　対抗要件主義の考え方の下に，鈴木教授は，前掲問題点①を克服しようとして，177条の適用を「取消し」時点ではなく，「取消権発生の原因が止み〔強迫の場合〕，かつ，取消権者が取消しの理由あることを知ったとき〔詐欺の場合〕以降に登場した第三者との関係では，取消しによる物権復帰を対抗するためには，登記を必要とする」，とする（鈴木107頁）。取消前における177条の適用の余地を広く認めるのである。

ⓑ　広中説　さらに，広中教授は，より徹底して，Cの出現が取消前

であっても取消後であっても対抗問題（＝177条問題）として処理すべきだとする。すなわち，無効の擬制を定めた121条は，取り消すことができる行為をした者とその相手方の関係を律するために設けられたものであり，第三者との関係を対抗問題として処理することが妥当である事情——Aが登記回復を怠っている状態——が存在する場合には，無効の擬制は177条によって制限されるべきだ，とする（広中131頁）。そして，Cが取消原因の存在を知り（取消前の場合），または取消しがあったことを知っている場合（取消後の場合）は，「背信的悪意者」として扱い，他方，Aが取り消して登記を回復する法的手段をとることができる状態になかった間にCが登記を経由した場合は，Aは，取り消すことができる状態になった後，遅滞なくCに対して登記回復のための法的手段をとることによって，Cに対し177条適用の基礎が欠けていた旨を主張できる（対抗問題としては扱わない），とする（広中128-130頁。この点についての批判は，下森・前掲論文64頁）。

広中説のメリットは，取消しの前後を問わず177条を適用することから，特に取消前において一般的に第三者を保護することができることにある（詐欺の場合以外にも）。

［Ⅱ］　**無権利的考え方**　　無権利説は，取消しの法効果が遡及的無効（121条）であることから，取消しの時に復帰という物権変動が生じるのではない以上，AとC′との関係を対抗関係として捉えることはできない（177条の対抗問題は生じない）とし，それゆえ，C′がB（無権利者）とした取引は，Aの取消前であれ取消後であれ，無権利者との取引にほかならない，とする無権利法理を基本に据える。この無権利法理を前提として，善意の第三者C′の保護を考える。その保護の方法は，このような場合の規定である94条2項，95条4項および96条3項であるが，それらがいかに適用されるか（適用基準）については，説が分かれる。

〔C〕　幾代説　第三者保護規定のある場合とない場合——すなわち，詐欺の場合と無制限能力・強迫の場合——とを分けて考え，——

① 制限能力・強迫の場合＝登記除去可能時から94条2項を類推適用
取り消すことができる行為の外形たる登記を有効に除去できる状態になりながら，なおそれを除去せずに放置することは，虚偽表示に準じ

る容態だとして，Aが「取消しうべきものであることを予知し，かつその追認を有効になしうる状態」に入った時を基準とし，それ以後に出現したCは94条2項類推により保護される（幾代・前掲論文61頁以下，同『民法総則』436頁）。

② 錯誤・詐欺の場合＝95条4項・96条3項を類推適用　錯誤・詐欺の場合には規定を尊重し，その取消しの時期のいかんを問わず，第三者保護規定である95条4項・96条3項が類推適用されるとする（幾代・私法37号41頁）。

〔D〕 下森説　この説は，基本的に，94条2項の類推適用だけで第三者の保護を考える。ただ，詐欺の場合と，その他の場合とを分けて（下森・前掲論文65-66頁。加藤(一)56-57頁は，この説に賛成），──

① 制限能力・強迫の場合＝登記除去可能時から94条2項を類推適用　幾代説と同様である。

② 錯誤・詐欺の場合＝取消時から94条2項を類推適用　錯誤・詐欺の場合には，取消前は95条4項・96条3項，取消後は94条2項を類推適用する。

〔E〕 四宮説　この説は，幾代説の登記除去＝追認可能状態時という基準は曖昧であるだけでなく，同じ登記除去の放置といっても，取消前と後とでは懈怠の程度に顕著な差があり，そして，94条2項の類推のためには，本人側に帰責事由が必要だから，取消前の登記除去放置については94条2項を類推するに適さないとし，錯誤・詐欺の場合のみならず，取消し一般について，取消しの前と後とを区別し，取消前の第三者保護は民法の用意した第三者保護規定（95条4項・96条3項），取消後の第三者保護は94条2項の類推によるべきであるとする（四宮・前掲『民法総則』172-173頁）。

【川島説・原島説】　つとに，川島武宜博士は無権利説を主張し，詐欺の場合，96条3項の「第三者」とは，取消しの前後を問わず，およそ詐欺による意思表示があったことを知らなかった第三者を保護する趣旨と解すべきではないか，とされた（川島・前掲『民法総則』301頁）。これを承けて，原島重義教授は，詐欺の場合のみならず，強迫の場合にも，第三者の出現が取消しの前であれ後であれ，96条3項を類推適用すべきであるとする（原島『注民(6)』286頁）。

また，川島博士は，判例が「取消し」時を基準とすることに対し，何ら公示されていない一片の意思表示たる「取消し」の前後によって第三者に対する効果を区別することは妥当ではないとし，「取消し」を「訴による返還請求（＝登記抹消請求）の時まで」の手続として理解しようとする（川島「判民昭17年度48事件」（大判昭17・9・30民集21巻911頁）201頁以下）。しかし，この点については，「裁判所に請求することを要件としていない取消の意思表示を一般的にそのように構成することの当否はなお検討を要する」との批判もある（我妻＝有泉・98頁）。

以上のとおり，学説はかなり錯綜しているので，取消の原因を詐欺と制限能力・強迫とに分け，その処理の相違を，大まかに図示しよう。

〔表①〕《錯誤・詐欺の場合》

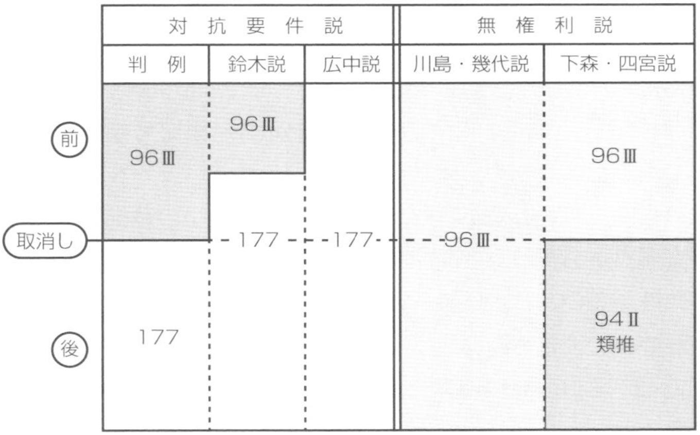

	対抗要件説			無権利説	
	判例	鈴木説	広中説	川島・幾代説	下森・四宮説
前	96Ⅲ	96Ⅲ			96Ⅲ
取消し		177	177	96Ⅲ	
後	177				94Ⅱ類推

〔表②〕《制限能力・強迫の場合》

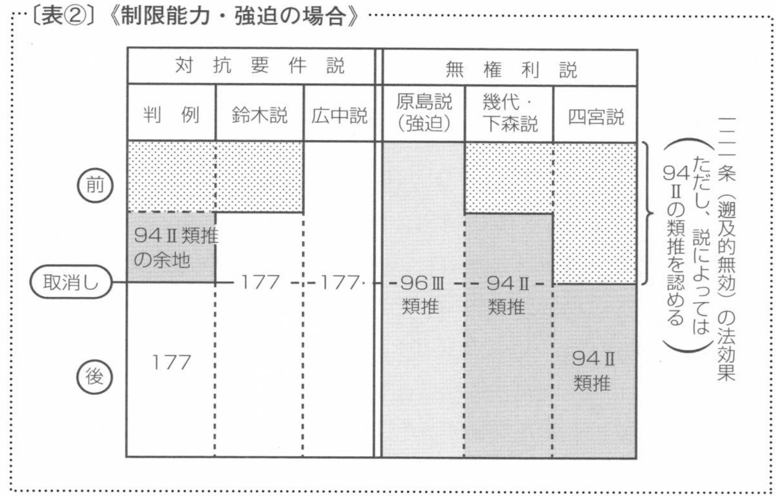

(3)「解除」と登記

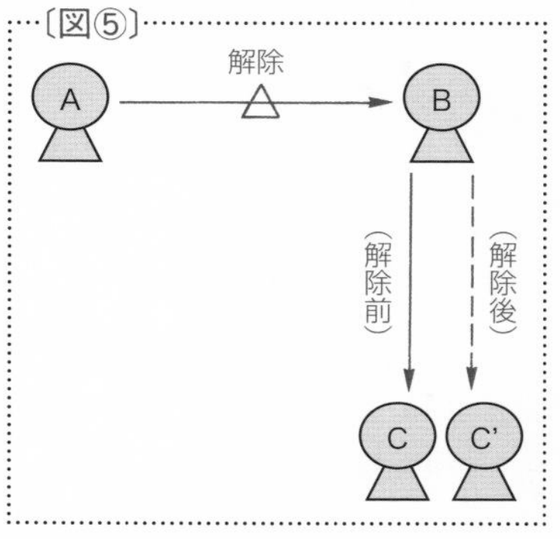

(a) 問題の所在　〔図⑤〕AがBに土地を売却して登記を経由した後，この売買契約をAが解除した場合には，売買契約の本来の効力は失効し，AはBに不動産の返還を請求することができる。しかし，Aが解除した時点で，Bがすでに土地をCに売却している場合がある（解除前に生じた第三者C）。この場合に，民法は，「第三者の権利を害することはできない」と規定した（545条1項ただし書）。しかし，そこでは，どのような「第三者」が保護されるのか。

他方において，AがBとの売買契約を解除をした後，登記を回復していない間に，Bが第三者C′に土地を売却してしまう場合もあり得る（解除後に生じた第三者C′）。この場合には，解除によって権利を主張するAに対して，Bの登記を信頼して取引関係に入ってきた第三者C′は，どのように保護されるのか。このように，既述した「取消し」の場合と同じく，「解除」もまた不動産「登記」との関係で問題を生じる。ただ，ここでは，「解除」理論に大きく左右される。

(b) 解除の法的構成　解除は，契約関係を原状に戻す（＝原状回復）ことを内容とする契約の解消·清算規範である（545条1項本文）。この理論構成については学説の対立が激しいが，ここでは，物権変動に関係する限度でとりあげよう（学説の詳細は，北村実「解除の効果」『民法講座5』113頁以下，【V】91頁以下参照）。

〔A〕 遡及的復帰説（直接効果説）　判例・通説は，解除の効果を契約の遡及的消滅と捉えて，既履行債務は法律上の原因を失うために「不当利得」となるから，すでにされた物権変動も当然に遡及的に復帰すると解している（我妻＝有泉102頁以下，加藤（一）60頁以下など）。

> **【直接効果説と物権的効果説・債権的効果説】**　解除における「直接効果」というのは，契約の遡及的無効をいい，物権関係まで直ちに消滅させることを意味しない。そこで，この立場をとる学説（直接効果説）のうち，物権関係まで消滅するのだとする説を「物権的効果説」と呼び，債権契約だけを消滅させる説を「債権的効果説」と呼ぶ。本文で単に「直接効果説」というときは，前者（直接効果説＝物権的効果説）を指す。後者は，物権行為の独自性・無因性を前提としているため，物権を復帰させるためには新たな物権行為を必要とすると解する説である（末川78頁）。〔▶→『契約法』「直接効果説」（【V】91頁）〕

〔B〕 復帰的物権変動説（間接効果説・折衷説）　解除によって契約関係は原状に戻されるが，契約自体を消滅させるわけではなく，既履行債務は，545条1項によって発生する原状回復義務によって原状に戻される。また，すでにされた物権変動も，この原状回復として復帰することになる（広中117頁以下，鈴木禄弥『債権法講義〔改訂版〕』504頁以下，水本浩『契約法』110頁，【V】92頁など。なお，「債権関係転換説（原契約変容説）」も，物権変動については，この範疇である）。

〔A〕直接効果説は，ドイツの通説的地位にあった直接効果説の考え方をとり入れたもので，必ずしもわが国の法理論に適合していない面がある。特に，損害賠償の性質と賠償範囲についての考え方は妥当ではない。物権変動の問題についても，遡及的無効という理論を貫けば，Bはそもそも無権利者となるから，物権がBからAに復帰することを観念することができず，「復帰」(物権変動)とは無縁の理論といわざるをえない(鈴木〔三訂版〕105頁)。解除理論については，私は，〔B〕折衷説に立つ(詳細は【V】93頁以下)。

(c) 解除前に生じた第三者との関係　〔図⑥〕不動産がA→B→Cへと移転していた場合において，Aが解除したときは，〔A〕説では物権がAに遡及的に復帰し，〔B〕説ではAへの復帰的物権変動が生じる。ただし，その効果（Aへの所有権帰属）は，「第三者の権利を害することはできない」(545条1項ただし書)。この規定は，解除前に出現した第三者を保護する規定であるから，いずれの説でも，第三者Cの保護はこの規定によることになる（ただし，後掲広中説は，177条によって処理され，この中に545条1項の趣旨が吸収されると説く）。

〔図⑥〕

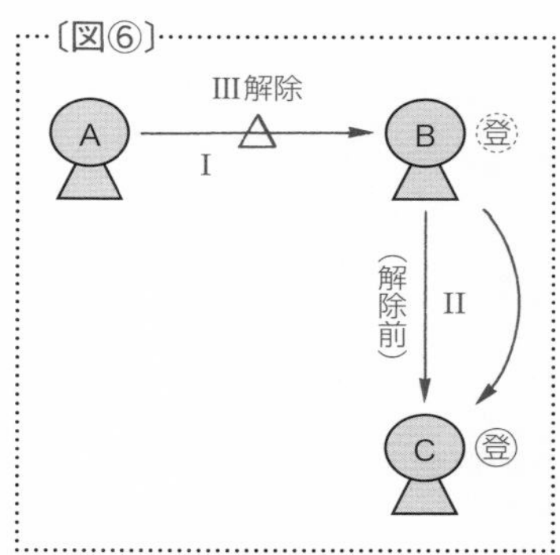

ただ，このただし書規定の意味については，〔A〕遡及的復帰説では，解除の遡及効を制限するものと解するから，重要な機能をもつのに対し，〔B〕復帰的物権変動説では，BからCへの所有権移転と，BからAへの復帰的所有権移転が対抗（二重譲渡）の関係になるから，第三者を害することはありえず，注意的な規定ということになる。

そこで問題は，保護されるべき「第三者」であるが，これは，善意・悪意を問わないが，登記（対抗要件）を備えていなければならないとするのが通説・判例(大判大正10·5·17民録27輯929頁，最判昭33·6·14民集12巻9号1449頁(合意解約の場合))である。

【第三者に登記は必要】　解除前の第三者が保護されるためには，「登記」を備えることが必要である。この点については，学説上も異論はなく，「取消し」前に出現した第三者の場合と異なるところである（しかし，取消しの場合にも「登記」を要すると解すべきことについては，前述(2)(c)ii (95頁)参照)。したがって，545条1項ただし書は，実質的には，「登記を備えた第三者に対抗できない」という意味と変わらないことになる。

では，Cがまだ登記を経由していない場合はどうであろうか。登記をどう捉えるかにつき，2つの考え方があろう。

第1は，対抗要件的考え方である。登記を対抗要件として考えるから（加藤(一)65頁など），A・C間は先に登記を得た者が勝つことになる。そして，解除の前後を通じて，すべて対抗問題として処理するのと同じ結果になる。

第2は，権利保護要件的考え方である。解除前のCに要求される登記は保護要件として要求されるのだと解すると，Cが保護される条件として登記が要求されるのだから，登記のない以上はCは絶対的に保護されないという結論になろう。

(d) 解除後に生じた第三者との関係　次に，AがBとの売買契約を解除をしたが，Bから登記を戻さないうちに，Bがその登記を利用して第三者C′に不動産を売却したときは，AとC′との関係はどうなるか。

〔A〕 遡及的復帰説　AとC′との関係は，対抗関係（177条の問題）になるとする（大判昭14・7・7民集18巻748頁，最判昭35・11・29民集14巻13号2869頁）。ただし，この説は，この場合（解除後の第三者）についてそもそも規範規定がなく，177条による処理が妥当だとするのである。

〔B〕 復帰的物権変動説　〔図⑦〕解除の意思表示によって原状回復義務が発生し（545条1項），その義務の履行によって所有権が復帰する（復帰的物権変動）と考えた方が解除理論としては適切である。それゆえ，解除によって，BからAへの復帰的な物権変動が生じ，BからCへの所有権移転と対抗関係になる（〔A〕説もこの結論を導くが，理論的に一貫していない）。ただし，学説が分かれる。──

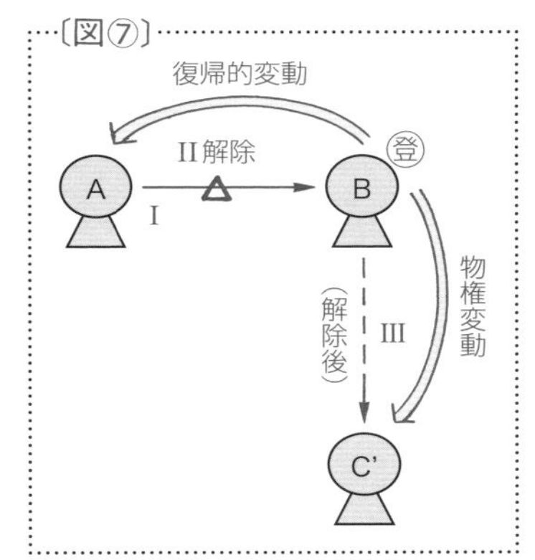

ⓐ 広中説　BからCへの所有権移転とBからAへの復帰的所有権移転とは対抗問題（二重譲渡）となり，解除の前後を問わず，177条によって処理されるとする。この処理のなかに，545

条1項ただし書の趣旨が吸収されることになる（広中118頁）。

ⓑ　鈴木説　解除前の第三者Cに対しては545条1項ただし書により保護し，解除後の第三者C′との関係は対抗問題（177条の問題）で処理しようとする（鈴木105頁）。

確かに，復帰的物権変動理論を貫けば，ⓐ説の説くごとく二重譲渡の関係になるであろうが，しかし，545条1項ただし書は解除前に出現した第三者保護規定として位置づけられているのであるから，この規定の中に177条の趣旨が生かされていると考えるべきである。ⓑ説が妥当である。

〔C〕　相対的遡及消滅＝対抗関係説　〔A〕説に基本的に立脚して，その解除の遡及的消滅という効果は，当事者間だけに局限され，第三者には及ばないとする考え方がある（相対的遡及消滅＝対抗関係説）。すなわち，解除者Aは，第三者Cとの関係では，Cの出現が解除の前であると後であるとを問わず，対抗問題（177条問題）になるとしている（四宮和夫「遡及効と対抗要件」新潟大法政理論9巻3号18頁以下，平井一雄「遡及的無効と登記」法セミ212号130頁）。しかし，545条1項の本来の趣旨から乖離するばかりか，理論を目的的に使うことになろう。

〔表③〕《解除と第三者保護》

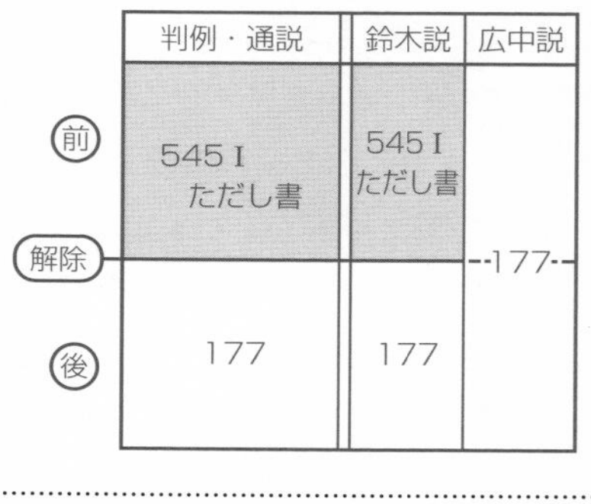

	判例・通説	鈴木説	広中説
前	545 I ただし書	545 I ただし書	
解除			177
後	177	177	

なお，相対的遡及消滅＝第三者保護説は，第三者Cは，解除の前後を問わず，Aに登記なくして対抗できるとする（高森八四郎「契約の解除と第三者(1)」関西大法学論集26巻1号115頁）。しかし，Cを過大に保護しすぎるであろう（加藤(一)67頁）。この点につき，高森教授は，解除後の悪意の第三者は一般的な悪意者排除の理論が適用されるべきで，94条2項，96条3項の悪意者排除と統一的に理解すべきだとするが（高森「解除と登記」民法の基本判例（第2版）59頁以下），一般的な悪意者排除理論とは，いまひとつ不明確なように思われる。

なお，解除の場合の第三者保護の処理を概略すると，〔**表③**〕のようになるであろう。また，それからわかるように，〔A〕遡及的復帰説（判例・通説）

と〔B〕ⓑ復帰的物権変動説（鈴木説）とでは，処理方法として結論的に差はない。

(4)「取得時効」と登記

(a) 問題の所在　他人の不動産を一定期間占有した者は，その不動産の所有権を取得する(162条)。不動産の時効取得である。この規定によれば，時効取得の要件は「占有」のみである。したがって，〔図⑧〕で，時効取得者Bは，その所有権の取得を，前所有者Aに対してはもちろんだが，Aからの譲受人Cに対しても，登記なくして対抗できると解されよう。

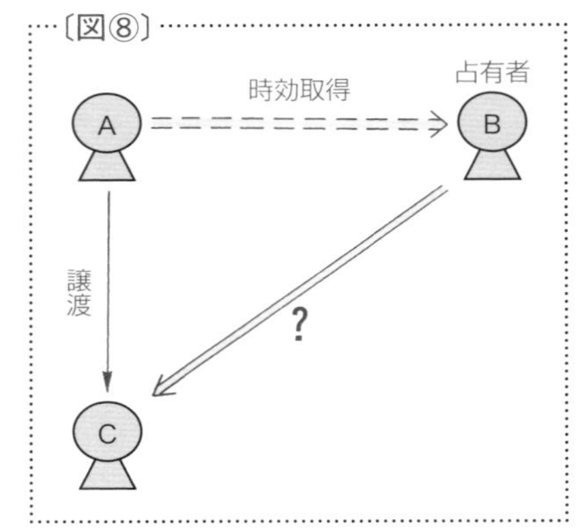

だが，他方において，民法は，物権の得喪変更は「登記」がなければ「第三者」に対抗できないとし(177条)，物権変動の原因に何ら制限を付していない。この規定からすると，不動産の時効による取得を第三者Cに対抗するためには，「登記」を要するものだとも解されよう(民法典起草者はこのように考えていたといわれる)。

このように，時効によってA所有の不動産を取得した者Bは，その後，元権利者Aから当該不動産を譲り受けた第三者Cとの関係では，「占有」の事実だけで所有権取得を主張できるのか，それとも「登記」が必要とされるか，という問題が生じる。ここでも，判例・学説上の激しい対立があるが，基本的には，時効制度の基本である「占有」を尊重して解釈を展開するのか，それとも，登記を信頼する第三者との関係では「登記」を基準として考えるのか，の相違である。

(b) 判例の立場とその問題点　まず，判例の立場とその意義を明確にし，問題点を明らかにしよう。

〔A〕 判例の立場　判例は，以下の4つの基準を立てて判断している。

i　当事者関係　第1に，原所有者Aと時効取得者Bとの当事者関係においては，Bは登記なくして時効取得をAに対抗できる（大判大7・3・2民録24輯423頁）。

ii　第三者が時効完成「前」に出現した場合　〔図⑨〕第2に，いわゆる「第三者」Cが，Bの時効完成前に出現していた場合は，BはCに登記なくして所有権を主張できる。この，Bの時効取得時においては，Cは所有者（すなわち「当事者」）であって「第三者」ではないからである（上記**i**基準参照）（大判大13・10・29新聞2331号21頁，最判昭41・11・22民集20巻9号1901頁）。

この理は，Cの譲り受けがBの時効完成前で，その登記が完成後にされた場合であっても，変わらない（最判昭42・7・21民集21巻6号1643頁）。

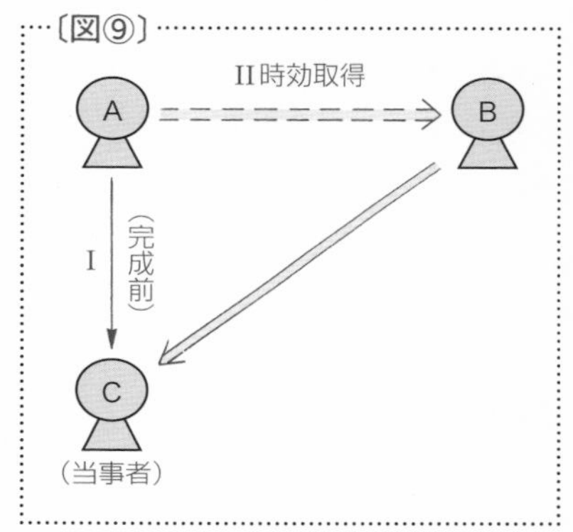

【時効完成前の第三者に対しては登記は不要】　前掲最判昭41・11・22。BはA会社から宅地・建物の贈与を受けたが（昭和23年），その後，A会社の代表取締役が，Bの不知の間に，C会社にそれを譲渡して登記を移転させてしまった（昭和26年）。C会社は，その事情を知っていたので，後日無償で登記をBに渡す旨確約したが，後になって否認。そこで，B（原告）はC（被告）に対し時効取得を主張した。1・2審では，時効取得に登記が必要だとしてB敗訴。

差戻。「時効による不動産所有権取得の有無を考察するにあたっては，単に当事者間のみならず第三者に対する関係も同時に考慮しなければならないのであって，この関係においては，結局当該不動産についていかなる時期に何人によって登記がなされたかが問題となるのである。そして，時効が完成しても，その登記がなければ，その後に登記を経由した第三者に対しては時効による権利の取得を対抗することができないのに反し，第三者のなした登記後に時効が完成した場合においては，その第三者に対しては登記を経由しなくても時効取得をもってこれに対抗することができるものと解すべきことは，当裁判所の判例とするところであって（最判昭35・7・27民集14巻10号1871頁，最判昭36・7・20民集15巻7号1903頁），これを変更すべき必要を認めない」。

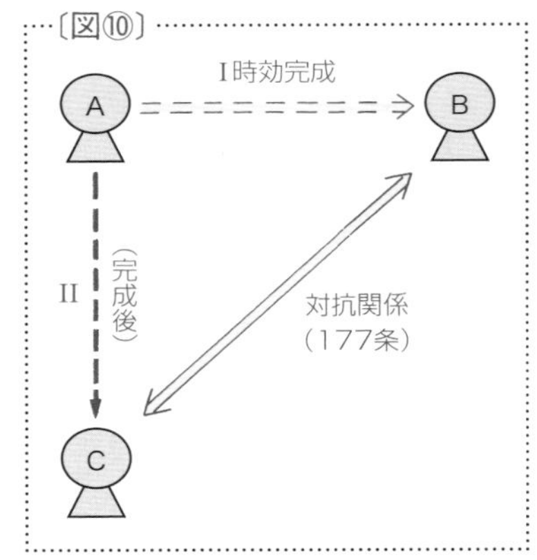

iii　第三者が時効完成「後」に出現した場合　〔図⑩〕第3に，BがAの不動産を時効取得した後，その登記を経由していない間に，Aからその不動産を取得した第三者Cに対しては，Bは「登記」がなければ時効取得を対抗できない。すなわち，BとCとは「対抗」関係（177条の問題）になる（大連判大14・7・8民集4巻412頁，最判昭33・8・28民集12巻12号1936頁）。

ただし，この場合でも，Bは，Cの登記後，さらに時効取得に必要な期間占有を継続すれば時効取得はできる（最判昭36・7・20民集15巻7号1903頁）。

iv　時効期間の起算点　〔図⑪〕第4に，時効期間の起算点は占有開始時であり，この起算点を任意に繰り下げることはできない（大判昭14・7・19民集18巻856頁，最判昭35・7・27民集14巻10号1871頁）。この繰り下げを認めると，上記**iii**の基準を**ii**の基準に転換できるからである。第三者保護のためには，必要な基準となる。

<判例の問題点>── 以上の判例の立場からすると，〔図⑪〕Cは，Aから譲り受けたのがBの占有開始後10年内（Bの善意・無過失の場合を前提として）であればBに破れ，10年後ならばBに勝つということになる。Cにとっては，Bの占有開始などはまったく関知しないのであって，このような偶然の事情によって権利の取得が左右されることは法的安定性に欠けることにもなろう。

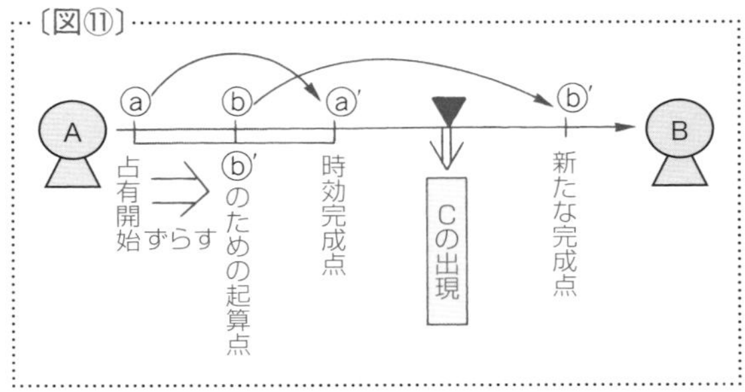

他方，このようなことは，Bにとっても同じである。時効取得というのは，相手方から権利を主張されてはじめて時効の完成を知り，それを援用すると

いうのが常態であり，それ以前の段階で対抗要件主義の精神 ── 時効による取得の結果，登記ができるのにそれを怠っていたという ── を持ち出すのは適当ではないであろう。

さらに，〔図⑪〕で，例えば，Bが18年間占有した後に，A→Cの登記がされ（▼点），20年経過した時（ⓑ′点）にBが時効取得を争った場合，判例の立場からすると，Bは善意・無過失（時効期間は10年）だとCに対抗できないが，悪意（時効期間は20年）ならばCに勝つ，という結果になるのである。

(c) 学説の対応　判例の立場から導かれる以上のような不合理性につき，取得時効制度の基本的理解を含めて，学説は紛糾している。

［Ⅰ］ **登記を尊重する考え方**　「登記」を取引の基準として尊重しようとする立場であり（その意味では，判例の理論と共通する），判例の4基準（判例原則）を前提として，それに内在する問題点を修正しようとしている。

〔B〕 登記時効更新説　第三者Cによる「登記」を時効の更新事由と考え，時効完成の前に「登記」に基づいて物権が取得された場合には，時効は更新される。そして，その登記以後にさらに時効取得に十分な期間だけ占有が継続された場合でなければ，時効取得の効力は生じないとする（我妻＝有泉118頁，末川125頁，鈴木〔2訂版〕115-116頁）。判例の**ii**の基準を修正し，時効完成前のCを「当事者」とは見ないのである。この説の発想は，先に登記を得たCが占有を継続したBに破れるという事態がほとんどであることを認識点としている。

処理の結論は妥当かも知れないが，しかし，民法は，第三者の登記を時効の更新事由としてはおらず（147条以下参照），そもそも，時効の更新事由とは，時効取得者本人が窺知した上での事由でなければならないであろう（BにとってCの出現は知る由もないのである）（加藤(一)77頁・87-88頁）。そこでBが知らない間に時効が更新されるというのは酷であるから，Bが完成を知った上で，「更新」を認めようとする。

【〔B〕説と結論を同じくする他の説】　この〔B〕説が［Ⅰ］説における通説といえるが，これと結論を同じくするものに，以下の諸説がある（ただし，理論構成は異なる）。──

〔C〕 登記法定証拠説　時効取得は承継取得だとする前提で，B･C間は常に二重譲渡の関係になって，「登記」は先順位の物権変動であることを決定する法定証拠であるとする（安達三季生「取得時効と登記」法学志林 65 巻 3 号 1 頁以下）。Ｃの登記によってＢは負けるが，その後は他人Ｃの不動産を占有することになるから，結局において〔Ｂ〕説と同様の結論（登記は更新事由）が導かれる。もとより，安達教授の「法定証拠説」（本節**2**(2)〔Ｆ〕説（70 頁）参照）を承認して初めて成り立つものである。

〔Ｄ〕　登記保護機能説　登記には登記された権利を保護する機能があるとし（78 頁【「登記」の権利保護要件としての機能】参照），登記が機能している限りは，それに反する形で取得時効を主張することはできない（いったん登記をすれば，その登記がされてからさらに時効期間が経過するまでは，取得時効の主張を認めない）（良永和隆「取得時効と登記」『現代判例民法学の課題』264 頁。なお，その前提として，良永「『取得時効と登記』問題解決の比較法的視点」専修法学論集 47 号 243 頁以下（ドイツとフランスにおける時効と登記制度を検討））。結論的には，〔Ｂ〕登記更新説と同じになるが，その理論的桎梏は回避している。

〔Ｅ〕　基準時変更説　判例は，時効の完成（時効期間の満了）の前後によって取扱いを変え，完成後は対抗要件によって処理しようとするのであるが，この「時効期間満了」という基準時を変更して同様の処理をしようとする。次の２説がある。

ⓐ　勝訴判決確定時基準説　時効取得の勝訴判決が確定したならば，ゲヴェーレ的所有関係（占有）が近代的な観念的所有権に転化するから，この時を基準に，それ以後は対抗要件によって決しようとする（舟橋 172 頁，四宮和夫『民法総則〔第4版〕』329-330 頁）。しかし，勝訴判決によってゲヴェーレ的所有関係が観念的所有権へ転化するなどとは，説明としても成り立ちえないであろう。

ⓑ　援用時基準説　占有者は，時効完成後，援用の意思表示によって所有権を取得するのだから，Ｂが時効の援用をした時以後は，対抗要件によって決しようとする（半田正夫『民法177条における第三者の範囲〔改訂〕』（民法総合判例研究⑦）61 頁以下，滝沢聿代「取得時効と登記(2)」成城法学 22 号 23 頁以下）。

具体的な妥当性からいえば，この説が正当である。援用時以後に登記を放置することは，対抗要件主義に悖るものと考えられるからである。私はこの説に与する。

〔Ｆ〕　起算点任意選択説　判例の**ii**と**iii**の基準については肯定するが，**iv**の基準については，時効期間の起算点を任意に選択することができるものとする（柚木馨「時効取得と登記」『判例演習物権法〔増補版〕』28 頁以下）。起算点を任意に選択できるのであるから，第三者Cの出現を完成前に持っていくことができることになり，判例の**iii**基準による第三者保護は意味を失うことになる。また，結論的には，次の［Ⅱ］占有尊重説と変わらないことになる。

［Ⅱ］ **占有を尊重する考え方**　以上に対して，「占有」を尊重する立場は，時効取得というのは，時効取得者Bが相手方Cから所有権を主張されてはじめて自分に時効の完成していたことを知るのが常態であるから，「時効の完成後は登記ができるのにそれを怠っていた」という情況としてこれを把握し対抗要件の問題とすることは,制度的にも承認できないとする。そして，時効制度は,「占有」のみを要件として成立し，援用時点における第三者に対しても対抗できるのが，制度本来の趣旨であるとする（加藤(一) 91頁）。このことを基本として,「第三者」Cの保護を考える。すなわち，──

〔G〕 時効期間逆算説（登記不要説）　上記の思想に忠実に，時効期間とは，現在の占有を起算点として逆算して計算し，必要な期間があれば取得時効できるとする。そして，対第三者関係でも登記は不要とする（末弘厳太郎『民法雑記帳上巻』206頁，川島武宜『民法総則』572頁）。

〔H〕 時効期間逆算・94条2項類推説　上記〔G〕逆算説を基本として，第三者Cの保護を94条2項で行う。すなわち，「時効取得者が登記をなしうることをはっきり認識しながら他人名義の登記を放置し，それを信頼した第三者がその土地を取得したときには」，94条2項を類推適用する（加藤(一) 91頁以下）。

これらの説は，確かに，時効制度自体の理解については正論である。しかし，その理論を，第三者の「登記」による取得の場面に貫徹することは，正当な結果を導くものではない。〔G〕説に立つ限り，Bはおよそすべての第三者に対抗できる結果となるし,〔H〕説でも，Bが現実に時効取得を「はっきり認識する」ことなどほとんどないであろうから，94条2項の類推を持ち出す意味がなく，実際には〔G〕説と同様の結論になろう。したがって,「援用時以後は対抗要件主義でもって律する」とする〔E〕ⓑ説が妥当である。

［Ⅲ］ **類型論的考え方**　以上に対し，時効取得の問題となるケースを分析し，それぞれの類型に分けて処理の方法を変える考え方がある。

〔I〕 類型説　時効取得が問題となる多くは二重譲渡型と境界紛争型

であり，そこで，① 二重譲渡型では，登記不要とすることは177条の趣旨に抵触するから，対抗要件（177条問題）が妥当である。前掲［Ⅰ］と同じく，登記尊重的処理となる。これに対し，② 境界紛争型では，取得時効は取引行為によるものではないからとして，登記なくして時効による取得を認める。前掲［Ⅱ］と同じく，占有尊重的処理となる（星野英一『民法論集・第四巻』316頁以下。山田卓生「取得時効と登記」『民法学の現代的課題』(川島武宜還暦) 103頁以下。広中155頁以下は，処理方法が若干異なる）。これに対しては，取得時効の原因に遡って登記の要否を決することになり，それは取得時効の趣旨に合わないとする批判がある（川井47頁。なお，加藤(一)82頁以下参照）。

(5)「相続」と登記

(a) 問題の所在　「相続」は意思表示に基づかない物権変動であるが，この物権変動を第三者に対抗する場合には，「登記」は必要であろうか。既述したように（本節4(1)(b)〔B〕説(90頁)），以前わが国で生前相続（家督相続における隠居制度）が認められていた時代では，被相続人の生前相続は譲渡と同じように考えられた。したがって，その相続開始後に，被相続人がその相続財産をさらに第三者に処分した場合は二重譲渡と同様の関係となり，判例もこの場合の相続人と第三者との関係は対抗関係になるとしていた（大連判明41・12・15民録14輯1301頁）。

現在の相続制度では生前相続は認められておらず，このような問題が生じる余地はない。しかし，相続の形態によっては，第三者との関係で登記を要することが妥当な場合もなくはない。そこで，以下では，この問題を，相続の諸種の形態を通して検討する。なお，その際注意すべきことは，相続関係で登記が問題となる場合は様々であるから，それぞれの利害状況を踏まえて現実的に妥当な結論を導くべきであって，必ずしも単一的な考え方に立つ必要はないことである。

(b) 当事者関係　〔図⑫〕AがBに不動産を譲渡し，登記をしない間に死亡して，CがAを相続した場合，BはCに対し登記なくして所有権を主張できる（大判大15・4・30民集5巻344頁）。相続法上，AとCとは同一人とみなされるからである（したがって，B・C間は当事者関係と目される）。

しかし，Cがさらに不動産をDに譲渡した場合には，BとDとは対抗関係

〔図⑫〕
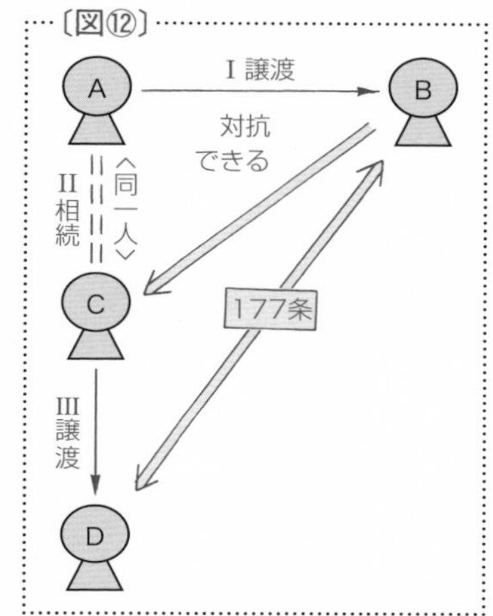

〔図⑬〕共同相続
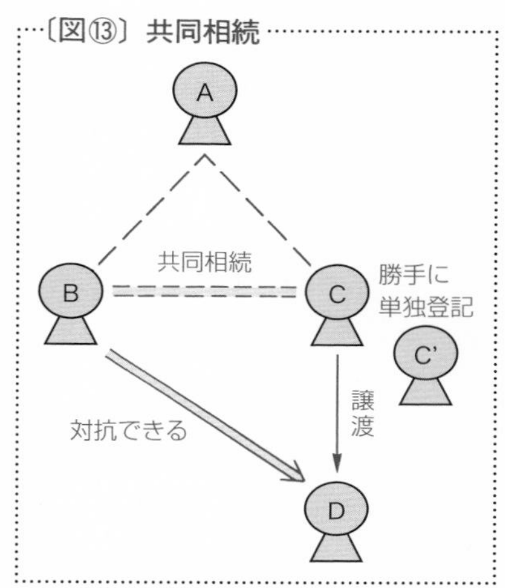

に立つ（大連判大15・2・1民集5巻44頁，最判昭33・10・14民集12巻14号3111頁）。

(c) 共同相続人の登記冒用　〔図⑬〕Ａを共同相続したＢ・Ｃのうち，Ｃが書類を偽造して自分だけが単独相続したように登記し，不動産をＤに譲渡した場合Ｂは，Ｄに対して登記なくして対抗できるであろうか。考え方が分かれる。——

〔Ａ〕　登記不要説（無権利説）　判例は，他の共同相続人Ｂは，自己の「持分」を登記なくして対抗できるとする。Ｃは Ｂの持分については無権利であり，登記に公信力がない以上，Ｄは権利（Ｂの持分）を取得できないからである（無権利法理）。そこで，Ｄに移転した登記については，ＤもＣの持分を承継するから，Ｂはその登記の「全部」末消は請求できず，共有による修正登記を請求できるにとどまることになる（最判昭 38・2・22 民集 17 巻 1 号 235 頁。川島『民法Ⅰ』165 頁，川井 50 頁）。

【共同相続人の登記冒用】　前掲最判昭 38・2・22。〔図⑬〕ＡをＢとＣとが共同相続したが，Ｃの夫Ｃ′は，Ｂの印鑑証明を偽造して，Ｃの単独相続による所有権移転登記をしたうえ，Ｃの同意を得て，Ｄに対し，Ｃ名義で債権担保のための売買予約を締結し，その仮登記を経由した。そこで，Ｂは，その仮登記の抹消を求めた。

原審は，Ｂの仮登記抹消の請求は，共有持分に関する仮登記の抹消を求める範囲においては正当であるが，それ以上進んで，Ｃの持分をも含めた不動産全体についての仮登記の抹消を求めることはできない，とした。Ｂからの上告。

上告棄却。「相続財産に属する不動産につき単独所有権移転の登記をした共同相続人中のＣならびにＣから単独所有権移転の登記をうけた第三取得者Ｄに対し，他の共同相続人Ｂは自己の持分を登記なくして対抗しうるものと解すべきである。けだし，Ｃの登記はＢの持分に関する限り無権利の登記であり，登記に公信力なき結果ＤもＢの持分に関する限りその権利を取得するに由ないからである（大判大8·11·3民録25輯1944頁参照）。そして，この場合にＢがその共有権に対する妨害排除として登記を実体的権利に合致させるためＣ，Ｄに対し請求できるのは，各所有権取得登記の全部抹消登記手続ではなくして，Ｂの持分についてのみの一部抹消（更正）登記手続でなければならない（大判大10・10・27民録27輯2040頁，最判昭37・5・24裁判集60巻767頁参照）。けだし，上記各移転登記はＣの持分に関する限り実体関係に符合しており，またＢは自己の持分についてのみ妨害排除の請求権を有するに過ぎないからである」。

〔Ｂ〕　登記必要説（対抗要件説）　これに対し，共有者各自の所有権は，他の共有者の所有権によって縮減されているにすぎず，1つが欠けるときは他のものが全部に拡張する性質をもっているのだとして，共有不動産について共有者の1人のために単独登記がされ，他の共有者の持分権の登記がないときは，対第三者関係においては，その者の持分権が拡張していると考え，ＢはＤとの関係では登記を要するとする説がある（対抗要件説）（我妻＝有泉111-113頁）。

しかし，〔Ｂ〕説が前提とする所有権拡張理論の正当性も疑問であり，説明として不適切である。むしろ，〔Ａ〕説（無権利法理）を基本として，Ｃの単独登記が長年にわたるなど，Ｂ・Ｃ間に虚偽表示の事情が存する場合には，94条2項の類推適用を認めてＤを保護すべきである。

(d)　相続放棄　「相続の放棄をした者は，……初めから相続人とならなかったものとみなす」（939条）。したがって，放棄者は最初から相続人ではない（放棄の遡及効）。このことは，これを制限する規定はないから，誰に対しても主張できる（放棄の絶対的効力）。

問題は，放棄をしたが，その登記をしないでいるうちに，第三者がその放棄者の持分につき差押えた場合である。〔図⑭〕で，Ａの共同相続人Ｂ・ＣのうちCが相続放棄をしたことにより，Bが単独所有者になったがその旨の登記をしなかったところ，Cの債権者DがCの持分につき差し押えた場合，Bは，Cの放棄（絶対的遡及）の結果としての単独所有を主張できるであろうか。

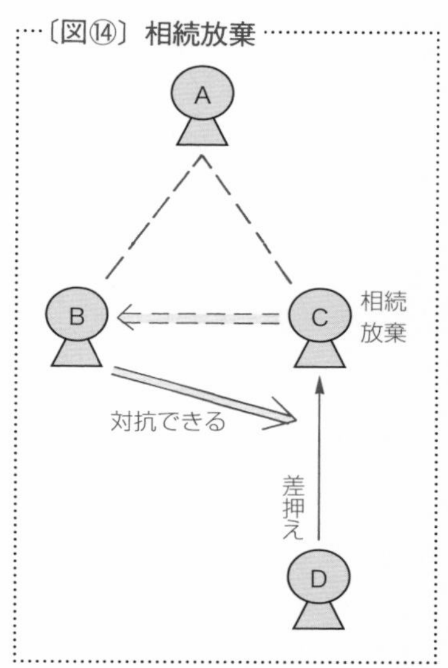

〔図⑭〕相続放棄

判例は，相続放棄の遡及効（939条）により，Cは初めから相続人ではなくなり，したがって，Dが代位によりした共同相続の登記（不登59条7号）を無効とする（無権利法理の貫徹）。それゆえ，Bは，登記なくしてDに対抗できることになる（最判昭42・1・20民集21巻1号16頁）。

放棄は，当事者の申述（弁論）を前提とした（938条）家庭裁判所の審判事項であり（家審9条1項甲類29号），その制度の趣旨からしても，判例の結論は妥当であろう。

【相続放棄と登記】　前掲最判昭42・1・20（〔図⑭〕）。Aの共同相続人B・CのうちCが相続を放棄したが,その旨の登記をしなかった。Cの債権者Dは，Cらが共同相続したものとして代位による所有権保存登記（旧不登46条ノ2）をし，Cの持分につき仮差押えを申請し，その旨の登記を得て執行した。Bは第三者異議の訴えを提起したが，1審・2審とも，相続放棄の登記がされていないとして，Bの敗訴。そこで，Bは，Cは放棄しているから相続する権利はなく，したがって代位によりされた登記も無効であるとして上告した。

破棄自判。「民法が承認，放棄をなすべき期間（同法915条）を定めたのは，相続人に権利義務を無条件に承継することを強制しないこととして，相続人の利益を保護しようとしたものであり，同条所定の期間内に家庭裁判所に放棄の申述をすると（同法938条）相続人は相続開始時に遡って相続開始がなかったと同じ地位におかれることとなり，この効力は絶対的で，何人に対しても，登記等なくしてその効力を生ずると解すべきである。

……〔Cが他の者と共に〕本件不動産を共同相続したものとしてなされた代位

による所有権保存登記……は実体にあわない無効のものというべく，したがって，本件不動産につきCが持分……を有することを前提としてなした仮差押は，その内容どおりの効力を生ずるに由なく，この仮差押登記……は無効というべきである。……DはBに対し，……仮差押登記の抹消登記手続をなすべきである」。

(e) 遺産分割協議　共同相続人は，協議により，遺産の分割をすることができる（907条）。そして，「遺産の分割は，相続開始の時にさかのぼってその効力を生ずる。ただし，第三者の権利を害することはできない」（909条）。

i　第三者との関係　問題は，「第三者の権利を害することはできない」（遺産分割の遡及効の制限）（909条ただし書。前述した相続放棄の場合（939条）には，このただし書が存しないことに注意せよ）であるが，この「第三者」とは，相続開始後，遺産分割前に生じた第三者（Cがすでに不動産をDに譲渡していた場合）がこれに該当することはいうまでもない。では，遺産分割後，その登記前に生じた第三者に対してはどうであろうか。〔図⑮〕つまり，遺産分割の協議により不動産がBの単独所有となったが，その登記をしないでいたところ，他の共同相続人Cの債権者Dがその不動産につき債権者代位権によりCの持分登記をし，それを差し押えた場合，Bは，Dに対し，その不動産が自己の単独所有であることを主張できるであろうか。

〔図⑮〕遺産分割

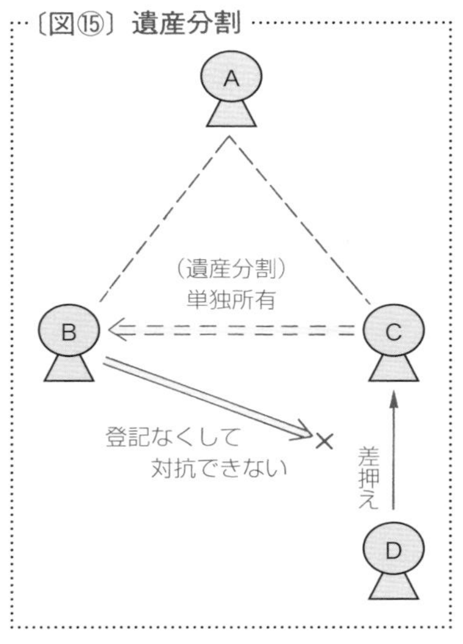

判例は，相続放棄の場合の取扱いとは異なり，909条ただし書（遺産分割の遡及効の制限）は相続開始後，遺産分割前に生じた第三者のみに適用され，遺産分割後に生じた第三者との関係では，分割により新たな物権変動が生じたものと同視して，対抗要件主義による処理をしている。したがって，Bは，遺産分割によって単独所有となったとしても，その「登記」（対抗要件）がな

ければ，Ｄに対抗できない（最判昭 46・1・26 民集 25 巻 1 号 90 頁）。遺産分割協議は相続人の意思に基づいた物権変動とも考えられ，また遡及効制限規定（909 条ただし書）の存在意義にかんがみて，判例の態度を妥当としよう。

【遺産分割と登記】　前掲最判昭 46・1・26。事案を簡単にすると，Ｂ・Ｃ間で遺産分割の協議が調ったが，その登記をしないでいるうちに，分割結果とは異なる持分割合の所有権保存登記がされた。そこで，共同相続人間で所有権保存登記更正登記手続請求の訴えが提起され，その容認判決が下りた。ところが，Ｃの債権者Ｄは，この判決の半月ほど前に，当該不動産に対するＣの持分（分割とは異なる割合）に対し仮差押えをした。そこで，Ｂ・Ｃは，Ｄを相手どり，不動産登記法 66 条・56 条を根拠に，更正登記手続承諾を請求した。原審では，Ｄの勝訴。Ｂ・Ｃの上告。

棄却。「遺産の分割は，相続開始の時にさかのぼってその効力を生ずるものではあるが，第三者に対する関係においては，相続人が相続によりいったん取得した権利につき分割時に新たな変更を生ずるのと実質上異ならないものであるから，不動産に対する相続人の共有持分の遺産分割による得喪変更については，民法 177 条の適用があり，分割により相続分と異なる権利を取得した相続人は，その旨の登記を経なければ，分割後に当該不動産につき権利を取得した第三者に対し，自己の権利の取得を対抗することができないものと解するのが相当である」。

さらに，判決は，相続放棄との関係も詳細に述べている。「民法 909 条但書の規定によれば，遺産分割は第三者の権利を害することができないものとされ，その限度で分割の遡及効は制限されているのであって，その点において，絶対的に遡及効を生ずる相続放棄とは，同一に論じえないものというべきである。遺産分割についての上記規定の趣旨は，相続開始後遺産分割前に相続財産に対し第三者が利害関係を有するにいたることが少なくなく，分割により上記第三者の地位を覆すことは法律関係の安定を害するため，これを保護するよう要請されるというところにあるものと解され，他方，相続放棄については，これが相続開始後短期間にのみ可能であり，かつ，相続財産に対する処分行為があれば放棄は許されなくなるため，上記のような第三者の出現を顧慮する余地は比較的乏しいものと考えられるのであって，両者の効力に差別を設けることにも合理的理由が認められるのである。そして，さらに，遺産分割後においても，分割前の状態における共同相続の外観を信頼して，相続人の持分につき第三者が権利を取得することは，相続放棄の場合に比して，多く予想されるところであって，このような第三者をも保護すべき要請は，分割前に利害関係を有するにいたった第三者を保護すべき前示の要請と同様に認められるのであり，したがって，分割後の第三者に対する関係においては，分割により新たな物権変動を生じたものと同視して，分割につき対抗要件を必要とするものと解する理由がある」。

ii　遺産分割方法の指定　遺産分割に関して，被相続人は，分割方法の指定をすることができる。これは，被相続人が，遺言で，遺産の分割の方法を指定するものである（908条）。それゆえ，特定財産を特定の相続人に帰属させる遺言があった場合は，その財産は最初からその相続人に帰属することになり，他の相続人は，この遺言に拘束され，これと異なる遺産分割の協議や審判の申立てもできない。

問題は，被相続人が「相続させる」文言の遺言をした場合である。例えば，被相続人Ａが「甲土地を長男Ｂに相続させる」文言の公正証書遺言を残して死亡したが，次男Ｃの債権者Ｄが，当該不動産に対するＣの持分につき差押えをした場合に，ＢとＤとの関係はどうなるか。「相続させる」文言を「遺贈」と解するのか，「遺産分割方法の指定」と解するのかによって，結論を異にする。

〔Ａ〕　遺贈説（対抗要件説）　対抗要件説（遺贈説）は，「相続させる」文言を遺贈であると解し，そこで，ＢがＤに対抗するためには登記を要すると解する（後掲最判昭和39・3・6参照。後掲(f) i〔Ａ〕説（120頁））。

〔Ｂ〕「遺産分割方法の指定」説（無権利説）　しかし，判例は，「相続させる」文言を「遺産分割方法の指定」と解し，しかも，他の共同相続人もこの遺言に拘束され，これと異なる遺産分割の協議，さらには審判もなし得ないのであるから，「何らの行為を要せずして，被相続人の死亡時に直ちに当該遺産が当該相続人に相続により承継される」（最判平3・4・19民集45巻4号477頁）。したがって，Ｂは，遺言によって取得した甲不動産を，登記なくしてＤに対抗できる（最判平14・6・10判時1791号59頁），とする。共同相続に関する前掲最判昭38・2・22（民集17巻1号235頁。前掲(c)〔Ａ〕無権利説)（113頁参照）と同じ考え方に立っているのである。

【「相続させる」文言の遺言】　前掲最判平3・4・19。被相続人が，各不動産について，個別に「Aの相続とする」,「Bに譲る」,「Cに相続させて下さい」の遺言書を残したことにつき，原審は，相続人でない者に対する「相続とする」,「譲る」を遺贈と認定し，相続人に対する「相続とする」,「相続させてください」の文言を遺産分割方法の指定と認定した。

上告棄却（原審の判断を承認）。「遺言書において特定の遺産を特定の相続人に『相続させる』趣旨の遺言者の意思が表明されている場合，……遺言者の意思は，上記の各般の事情を配慮して，当該遺産を当該相続人をして，他の共同相続人と共にではなくして，単独で相続させようとする趣旨のものと解するのが当然の合理的な意思解釈というべきであり，遺言書の記載から，その趣旨が遺贈であることが明らかであるか又は遺贈と解すべき特段の事情がない限り，遺贈と解すべきではない。……民法908条において被相続人が遺言で遺産の分割の方法を定めることができるとしているのも，遺産の分割の方法として，このような特定の遺産を特定の相続人に単独で相続により承継させることをも遺言で定めることを可能にするために外ならない。したがって，上記の『相続させる』趣旨の遺言は，正に同条にいう遺産の分割の方法を定めた遺言であり，他の共同相続人も上記の遺言に拘束され，これと異なる遺産分割の協議，さらには審判もなし得ないのであるから，このような遺言にあっては，遺言者の意思に合致するものとして，遺産の一部である当該遺産を当該相続人に帰属させる遺産の一部の分割がなされたのと同様の遺産の承継関係を生ぜしめるものであり，当該遺言において相続による承継を当該相続人の受諾の意思表示にかからせたなどの特段の事情のない限り，何らの行為を要せずして，被相続人の死亡の時（遺言の効力の生じた時）に直ちに当該遺産が当該相続人に相続により承継されるものと解すべきである。そしてその場合，遺産分割の協議又は審判においては，当該遺産の承継を参酌して残余の遺産の分割がされることはいうまでもないとしても，当該遺産については，上記の協議又は審判を経る余地はない」。

この判決が出た頃は，不動産登録税に格差（遺贈は1000分の25，方法の指定は1000分の6）があり，それも議論の1つであったが，その後改正されてその問題はなくなった。そこで，純粋に法理論として考えなければならないのであるが，特定の財産を特定の相続人に「相続させる」という遺言は，普通は，遺贈ではなく，自分の財産の分け方としての「遺産分割方法の指定」と解するのが被相続人の意思であろう。そうであれば，〔B〕説が妥当である（ただし，前掲平3・4・19が指摘するように，実質的に「遺贈」である場合もあり，その場合には，第三者がその旨を立証すべきことになろう）。

(f) 遺贈・死因贈与　〔図⑯〕被相続人Aから，特定不動産の遺贈（特定遺贈）（964条）を受けた受遺者Bは，Aの死亡によって，その不動産の所有権を取得する（通説）。したがって，Aの相続人Cに対して，当然に所有権の取得を主張できる。

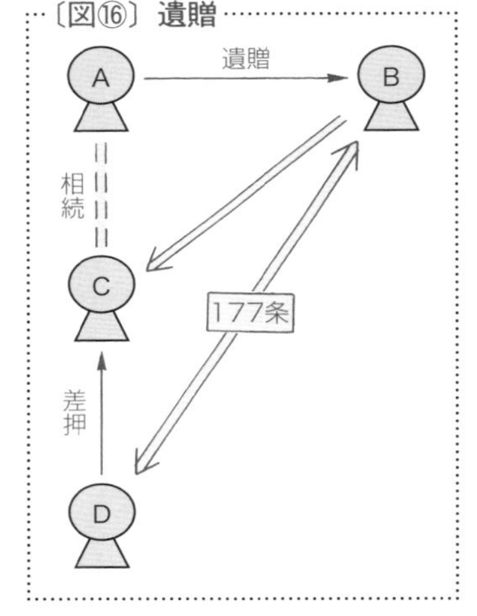

i　遺贈と第三者　上記の場合において，Bが遺贈による所有権移転登記をしないでいるうちに，相続人Cの債権者Dが，この不動産を差し押えた場合BとDとの関係はどうなるか。

〔A〕　登記必要説（対抗要件説）　判例は，遺贈はAの生前における意思表示に基づく物権変動と考えることができるから，Bは遺贈による登記なくして，第三者Dに対抗することができないとする（最判昭39・3・6民集18巻3号437頁）。

【遺贈と登記】　前掲最判昭39・3・6（〔図⑯〕参照）。事案を簡単にすると，被相続人Aは，不動産をBに遺贈した。そして，Aの死亡により相続が開始されたが，共同相続人の１人Cの債権者Dは，債権保全のため，Cに代位してCの共同相続の持分につき相続登記をし，このCの持分権につき強制競売を申し立てた。その後，遺言執行者に選任されたXが，第三者異議の訴えの提起。原審は，D勝訴。Xの上告。

上告棄却。「不動産の所有者が上記不動産を他人に贈与しても，その旨の登記手続をしない間は完全に排他性ある権利変動を生ぜず，所有者は全くの無権利者とはならないと解すべきところ（最判昭33・10・14民集12巻14号3111頁参照），遺贈は遺言によって受遺者に財産権を与える遺言者の意思表示にほかならず，遺言者の死亡を不確定期限とするものではあるが，意思表示によって物権変動の効果を生ずる点においては贈与と異なるところはないのであるから，遺贈が効力を生じた場合においても，遺贈を原因とする所有権移転登記のなされない間は，完全に排他的な権利変動を生じないものと解すべきである。そして，民法177条が広く物権の得喪変更について登記をもって対抗要件としているところから見れば，遺贈をもってその例外とする理由はないから，遺贈の場合においても不動産の二重譲渡等における場合と同様，登記をもって物権変動の対抗要件とするものと解すべきである。しかるときは，本件不動産につき遺贈による移転登記のなされない間に，亡Aと法律上同一の地位にあるCに対する強制執行として，Cの……持分に対する強制競売申立が登記簿に記入された……事実関係のもとにおいては，競売申立をしたDは，……Cの本件不動産持分に対する差押債権者として民法177条にいう第三者に該当し，受遺者は登記がなければ自己の所有権取得をもってDに対抗できないものと解すべきであり，原判決認定のように競売申立記入登記後に遺言執行者が選任せられても，それはDの……第三者たる地位に影響を及ぼすものでない」。

〔B〕　登記不要説（無権利説）　遺贈は贈与とは性質を異にし，受遺者は登記なくして権利取得が認められるべきだとする。そして，第三者Dの保護を，94条2項の類推適用に求める（滝沢聿代「相続と登記」『新不動産登記講座②総論Ⅱ』68頁以下，田中淳子『相続と登記』130頁など）。

ii　死因贈与・包括遺贈　上記の議論は，死因贈与（554条）の場合にも同様であり，判例は対抗要件説に立つ（大判昭13・9・28民集17巻1879頁）。なお，遺贈には包括遺贈（964条）もあるが，この場合は，受遺者は相続人と同一の権利義務を承継するので（990条，896条），上記の問題が生じないことに注意せよ。

(6)　「公売」と登記

強制競売，担保権実行による競売，租税滞納処分に基づく競売などの「公売」は，私法上における当事者の意思表示による物権変動ではないが，しかし，実質的には，それと変わるところはない。したがって，それら公売により取得した所有権（所有権取得時期は，代金納付時（民執79条参照））を第三者に対抗するためには，登記を要する（大判大8·6·23民録25輯1090頁）。

(7)「公用徴収」と登記

かつて，自作農特別措置法に基づく農地買収（公用徴収）をめぐって，農地の所有権を取得した国は，その登記がなければ，旧所有者から当該農地を譲受けた第三者に対抗できないとしたが（最判昭39・11・19民集18巻9号1891頁，最判昭41・12・23民集20巻10号2186頁），現在ではあまり問題とはならないであろう。

5　不動産登記制度

(1) 不動産登記の意義

不動産物権の存在・変動を公示する手段は「登記」である。177条は，「不動産に関する物権の得喪及び変更は，不動産登記法その他の登記に関する法律の定める所に従いその登記をしなければ，第三者に対抗することができない」，と規定し，これを承けて，不動産登記法が定められている。

すでに詳述したところであるが，登記制度の役割は，不動産に関する実体的な権利関係 ── 物権の存在・変動 ── をできるだけ正確に表示することである。不動産登記制度は，このような役割を本来的に担っているものであるが，ただ，わが国の登記制度は，制度の成り立ちやそのしくみからして，必ずしも完璧な公示制度であるというわけではない。以下では，わが国の登記制度のしくみを概観し，問題点を整理しよう。

【不動産登記法前史】　土地の権利関係を公示するという要請は，2つの制度目的をもっている。1つは，地租の徴収目的である。もう1つは，土地の取引(権利変動)からの公示目的である。前者については，近代社会以前においても早くから現われ,時の為政者によって実施されてきたところである。しかし，後者は，土地自体が商品化（特に，土地の抵当化）されて初めて見られるものである（とりわけ，ドイツの登記制度は，抵当制度を可能にするために発達したものである（林毅『ドイツ中世都市法の研究』199頁））。ただ，現実には，両目的は渾然・一体化している。

わが国の明治初期においては，一方では，土地の売買が解禁されて商品化され（1872年（明治5)），他方で，地租徴収目的から地租改正事業が強力に実施されていった（1872年）。この2つの目的から，土地所有権を表象するものとしての「地券」が発行された（その経緯については，216頁【近代的所有権前史】参照）。しかし，「地券」は，その地租徴収目的は別として，取引関係において，所有権を表象する結果として売買制度には役立つが，土地を抵当に入れる際には役立たない。このようなことから，「土地台帳」を基本とした「登記」制度の整備が急がれたのである。

近代的登記制度は，フランス法を範として1886年（明治19）に制定されたいわゆる「旧登記法」に始まるが，その後，現行民法典（1896年（明治29)）が制定されるのに伴い，1899年（明治32）に現行制度の基礎となっている「不動産登記法」が制定された。そして，幾多の改正を重ねたが，2004年（平成16）に，オンライン申請を原則とする制度として全面改正された。（以上の歴史的経緯については，福島正夫「旧登記法の制定とその意義」『福島正夫著作集第四巻』329頁以下，清水誠「わが国における登記制度の歩み」日本司法書士会連合会編『不動産登記制度の歴史と展望』99頁以下参照。なお，物権公示の原則に関する歴史理論については，川島233頁参照）。

(2)　登記簿のしくみ

(a) 電磁的登記簿　従来，登記は，「登記簿」と呼ばれた紙の帳簿（土地登記簿・建物登記簿）に記録されたが，2004年改正のオンライン申請（電子申請）の原則化により，磁気ディスク（ハードディスク）に記録されることになった。したがって，「登記簿」とは，登記記録が記録された電磁的帳簿をいう（不登2条9号）。また，土地登記簿・建物登記簿の区別もなくなった。

【登記簿の編成方法 ── 物的編成主義と人的編成主義】　**i**　物的編成主義とは，登記簿を個々の「物」（不動産）ごとに編成するものである。したがって，ここでは，①「物」自体の公示と，②「権利」の公示，がされることになる。前者は，不動産自体の表示であるから，「表示に関する登記」として，登記簿の「表題部」となって現れる。この登記は，物の存在性を示すためのものであるから，物の所有者の単独申請を原則とするが，登記官の職権による場合もある。

次に，後者は，当該不動産に関して，いかなる「権利」が存在・付着しているのか，の公示である。これは，登記簿上，「権利に関する登記」として，「甲区」(所有権関係) および「乙区」(所有権以外の権利関係 (担保関係等)) とに分けて表示される。所有権保存登記は物の所有権者を表示するものであるから，所有者の単独申請であるが，それ以外の権利は，登記上の権利・義務が対立する関係にあるから，登記権利者と登記義務者との共同申請を原則とする。

ii　他方，人的編成主義 (年代順編成主義) とは，不動産の所有者を基本に編成するもので，所有者ごとに，申請書類である「証書」自体が年代順に保存・公示される。ここで公示されるのは，証書の中に示されている当事者，および当事者間の「合意」の内容である。ただ，例えば，その内容が抵当権の設定である場合には，それが公示されることになるから，その限りにおいて，「権利の公示」ということになる。

人的編成・年代順編成の方法が検索上煩雑きわまりなく，また実体関係を調査するのは非常に困難であるため，物的編成主義の方が優れていることはいうまでもない。

(b)「表題部」　〔図〕(【登記事項証明書】(土地)) 参照。「表題部」は，不動産の個性を表示するもので，土地または建物の「表示に関する登記」が記録される (不登2条7号)。表題部は，物的編成主義の根幹をなす「物」自体の存在性の表示であるから，観念的には重要な部分である。

「表示に関する登記」とは，所在地・番，登記原因およびその日付，登記の年月日，所有者等 (不登27条) のほか，土地の場合には，地目 (宅地，農地などの区分)，地積など (不登34条)，建物の場合には，家屋番号，建物の種類・構造・床面積などである (不登44条。マンション (建物区分所有権) については，第2編第2章第5節**2**(**3**)(253頁) 参照)。表示に関する登記は，職権でも登記される (不登28条)。また，登記官は，必要があると認めるときは，各事項を調査することができる (不登29条)。

(c)「権利部」　「権利部」は，「権利に関する登記」を記録する (不登2条8号)。その登記事項は，登記の目的，申請受付の年月日・受付番号，登記原因およびその日付，権利者の氏名・名称などであるが，権利の性質により，甲区と乙区に分かれる。──

i　「権利部(甲区)」　甲区には，その不動産の「所有権に関する事項」を記録する。例えば，売買による所有権移転，買戻の特約の登記，所有権移

【登記事項証明書】のサンプル（土地）

東京都新宿区鉄砲町１丁目２―34

表　題　部　（土地の表示）		調製	余　白	不動産番号	0500005002834
地図番号	余　白	筆界特定	余　白		
所　　在	新宿区鉄砲町一丁目			余　白	
①　地　番	②　地　目	③　地　積　m²		原因及びその日付〔登記の日付〕	
２番 34	宅地	130	36	昭和 63 年法務省令第 37 号附則第２条第２項の規定により移記〔平成７年 11 月 29 日〕	
所 有 者	渋谷区旭町一丁目２番３号　渋谷一郎				

権　利　部　（甲　区）　（所　有　権　に　関　す　る　事　項）			
順位番号	登　記　の　目　的	受付年月日・受付番号	権　利　者　そ　の　他　の　事　項
1	所有権保存	平成７年 11 月 29 日 第 345 号	所有者　渋谷区旭町一丁目２番３号 渋　谷　一　郎
2	所有権移転	平成 20 年４月１日 第 111 号	原因　平成 20 年３月 31 日売買 所有者　新宿区鉄砲町一丁目 高　田　早　苗
3	所有権移転請求権仮登記	平成 22 年９月１日 第 300 号	原因　平成 22 年８月 31 日代物弁済予約 権利者　中央区中三丁目１番５号 株式会社ＵＳＢ銀行

権　利　部　（乙　区）　（所　有　権　以　外　の　権　利　に　関　す　る　事　項）			
順位番号	登　記　の　目　的	受付年月日・受付番号	権　利　者　そ　の　他　の　事　項
1	地上権設定	平成 21 年９月 15 日 第 120 号	原因　平成 21 年８月 31 日設定 目的　跨座式モノレール高架軌道の駅施設及び支柱の所有 存続期間　跨座式モノレール事業存続期間と同一 地上権者　港区仰木一丁目２番地 日本モノレール株式会社
2	抵当権設定	平成 22 年９月１日 第 301 号	原因　平成 22 年８月 31 日金銭消費貸借同日設定 債権額　金１億円 利息　年 2.5%（年 365 日日割計算） 損害金　年 12%（365 日日割計算） 債務者　新宿区鉄砲町一丁目２番 34 高　田　早　苗 抵当権者　中央区中三丁目１番５号 株式会社ＵＳＢ銀行 共同担保　目録（と）第 4455 号
3	２番抵当権登記抹消	平成 23 年 10 月１日 第 100 号	原因　平成 23 年 10 月１日解約

共　同　担　保　目　録			
記号及び番号	（と）第 4455 号	調製	平成 23 年 10 月１日
番　号	担保の目的である権利の表示	順位番号	予　備
1	新宿区鉄砲町一丁目２番 34 の土地	1	余　白
2	新宿区鉄砲町一丁目２番地　家屋番号 34 番の建物	1	余　白

転請求権保全の仮登記などである。なお，所有権の保存登記については，表題部所有者またはその相続人，確定判決により所有権を確認された者等でなければ申請できない（不登74条。その他，一定の制限がある（不登75・76条））。

ii 「権利部（乙区）」　乙区には，「所有権以外の権利に関する事項」を記録する。例えば，用益物権，賃借権，担保権などである。

(3) 登記の申請手続

(a) 申請主義　登記は，当事者の申請，または官庁・公署の嘱託がなければ，することができない（不登16条）。その際，以下のことに注意すべきである。

i 「申請情報」の提供　登記の申請に当たっては，「不動産を識別するために必要な事項，申請人の氏名または名称，登記の目的その他の登記の申請に必要な事項」（=「申請情報」）を，登記所に提供しなければならない（不登18条）。

そして，「権利に関する登記」を申請する場合には，次の情報を併せて提供しなければならない。——

① **「登記識別情報」**　登記義務者の識別情報である（不登22条。次掲**ii**参照）。

② **「登記原因証明情報」**　売買契約書など，「登記原因」（事実又は法律行為）を証する情報であり（不登61条），虚偽申請の登記を防ぐ目的をもつ。

ii 「登記識別情報」の通知　登記が完了した場合には，登記官は，当該申請人に対してすみやかに「登記識別情報」を通知しなければならない（不登21条）。これは，旧来の登記済証（権利証）に代わるもので，オンライン申請に際しての本人確認手段として機能するものである。数字や記号を組み合わせたもの。

(b) 共同申請主義　「権利に関する登記」の申請は，原則として，登記権利者および登記義務者が共同してしなければならない（共同申請主義）（不登60条）。

> **【登記権利者と登記義務者】**　登記権利者・登記義務者というのは，登記簿上利益を受ける権利名義人と登記簿上不利益を受ける権利名義人をいう。例えば，不動産の売買においては，買主は，所有権取得が記入されるから登記権利者であり，売主は権利が消滅するから登記義務者である。
>
> それゆえ，この関係は，後述する「登記請求権」を有するか否かとは関係がない。上記の売買契約において，通常は買主が登記請求権を有することになるが，しかし，逆に，買主が登記の移転に協力しない場合は，売主が登記請求権（登記協力請求権）を有することになるのである（詳細は，後掲(4)（128頁以下）参照）。

<共同申請主義の例外>　共同申請主義については，以下の例外がある。──

i　確定判決に基づく申請　共同申請をしなければならない一方が申請に協力しない場合，他方は，それを命じる確定判決をもって，単独申請ができる（不登63条1項）。

ii　相続・合併による登記　相続または法人の合併による権利の移転の登記は，登記権利者が単独で申請することができる（不登63条2項）。相続では登記義務者がすでに死亡しているし，合併では登記義務者に異存はないからである。

iii　登記官の職権による登記　表示に関する登記は，登記官が職権ですることができる（不登28条）。

iv　仮登記の場合　仮登記については，仮登記義務者の承諾があるとき，および仮登記を命じる処分（不登108条）があるときは，仮登記の登記権利者が単独で申請することができる（不登107条）。

(c) 形式的審査主義　わが国の登記制度の下では，登記官は，登記申請を受理するに際しては，形式的要件の具備のみを審査するにすぎず，実体上の権利関係を審査する権限を持たない。「形式的審査主義」といわれ，ドイツにおける実質的審査主義と異なる点である（本章第1節**2**(2)（41頁）および第2節**2**(1)(b)（46頁）参照）。

登記制度は，実体関係を正確に反映することを旨とするが，しかし，そのことは，登記制度の在り方にもよっている。わが国では，形式的審査主義の結果，必ずしも実体関係を正確に映し出しているとはいえない側面がある。わが国において，登記に「公信力」が認められていないことも，このことに原因している（後述(6)(b)iii（138頁）参照）。

ただし，2004年の改正により，「表示に関する登記」申請に当たっては，登記官は，必要があると認めるときは，不動産の検査，文書の提出，質問等の調査をすることができるし（不登29条），また，「権利に関する登記」申請に当たっては，「登記原因証明情報」の提供が義務づけられるため（不登61条），従来のような虚偽登記が発生する可能性は低くなった。

(d) 登記事項証明書　何人も，登記官に対し，登記記録に記録されている事項の全部または一部を証明した書面（登記事項証明書）（125頁の〔図〕参照）の交付を請求することができる（不登119条）。また，地図，登記簿の附属書類の交付も同様である（不登120条,121条）。

(e) 登記手続の過誤に対する救済　登記官の故意または過失により，登記申請の当事者が損害を被ったときは，『国家賠償法』により救済される（国賠1条）。

(4) 登記請求権

前述したように，登記の申請については共同申請を原則とするが（不登60条），当事者の一方が申請に協力しない場合，他方は，「登記請求権」を有し，これに基づいて登記申請の協力を訴求できる（不登63条参照）。

(a) 登記請求権はいかなる場合に発生するか　登記は権利関係を正確に反映するもの（すべきもの）という考え方を前提とすると，登記請求権は，確かに，実体的権利関係ないし権利変動と登記簿上の権利関係とが一致しない場合に当然に生じるものと考えることができる（末川139頁以下，我妻＝有泉138-139頁，舟橋130-131頁）。

しかし，次に見るように，登記請求権は種々の場合に生じうるのであって，必ずしも，そのように一元的に説明できるものではない（幾代通『登記請求権』1頁以下，鈴木105頁）。判例も，登記請求権の発生につき多元的な説明をしている。――

i　実体的な権利の変動（物権変動）があれば登記請求権が発生することは，当然のこととして理解されよう（大判大5・4・1民録22輯674頁）。この場合に発生する登記請求権は，物権的請求権（物権的登記請求権）として捉えることができる。

ii　実体的権利と登記簿上の権利とが一致していない場合に，実体的な権利の効力としても生じる（大判大7·5·13民録24輯957頁）。この場合に発生する登記請求権は，物権に基づくものと考えることができるから，一種の準物権的請求権（妨害排除請求権）ということになる。

iii　当事者間の特約によっても生じる（大判大10・4・12民録27輯703頁 ── 中間省略の登記の特約）。例えば，A→B→Cと不動産が譲渡された場合において，A・B・Cの合意で，A→Cへ登記することを特約した場合には，A・C間において中間省略の登記請求権が発生することを認めてもよいであろう（中間省略登記については，(5)(b)ii（131頁）で後述する）。この場合に発生する登記請求権は，債権的請求権（債権的登記請求権）と解することができるのである。

いわば，このように，登記請求権は種々の発生態様を持っているのである。

(b) 登記引取請求権とは？

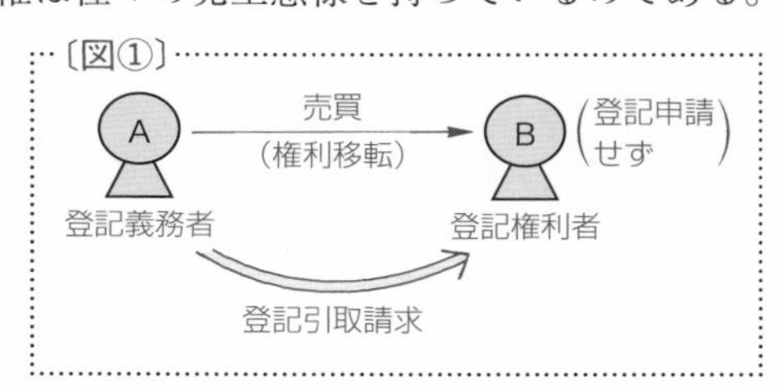

〔図①〕において，AがBに不動産を売ったが（この場合は，Aが登記義務者，Bが登記権利者），Bが登記権利者であるにもかかわらず登記申請をしない場合，AはBに対し，登記申請を請求できるであろうか。

不動産登記法の構成からすると，登記請求権は登記権利者が有するのが原則であるが（不登63条参照），Aは登記義務者なので，その概念があてはまらないことになる。しかし，Aの請求を認めなければ，Aは，依然，固定資産税等を負担していなければならない。このようなことから，判例は，Aの請求を認めた（最判昭36・11・24民集15巻10号2573頁）。そこで，このAの請求権は，「登記引取請求権」と呼ばれている。

(5) 登記の有効要件

登記が有効なものとして対抗力を認められるためには，原則として，一方で，不動産登記法の定める手続をふまなければならず（形式的要件），他方で，登記が実体的権利と一致していることを要する（実質的要件）。そこで，両要件に「瑕疵」がある場合はどうなるであろうか。

(a) 形式的要件の瑕疵（実体的権利関係とは一致）　実体的権利関係とは一致するが，形式的要件を欠く場合である。判例・通説は，登記申請手続に瑕疵がある場合でも，ただちに無効とすべきでなく，実体的な権利関係に符合しているかどうかを基準にして決すべきだとしている。

i　偽造文書による登記　登記の権原ある者が，登記義務者の文書を偽造して申請した場合である。見解が分かれている。

〔A〕 原則有効説　判例は，かつては無効としたが，現在では，登記の記載が実体的法律関係に符合している場合には有効と解している（最判昭和41・11・18民集20巻9号1827頁，最判昭和34・7・14民集13巻7号1005頁（印鑑証明書の日付が変造されたケース））。

> **【偽造文書による登記申請】**　後掲〔図②〕前掲最判昭41・11・18。Cは，自分の物上保証人となっている弟A（原告）からその抵当権を抹消するためと言って印鑑を預かり，Aの文書を偽造してB（被告）のために根抵当権を設定してしまった。その結果，Bから競売を申し立てられた。原審では，110条（権限外の行為の表見代理）の適用ありとして，Bの勝訴。Aは，登記申請行為に110条の適用はないとして，上告。
>
> 上告棄却。「偽造文書による登記申請は不適法であり（旧不動産登記法26条，35条1項5号），公法上の行為である登記申請行為自体に表見代理に関する民法の規定の適用のないことは所論のとおりである。しかしながら，偽造文書による登記申請が受理されて登記を経由した場合に，その登記の記載が実体的法律関係に符合し，かつ，登記義務者においてその登記を拒みうる特段の事情がなく，登記権利者において当該登記申請が適法であると信ずるにつき正当の事由があるときは，登記義務者は右登記の無効を主張することができないものと解するのが相当である」。

〔B〕 原則無効説　しかし，これに対しては，登記権利者が偽造文書を用いて実質上単独でした登記を完全に有効とすることは，自力救済を認めることであって，民法体系全体と調和しないとし，このような場合は原則とし

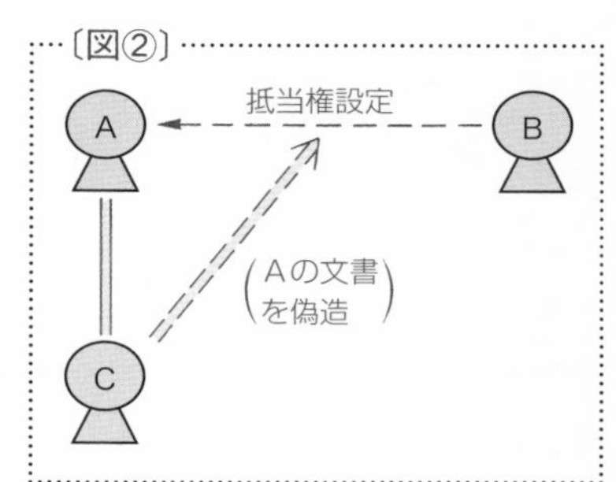

て無効であり，登記がともかくも登記義務者の意思に由来してされたときには有効とする，という批判がある（鈴木116-117頁）。

ii　無権代理人による登記申請

登記義務者の申請代理人に代理権が欠如していたが，後に本人が追認した（最判昭42・10・27民集21巻8号2136頁）。

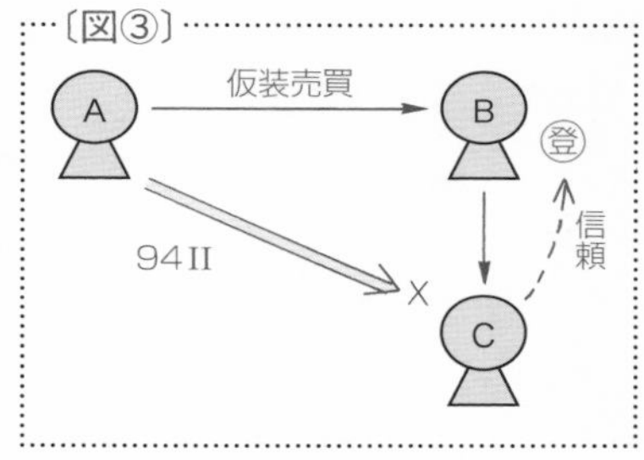

(b) 実質的要件の瑕疵（登記と実体の不一致）　実質的要件を欠くわけだから，登記簿の記録と実体的権利関係とは一致していない。以下のケースである。

i　不実登記　実際には物権変動が存しないのに，存在したような旨の登記がされても，その登記が無効であることはいうまでもない。例えば，〔図③〕で，Aが債権者からの執行を免れるために，自己の土地をBに仮装売買し，その登記を経由しても，この登記は無効である。わが国で登記に公信力が認められていない以上，当然であろう。

しかし，この登記を有効なものと信頼し，その不動産を譲り受けた第三者は保護されないであろうか。上記の例で，Bから善意で土地を譲り受けたCである。この場合，真の権利者Aが不実登記という外観の作出につき，何らかの形で関与しているときは ── 厳密にいうと，A・B間に「通謀虚偽」という事情の認められるとき ──，94条2項を類推適用して善意の第三者Cを保護することについては，判例・学説とも異論はない。

このように，94条2項が類推適用される範囲内では，登記に公信力が認められているのと同様の結果が生じているのである。

ii　中間省略登記・冒頭省略登記　中間省略登記とは，不動産がA→B→Cと譲渡されたのに，その登記を，中間者Bを省略して，A→Cとする場合をいう。中間省略登記については，以下のような制度の変遷に注意すべきである。

(α)　**従来の取扱い**　このような省略登記は，物権の変動過程を忠実に反映させるという不動産登記法の精神に悖るが，しかし，現実の物権関係に符合するならば，ただちに違法とする必要もない。ただ，それによって，いかなる者の利益も害されてはならないことは当然である。とりわけ,登記は,同時履行関係の抗弁手段として重要な機能を営むものだからである。そこで，第1に，中間省略登記が，正当の利益を有する者を害しないことを前提として，現在の権利関係に符合していること，第2に，物権変動を忠実に反映するという不動産登記法の精神，という2つの基点から判断され，次のように取り扱われてきた。

①　**既になされた中間省略登記の効力**　既になされた中間省略登記については，2つの場合に分ける必要がある。

(i)　**合意による場合**　A・B・C全員の合意の下になされた中間省略登記は，上記第1・第2の基点からしても，有効である。

(ii)　**合意によらない場合**　中間者Bの同意を得ずになされた中間省略登記は，原則として無効であり，中間者Bはその抹消を請求できる。ただし，Bに抹消を求める正当な利益を有しないときは，抹消請求は許されない(最判昭35・4・21民集14巻6号946頁。最判昭44・5・2民集23巻6号951頁（未登記賃借人からの抹消請求の否定）もこの範疇か)。

②　**中間省略登記請求**　登記名義人に対する中間省略登記の請求であるが，いくつかのパターンがある。

(i)　**「特約」がある場合**　上記①(i)では，全員の合意による既登記が有効とされるが，もしそうであれば，A・B・C間で中間省略登記をする旨の「特約」（合意）がある場合には，それに基づいて中間省略の登記請求権が発生する(前記(4)(a)iii(129頁)参照)。したがって，この特約に基づく中間省略の登記請求は有効に認められる(大判大5・9・12民録22輯1702頁)。

(ii)　**一般的な中間省略登記請求権は？**　特約もない場合に，中間省略登記請求権は，一般的に認められるものではない。物権変動の過程を正確に反映するとする，前記「第2」の登記制度の根本趣旨に反するからである。したがって，例えば，〔図④〕で，BがCから代金を受け取っていてBを経由する必要もない場合でも，CがAに対して中間省略登記手続を請求することはできない。C→B→Aへと請求しなければならない（最判昭40・9・21民集19巻6号1560頁）。

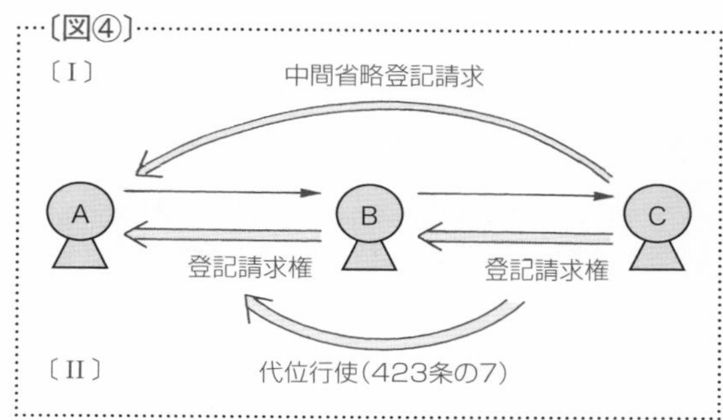

同様に，X・Y共有名義となっている土地につき，Xが土地をAに「贈与」し，Aの死亡によりYが「遺産分割協議」で単独所有者となったとして，Xに対し，真正な登記名義の回復を原因とする所有権移転登記手続（中間省略登記）を請求した事案で，判決は，まず「贈与」を原因とする移転登記を請求し，その認容判決を得た上で，相続を原因とする持分移転登記手続をすべきであり，「現在の所有者が元の所有者に対し，元の所有者から現在の所有者に対する真正な登記名義の回復を原因とする所有権移転登記手続を請求することは，物権変動の過程を忠実に登記記録に反映させようとする不動産登記法の原則に照らし，許されない」とした（最判平22・12・16民集64巻8号2050頁）。

(β)　**改正不動産登記法（2004年）の対応**　2004年改正の不動産登記法は，中間省略登記については，否定的である。上記したように（(3)(a) i（126頁)），登記の申請に際して提供する「申請情報」には，売買契約など「登記原因証明情報」を添付しなければならない。そこで，真の売主ではないAからCへの直接的な所有権移転登記申請は虚偽申請となり得るから，中間省略登記の申請は事実上封殺されたといえるのである（ただし，判決を得て申請することは可能とされる）。

以上のように，中間省略登記請求権は，登記法の精神に悖るゆえに，原則として認められないというのが不動産登記法の態度である。しかし，次の2つの方法で中間省略登記が認められることに注意すべきである。

(γ)　**債権者代位権の転用**　第1は，2017年の債権法改正で法認された「債権者代位権の転用」である（従来の判例の明文化）。不動産の所有権が，元の所有者A

から中間者Bに，次いで中間者から現在の所有者Cに順次移転した場合には，登記名義はA→B→Cの順を追わなければならない。しかし，この場合に，中間者BがAに対して登記移転請求権を行使しないときは，Cは，Bに対する登記請求権を保全するため，「債権者代位権の転用」の方法により（〔図④〕），BのAに対する登記移転請求権を代位行使できる（423条の7）。債権者代位権が成立するという前提ではあるが，一定の限度で中間省略登記が認められる。

(δ)　**中間省略登記の代替手段（現行実務）**

第2は，平成18年司法書士会照会に対する法務省の回答・通知「平成19〔2007〕年1月10日付法務省民二第53号」を根拠とする，「第三者のためにする取引」及び「買主の地位の譲渡」による中間省略登記である。

① **「第三者のためにする取引（契約）」方式**　A・B間の不動産売買契約において，BはAに代金を支払うが，その際，「特約」として，所有権はAからCに直接移転するものとする旨を定め（第三者のためにする取引条項），かつ，Cの受益の意思表示（当該不動産の所有権の移転を受ける意思表示）条項，が付される。所有権の移転時期は，BがAに代金全額を支払った時である。

② **「買主の地位の譲渡」方式**　A・B間の不動産売買契約に際して，B・C間で「当該売買契約における買主としての地位をCに売買により譲渡する旨を約し，Aはこれを承諾した」とする地位の譲渡契約が締結される。代金はCからAに対して支払われ，同時に，不動産の所有権がAからCに移転することになる。

これらは，「第三者のためにする契約」（537条）制度および「契約上の地位の移転」（539条の2）制度から演繹される手続である。上記2004年の改正不動産登記法の趣旨に反して脱法行為だとする批判もあるが（松岡久和「物権法講義7」法学セミナー677号75頁以下，石口修「『真正な登記名義の回復』による中間省略登記」愛知大学法経論集192号127頁など），その演繹性には問題はないし，元々中間省略登記は一定の範囲で認められてきたという合理性もあるのであるから，実体に符合する限り特に弊害はないといえよう。そもそも，改正不動産登記法が「登記原因証明情報」を要求したのは，不実・虚偽登記への対処であって，中間省略登記の否定ではなかったのである。

iii　登記の流用　実体と一致していた登記につき，その実体が欠けたのに登記をそのままにしておき，後に，再び一致する実体が具備される場合である（先の登記を後の実体に流用すること）。登記法の原則からすれば，実体が欠けた時点でその登記は無効となるのであるから，再び実体と一致したとしても，無効登記であることには変わりはないのであるが，しかし，第三者の権利を害することがないならば，その無効登記の「流用」を認めてよいであろう。その場合には，「流用」の時点から対抗力が認められる。

ただ，登記流用は，物権変動一般の問題ではなく，実際には，抵当権登記の流用をめぐって問題となることである。それゆえ，抵当権の場合とそれ以外の場合とを分けて考える必要がある。

［Ⅰ］ **抵当権登記の流用**　次の〔**図⑤**〕抵当権の被担保債権が弁済等によって消滅してもその登記を抹消しないで，後に他の同額の債権の担保のためにその登記を流用する場合である。「第三者の利益を害しない」ということが解釈の基本となるので，被担保債権の消滅と流用開始時点との関係が問題となる（問題自体が担保物権法の分野なので，ここでは要点だけを述べ，詳細は，【Ⅲ】128頁以下に譲る）。

① **第三者Cが出現しない場合**　この場合には，流用を認めても問題はない。

② **旧抵当権の消滅前に第三者が存在する場合**（〔X〕の場合）　第三者Cは順位昇進の原則による期待権があるので，流用を認めるべきではない（大判昭8･11･7民集12巻2691頁）。

③ **旧抵当権消滅後，流用までの間に第三者が出現した場合**（〔Y〕の場合）　この場合も，第三者の順位昇進期待権から，流用を否定すべきである。

④ **流用後に第三者が出現した場合**（〔Z〕の場合）　登記流用後に第三者が出現してきた場合は，第三者の

〔図⑤〕

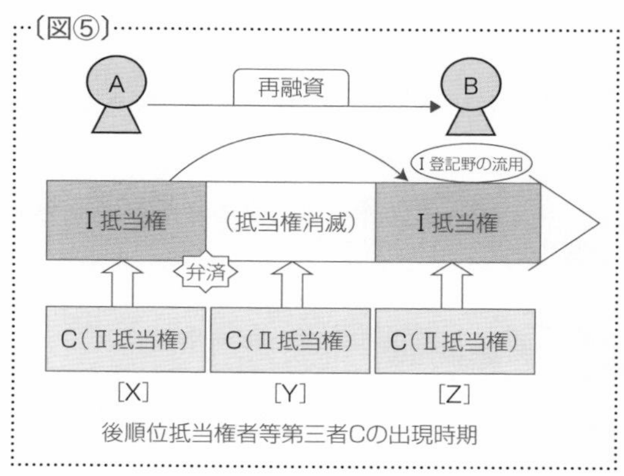

後順位抵当権者等第三者Cの出現時期

権利が害されるという状況にないから，原則として，流用登記は有効であると解してよい（ただし，この場合により細かな検討が必要なことは，【Ⅲ】128頁参照）。

判例は，第三者が新しいⅡ抵当権の存在を承知しながら不動産を買い受け，流用登記であることを知ってその登記の無効を主張する場合には，その第三者は登記の欠缺を主張する正当の権利を有しない，とする（大判昭12・1・14民集15巻5頁，最判昭49・12・24民集28巻10号2117頁（担保仮登記の流用））。

［Ⅱ］　**抵当権以外の場合**　　抵当権以外の場合は，上記の理が必ずしも当てはまらない。例えば，旧建物滅失後に新築した建物につき，旧建物の保存登記が流用されるかというと，これは否定されなければならない。不動産登記制度の公示性を乱すおそれがあり，制度の本質に反するからである（最判昭40・5・4民集19巻4号797頁）。

iv　登記の不法抹消・遺漏等　　「登記」は，継続して公示されていなければ対抗力を有しない。そこで，第三者による不法な抹消や，登記官の過誤による抹消・遺漏等があった場合にはどうであろうか。一般に，判例は，権利者に帰責事由が存する抹消・遺漏の場合には対抗力が消滅するが（最判昭42・9・1民集21巻7号1755頁），存しない場合には対抗力を認めている（大連判大正12・7・7民集2巻448頁（登記官の過誤による抹消），大判昭10・4・4民集14巻437頁（遺漏））。

第三者が不法に抹消した登記を回復するには，登記上の利害関係人は，その承諾を拒むことができない（最判昭和39・7・10民集18巻6号1110頁，最大判昭43・12・4民集22巻13号2855頁）。

v　回復申請登記期間の徒過　　登記簿が滅失した場合に，権利者は，一定の期間内に登記の回復を申請することができるが（不登13条），この期間を徒過した場合には対抗力を喪失するか。判例は，Aから所有権を譲り受けて登記を経由したBは，登記簿の滅失（戦災）による回復登記申請期間を徒過しても，Bの登記後にAから所有権を譲り受けたCに対し，自己の所有権を対抗できるとする（最判昭34・7・24民集13巻8号1196頁）。

(6)　登記の種類と効力・順位

(a) 登記の種類　　登記には，「本登記」，「付記登記」および「仮登記」がある。通常「登記」というのは，「本登記」のことである。

「付記登記」とは，既にされた「権利に関する登記（本登記）」（前掲(2)(c)（124頁））について その登記内容を「変更・更生」したり（例，買戻の特約），所有権以外の権利にあってはこれを「移転・保存」（例，次順位抵当権者の代位）などをする登記である（不登4条1項参照）。

これに対して，「仮登記」とは，① 手続的要件の補正と，② 請求権を保全する目的から，将来されうる本登記の順位を保全するために設定される登記である（後掲(8)参照）。

(b) 登記の効力　登記することによって，物権は，対抗力と推定力とが与えられるが，公信力は認められない。──

i　対抗力　登記の効力のうちで，最も重要なものは，「対抗力」である。その「対抗」の意義については，すでに詳述した（本節**1**（65頁以下）および**2**（68頁以下））。

対抗力が存続するためには，その登記（の内容）が存続していなければならない。登記が公示的機能を有することから，当然である。しかし，例えば，所有者の登記が，登記官の過誤または他人の偽造文書の行使により抹消され，または遺漏があるなどの場合に，その対抗力が否定されたのでは不合理である。わが登記手続過程においては，このようなことが起こりえないという状況にはないからである。

これらの具体的場合については既述したのでここでは省略するが（前掲(5)(a) i・ii，(b) i・iv・v），一概にいえば，登記の内容が失われたことにつき，権利者に帰責事由が存しない場合には対抗力が認められ，存する場合には対抗力を失う，と解してよい（判例・通説）。

ii　推定力　わが登記制度は，登記に公信力はないものの，公的な機関によって管理され，しかもそれ自体真実の権利関係を確実に公示することを目的としているものである。そこから，明文規定はないが，登記に「推定力」はあるとされている。すなわち，登記がされているときは登記内容が正当なものと推定される（最判昭34・1・8民集13巻1号1頁）。この場合，登記に第1次的推定力があり，それが破られたときは，占有に第2次的推定力（188条）があるものと解すべきである（詳細は，第2編第1章第3節**3**(2)(c)（202頁）参照）。

しかし，「登記簿上の不動産の直接の前所有名義人が現所有名義人に対し当該所有権の移転を争う場合においては上記の推定をなすべきでなく，現所有名義人が前所有名義人から所有権を取得したことを立証すべき責任を有するもの」である（最判昭38・10・15民集17巻11号1497頁）。

また，推定力は，本登記の内容を推定するものであるから，「仮登記」にこれが認められないことはいうまでもない（最判昭49·2·7民集28巻1号52頁）。

iii　公信力　わが国においては，登記制度の機構上，登記に公信力を与えることを適当としない（詳細は，第1節**2**(2)(41頁)および本節**5**(3)(c)(127頁)参照）。ただ，94条2項が類推適用される場面などでは，登記に公信力が付与されたのと同じ状況が醸し出されている。既述した（本節**5**(5)(b) i (131頁)参照）。

(c) 登記した権利の順位　同一の不動産について登記した権利の順位は，法律に別段の定めのないとき[*]は，登記（本登記）の前後による（不登4条1項）。登記による早い者勝ちということである。

「付記登記」（前掲(a)参照）の順位は主登記の順位によるが，付記登記間ではその前後による（不登4条2項）。また，仮登記に基づいて本登記がされた場合の本登記の順位は，仮登記の順位による（不登106条）。

＊　**法律に別段の定めのあるとき**　「法律に別段の定」のあるとき，とは，例えば，339条が保存と工事の先取特権は常に抵当権に優先すると規定する如きである。その権利を特に政策的に保護する必要がある場合に，このような処置が取られる。先取特権に多くの特則がある（詳しくは，【Ⅲ】51頁以下参照）。

(7)　登記を要する物権の種類

登記を対抗要件とする物権[*]は，① 所有権，② 地上権，③ 永小作権，④ 地役権，⑤ 先取特権，⑥ 質権，⑦ 抵当権，である（不登3条1号–7号）。

物権以外の権利で登記を対抗要件とするものには，① 不動産賃借権（同3条8号），② 採石権（同3条9号），③ 不動産買戻権（同96条），がある。

なお，登記に代わるものに対抗力を認めている特別法がある。借地につき建物自体の登記に（借地借家10条1項），借家につき引渡しに（同31条1項），農地につき引渡しに（農地16条1項），それぞれ対抗力を認め，さらに，一定の場合には，建物滅失後の借地権に対抗力を認めている（罹災都市10条・25条の2，借地借家10条2項。第3編第1章**3**(1)（267頁）参照）。このような特別法がなぜそのような処置を採っているのか，その原因性にも注意をしなければならい。

＊　**入会権は登記なくして対抗できる**　不動産登記法3条には「入会権」は掲げられていないので，入会権は登記なくして対抗力を有する（第3編第5章**3**(2)(298頁）参照）。

(8)　仮登記

(a) 仮登記の意義　通常の登記は，「本登記」（または終局登記）といわれ，「対抗力」を直接に発生させるものであるが，仮登記には対抗力はなく，将来されうる本登記の順位を保全するためにされる登記である（不登106条参照）。

(b) 仮登記がされる場合　仮登記は，次の2つの場合にされる。すなわち，—

i　手続的要件の補正（1号仮登記）　不動産登記法3条所掲の権利の登記申請に際して，「申請情報」と併せて提供しなければならないもの —— 登記識別情報，登記原因証明情報など（不登25条9号参照）—— が提供できないときである（不登105条1号）。提供できなければ申請は却下されるが（不登25条柱書），その補正が予定されていて順位を保全しようとする場合である。

ii　請求権の保全（2号仮登記）　不動産登記法3条所掲の「権利の設定，移転，変更又は消滅に関して請求権を保全しようとするとき」である（不登105条2号）。この「請求権」とは，始期付き，または停止条件付きのもの，その他将来確定することが見込まれるもの，を含む（同2号）。したがって，これは，物権変動を目的とする請求権を保全するためにされるものである。

(c) 仮登記の効力　仮登記の基本的効力は，順位保全の効力である。

i　順位保全の効力　仮登記に基づいて本登記がされたときは，本登記の順位は，仮登記の順位による（不登106条。(6)(c)（138頁））。

ii　本登記をした場合に対抗力が発生するのはいつか　〔図⑥〕Aが土地をBに売却することにして仮登記をした（ⓐ時点）。その後，CがAよりその土地を賃借し，賃借権登記をした（ⓑ時点）。その後に，Bが，その仮登記を本登記にしたとする（ⓒ時点）。Bの本登記の順位の効力はⓐ時に遡るから，Cの賃借権はBに対抗できないことはいうまでもない。

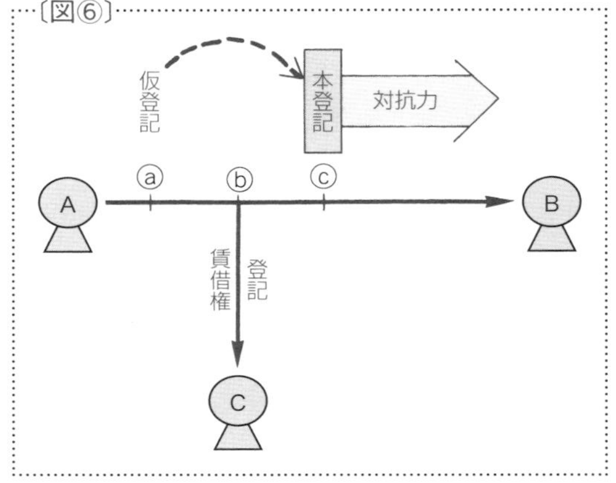

では，Cは，ⓑ時点からⓒ時点までの期間，土地を賃借・占有していたことにつき，Bから不当利得の返還請求または不法占拠による損害賠償請求を受けるのかというと，そうではない。遡及するのは順位だけであって，対抗力は遡らない。仮登記には，本来的に対抗力は認められていないからである（最判昭38·10·8民集17巻9号1182頁，最判昭54·9·11判時944号52頁，最判昭63·12·1判時1298号115頁）。対抗力は，ⓒ時点から発生する。

なお，仮登記に推定力が否定されることについては，前述した（**(6)(b)ii**（137頁）参照）。

(d) 本登記手続　仮登記を本登記にするに際して「登記上の利害関係を有する第三者」がある場合には，その第三者の承諾がなければ申請することができない（不登109条1項）。

(e)「担保仮登記」の取扱い　上で述べた普通の仮登記以外に，代物弁済予約，再売買予約などで用いられる「担保のための仮登記」というものがある。金銭債権を担保する目的でなされる，いわゆる「担保仮登記」（仮登記担保）である。この場合の仮登記は，対抗力などについても，一般の仮登記とはかなり取扱いを異にし，「仮登記担保契約に関する法律」（仮登記担保法）（1978年（昭和53））によって規律されている。『担保物権』に譲る。〔▶→『担保物権』「仮登記担保」（【Ⅲ】290頁）〕

第 4 節　動産の物権変動 ── 178 条論

1　178 条の基本的問題点

(1)　動産物権変動の公示と対抗要件主義

すでに述べたように，物権変動は「意思表示」（それが，債権的意思表示か物権的意思表示かは考え方が分かれる）のみによってその効力を生じる（176条）。このことは，不動産のみならず，動産についても当てはまる物権法の一般原則である。しかし，「意思表示」（当事者の意思の合致）というものは，定型ないし法定の方式をとって現れるものではない。物権には，その公示方法として，不動産の場合には「登記」，動産の場合には「引渡し」がそれぞれ法定されているが，しかし，これは，必ずされなければならないというものではない。したがって，現実においては，物権変動が多重的に行われ得ることを避けられないのである。

そこで，「対抗要件」主義が採られることになる。すなわち，「公示」手段として法定されている「登記」（不動産の場合）または「引渡し」（動産の場合）がなければ「第三者に対抗することができない」とされたのである（177条・178条）。対抗要件主義は，物権変動につき意思表示主義を採った結果（176条）として生じる多重的変動の，いわば処理の方法なのである。そして，対抗要件主義は，結論的には「対抗要件を備えた方が勝つ」（対抗要件による早い者勝ち）ということであるが，その根底に流れるものは，対抗要件を備えることができる状況にあるのに，それを備えなかった以上，不利益を受けてもしかたがない，とする思想性である。

178 条の背景にある以上のような基本理論は，すでに述べた 177 条の場合と同一なので，もう一度その説明をふり返ってほしい（第 3 節 1（65頁以下））。

(2)　動産物権変動の問題点（特殊性）

不動産の公示方法＝対抗要件は「登記」であったが，動産においては，このような画一的方法を採ることは不可能である。動産には様々なものがあるし，帳簿上で捉えきれるものではないからである。そこで，最も簡明な「引渡し」(占有の移転)が動産の公示方法＝対抗要件とされたのである（なお，特殊な動産類については，「引渡し」に代わる対抗要件が認められている。143頁【特殊な動産の対抗要件】参照）。

この「引渡し」をめぐる問題の第1は，「引渡し」を対抗要件としても，「現実の引渡し」以外にも，いくつかの観念的な「引渡し」形態を認めざるをえず（後掲2(1)(b)(143頁）参照），したがって，そのような場合に，最も簡明なはずの「引渡し」がきわめて不明瞭な対抗要件（公示方法）とさえなっていることである。

第2は，このような不完全な「引渡し」による公示制度を，「公信の原則」(＝即時取得制度）が補っていることである。BがAから物（動産）を買って「引渡し」を受けたとしても，その物が他人Cの所有物であるとしてCから追奪されたのでは，取引の頻繁な動産取引社会は成り立たない。そこで，動産の公示方法である「占有」に公信力が与えられ，Aの「占有」を信じて取引

〔図①〕動産売買の2つの取引規範

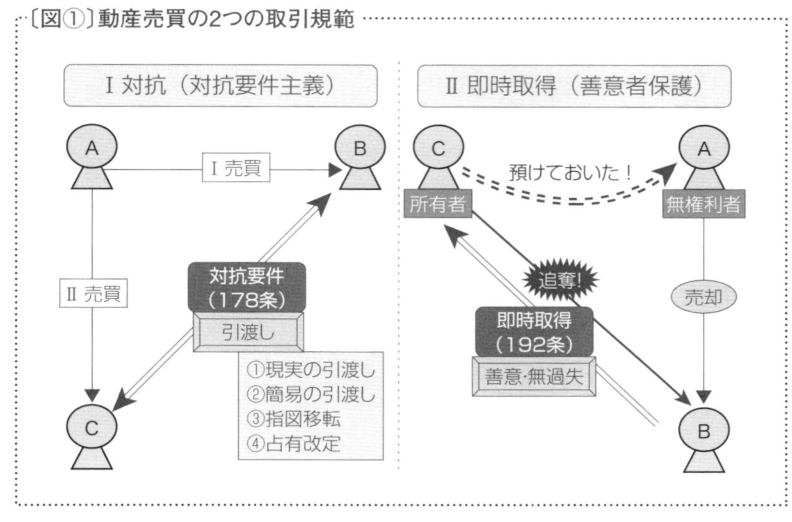

に入ったBは，Aがその物につき無権利者であったとしても，Bは有効に所有権が取得できるとされたのである（公信の原則）。この原則は，実際的に重要な機能を営み，動産取引の基本原則とさえなっている。

以上の2点が，動産物権変動の要点である。以下では，これらの点を中心に叙する。

2 「対抗」と動産物権変動

(1) 「引渡し」（対抗要件）の意義および方法

(a) 「対抗」要件としての「引渡し」　178条は，動産に関する物権の譲渡は，「動産の引渡しがなければ，第三者に対抗することができない」と規定する。動産の物権変動については，「引渡し」が対抗要件となる趣旨である。その「対抗」という意味については，不動産の場合と異なるところはないので，くり返さない（第3節2（68頁））。

【特殊な動産の対抗要件】　ただし，次の特殊な動産については，「引渡し」に代わる別の対抗要件が認められている。すなわち，──

(1) 登記・登録によって公示される動産　第1は，登記・登録制度が導入されている動産類については，それをもって対抗要件とされることである。船舶（商687条），自動車（道路運送車両5条1項，自抵5条），航空機（航空3条，航抵5条），建設機械（建抵5条），農業用動産（農動産2条・13条）などである。

(2) 証券に化体される動産　第2は，証券に化体される動産類で，証券の引渡しが効力発生要件とされるものについては，当然のことだが，その証券の引渡しが対抗要件となる。貨物引換証（商575条），倉庫証券（同604条），船荷証券（同776条）などである。

(b) 「引渡し」の態様　ところで，本来，対抗要件とは，物権変動の公示手段であるところにその意義があるのであるから，動産物権変動の場合，外部から認識できる現実の引渡しがその中心に描かれているはずである。しかし，動産の取引にあっては，売主から買ったが再び売主に預けておく場合や，賃借人が賃借物を賃貸人から買う場合など，現実の引渡しを要求しても，それら物権変動が必ずしも外部に明白となっているとはいえず，また，いたずらに取引関係を複雑にして不便をきたすだけである。

かくして，観念的な引渡しも，動産物権変動の対抗要件としての「引渡し」の中に包摂されることになる。したがって，178条でいう「引渡し」は，「占有権の譲渡」（182条─184条）の全態様を指すものと理解されるのである（第2編第1章第2節2(1)(188頁)参照）。「引渡し」には，以下の4つの態様がある。──

i　現実の引渡し　〔図②〕AからBへの動産の売買を例にとって考えると，現実の引渡しとは，改めて説明する必要もないが，Aが物（売買目的物）をBに現実に引き渡すことである（182条1項）。

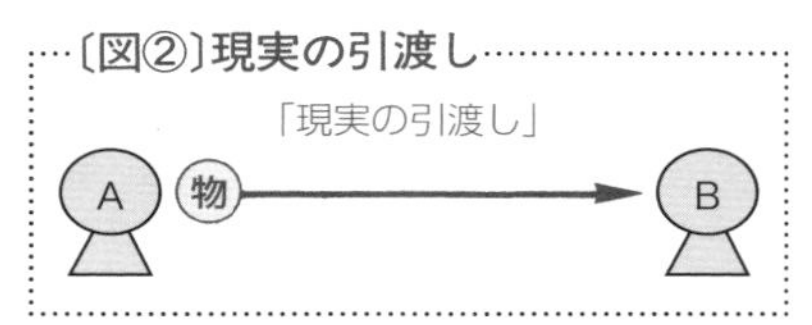

ii　簡易の引渡し　〔図③〕すでにBがその物を所持している場合には，AからBへの引渡しは，当事者の「意思表示」のみによってすることができる（182条2項）。BからAへ，そしてAからBへと現実の引渡しを繰り返さなくてもよいということである。

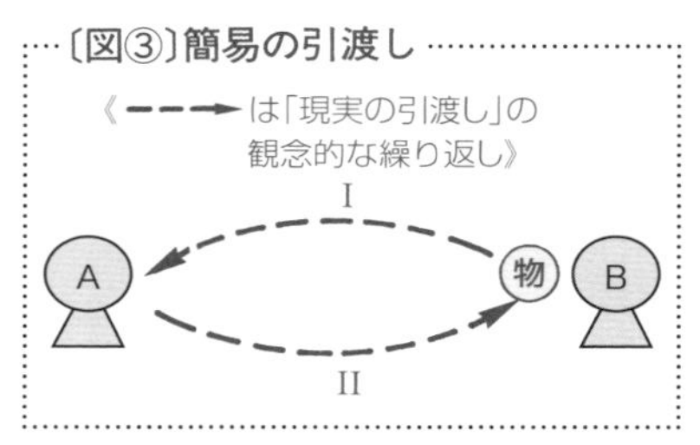

iii　指図による占有移転　〔図④〕目的物を他人（条文上は，本人Aの「代理人」）Cが保持している場合には，A（「本人」）からB（「第三者」）への引渡しは，AがCに対し，以後，その物をBのために占有せよと命じ，Bがこれを承諾することによってすることができる（184条）。これもまた，迂遠な現実の引渡しが繰り返されることを省略す

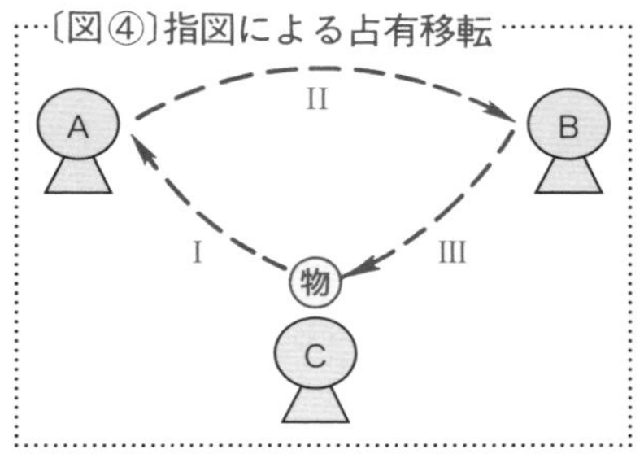

るものである

iv　占有改定　〔図⑤〕BがAから物を買ったが，すぐに占有を受けないで，売主Aに預けておく場合である。A（「代理人」）が，占有している物を，以後，B（「本人」）のために占有すべき意思を表示することによって，AからBへの引渡しがされる（183条）。

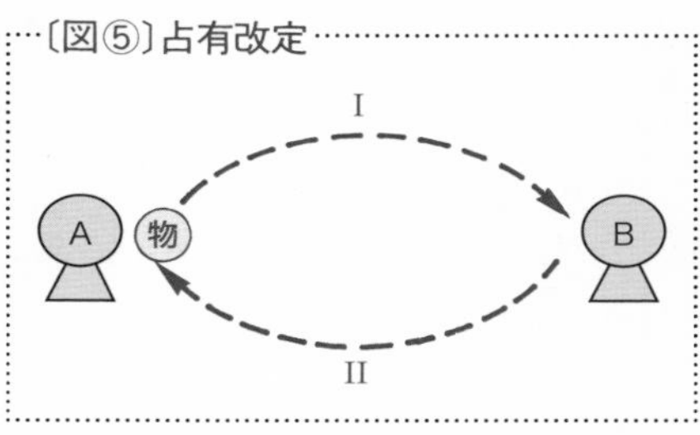

以上，動産物権変動の「引渡し」は，**i**の「現実の引渡し」が中心になっているが，それ以外の**ii**・**iii**・**iv**の3つの態様の引渡し（占有）も，いずれも「現実の引渡し」に還元できるゆえに，178 条の「引渡し」として承認されるのである。

【対抗要件としての占有改定の問題点】　占有改定も，確かに現実の引渡しに還元できるから 178 条の「引渡し」の一態様ではあるが，現実的には大きな問題がある。〔図⑥〕で，Aが物をBに売ったが，Bは占有改定によりAに預けておいたところ，Aがその預かり物をさらにC，Dに売却し，いずれも占有改定がされたときは，B・C・Dの関係はどうなるのか。

ここには，2つの問題点が混在している（詳細は後掲の各所で述べる）。①「占有改定は対抗要件となるか」という問題と，②「占有改定で即時取得ができるか」という問題である。

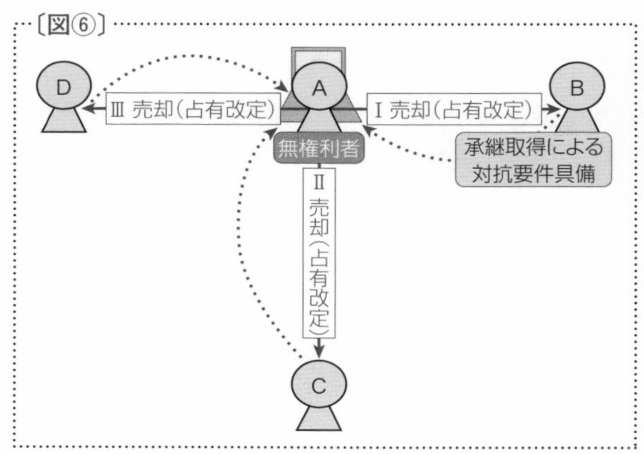

（*1*）　物権は意思表示によって移転する（意思主義）（176条）。したがって，B・C・Dは，いずれも意思表示

によって所有権を取得する（意思表示による二重譲渡の発生は不可避）。その際，占有改定は，上記のとおり，動産譲渡の対抗要件であるから，Bが先に占有改定を備えた以上は，第三者であるC・Dに対抗でき，Bが勝つことになる（承継取得による対抗要件具備）（178条）。

(*2*) 他方，占有改定により即時取得（192条）は可能か否か。学説は，別れる。

〔A〕肯定説　192条にいう「占有」に「占有改定」が含まれるのは論理的にも当然であるから，即時取得が可能であるとする。この説では，最後に占有改定を受けたDが勝つことになる。

〔B〕否定説　外観上占有状態に変更を来さない占有改定では，所有権の即時取得はできないとするのが，通説・判例（最判昭35・2・11民集14巻2号168頁）である。この説では，上記(*1*)の対抗要件具備による優劣とするか（対抗要件説），または，先に占有改定以外の「引渡し」を受けた者が勝つ（折衷説）がある（詳細は，後掲(3)(e) i（155頁以下））。

(2)「対抗することができない」の意味

(a)「対抗」の理論　178条は，176条の「意思表示による物権変動」を承ける「対抗」の規定であり，177条とまったく同じ位置づけである。したがって，物権変動理論，「対抗」問題など，基本的には前節で述べたことが当てはまる。

178条にいう「第三者」の範囲や，177条で問題となった背信的悪意者についても，不動産の場合（177条）と同一に考えてよい。判例は，ここでも，動産物権変動につき「引渡の欠缺を主張するについて正当な利益，もしくは正当な法律上の利害関係を有する第三者」に対してのみ引渡しを要するとしている（大判大8·10·16民録25輯1824頁，大判大14・12・25新聞2535号9頁）。これに対する学説の状況も177条の場合と同様である（第3節**3**(1)(b)（75頁以下）参照）。

なお，動産の物権変動といっても，実際上は，動産所有権の「譲渡」だけが問題となる（先取特権は対抗関係に親しまない物権であり，占有権・留置権・質権では，対抗要件そのものが成立・存続要件だからである）。

(b) 間接占有下にある動産の譲渡と「対抗」　動産の物権変動において特に問題となるのは，他人の下に置いておいた動産を譲渡する場合である。例えば，〔図⑦〕で，AがBに賃貸または寄託している動産をCに譲渡し，CがBにその動産の引渡しを請求する場合に，Cは，それ以前において対抗要件としての引渡し（指図による占有移転）を受けていることが必要かどうか，である。

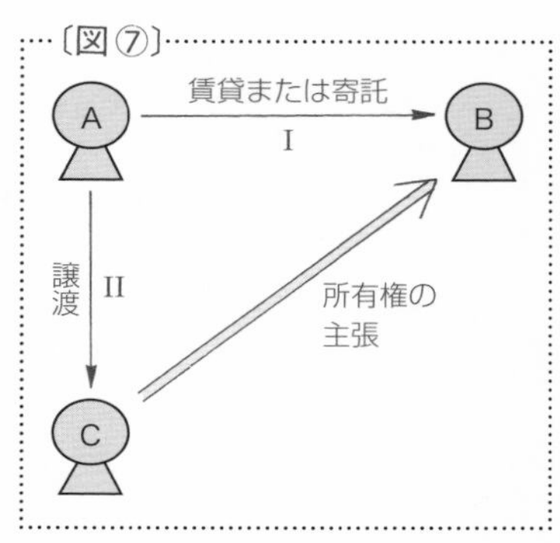

判例は，賃貸借の場合と寄託の場合との取扱いを分け，賃貸借の場合には上記の対抗要件を要するが，寄託の場合には不要としているので，両者の場合を個別的に考えてみよう。

i　賃貸借の場合　〔図⑧〕前掲大判大8·10·16。Bは，Aから賃借していた動産をAの承諾を得ないでCに転貸したが，その後，Aからその動産を買い受けたDが，Cに対し返還を請求した。上記判例は，B→Cへの無断転貸は契約解除原因に止まり不法占拠ではないとした上で，Dが動産物権変動の対抗要件（指図による占有移転）を受けていない以上は，その所有権取得をもってCに対抗することができない，とした（大判大4·4·27民録21輯590頁も同旨）。

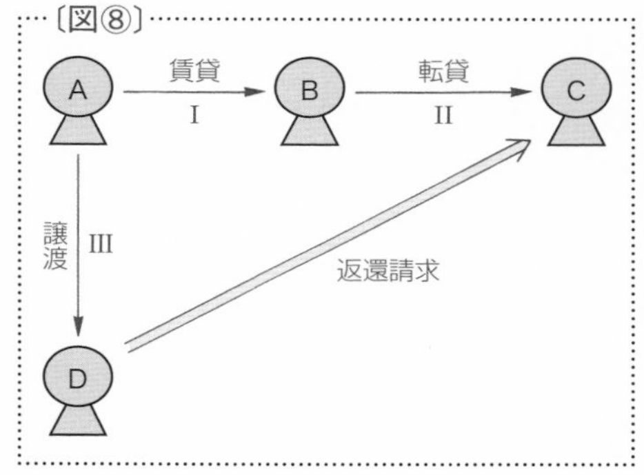

多数の学説は，このような判例の態度を是認するが（我妻196頁，末川163頁など），DとBまたはCとの関係においては「対抗」問題は生じていないゆえに，Dは対抗要件（指図による占有移転）を要しないと解する少数説もある（舟橋227頁）。

私は，動産法の場合には基本的には上記の少数説が妥当であると思う。けだし，賃借人Bと新所有者Dとの間には，「対抗」問題は生じていない。不動産法において賃借人が新所有者に対して「対抗」関係に立ち得るのは，賃借権を登記することによって物権に対する対抗力が認められるか（605条），または特別法上の対抗要件具備によって対抗力を有する（賃借権の物権化）からであり，その限りにおいて，両者は「対抗」関係に立つのである。しかし，動産法においては，前者の意味での対抗力も，後者の意味での物権化による対抗力も，認められていないのである（したがって，森泉109頁は正当ではない）。そして，確かに，B・Cは，誰に返還するかにつき重大な利害関係を有するものではあるが（我妻＝有泉196頁参照），しかし，そのこと自体は所有者決定（認定）の問題であって，対抗要件（すなわち，あらかじめされるところの，指図による占有移転）がその際の唯一の基準となるべき問題でもないわけである。要は，所有者さえ確認できればよいことである。

【指図による占有移転と契約関係の承認】　前掲〔図⑦〕において，AからCへ指図による占有移転が行われた場合に，CがBに所有権を主張できることは当然だが，反対に，Bも，そのことによって，Aに対する賃借・寄託の契約関係を，新所有者であるCに主張できるであろうか。

〔A〕 肯定説　指図による占有移転（184条）というのは，Bが従来どおりの地位で目的物を直接占有することを，AとCとが承諾したのだと解すべきであるとする（鈴木132-133頁，我妻『債権各論・中巻(1)』453頁。我妻=有泉192頁では，この見解維持に若干動揺がある）。

〔B〕 否定説　Bの主張を認めるとすると，Bは，新所有者Cに対して常に自己の賃借権（契約関係）を対抗できることになって「売買は賃貸借を破る」の原則に悖るから，妥当ではないとする（舟橋222頁，広中172頁，森泉108頁など通説である）。

動産賃借権は，対抗要件を備えることができない（したがって，対抗要件的保護を受けることができない）。指図による占有移転とは，動産の移転についての対抗要件にすぎず，そのことをもってAおよびCの賃貸・寄託の承認と見ることは乖離であろう。〔B〕説が妥当である。

ii　寄託の場合　AがBに預けている動産を，そのままでCに売却した場合の問題である（前掲〔図⑦〕参照）。

判例は，上記**i**の賃貸借の場合とは異なり，単に寄託者のために物を保管する者（受寄者）のごときは，返還の時期を定めたると否とを問わず請求次第いつでも返還義務を負担するので（662条参照），受寄物につき何らの利害関係を有しないゆえに，引渡しの欠缺を主張する正当の利益を有する者ではない，と

する（大判明36・3・5民録9輯234頁，大判昭13・7・9民集17巻1409頁，最判昭29・8・31民集8巻8号1567頁）。

> **【寄託した動産の売買と対抗要件】**　前掲大判昭13・7・9。AはBの動産を競落したが，持ち運びが困難だったため，その動産をBに寄託しておいた。その後，Aはこの寄託動産をCに売却したが，C（原告）は，「指図による占有移転」を経ないまま，B（被告）に対して所有権に基づく引渡しを求めた。原審では，Cの勝訴。Bからの上告。
>
> 上告棄却。「単に物の寄託を受け，之を寄託者の為に保管する者の如きは，返還の時期を定めたると否とを問はず，請求次第何時にても之が返還を為すべき義務を負担するが故に，受寄物に付所有権を取得したる者に対し，之が引渡の欠缺を主張する正当の利益を有するものに非ざれば，民法第178条に所謂第三者に該当せざるものとす」。

これについても，前掲多数説は，賃貸借と寄託の場合とを区別すべき理由はない（662条と対抗要件とは別である）とし，対抗要件を必要とすべきだと解している。

しかし，寄託の場合でも，前記 **i** の賃貸借の場合と同様，B・C間には「対抗」問題は生じていないので，対抗要件たる引渡し（指図による占有移転）は必要なしと考えるべきである（基本的には，前 **i** で述べたことが，ここにも妥当する）。さらに，新所有者CはAの地位を受け継いでいるものと考えるならば，662条を基礎として判断している判例は，決して不当ではないであろう。

以上のように，賃貸借および寄託の場合を通して，引渡し（指図による占有移転）を要しないとする説が正当である。

3　即時取得制度 ── 動産取引における公信主義

(1)　即時取得とはどのような制度か

動産物権の存在・変動の公示方法は「占有」（引渡し）であるが，しかし，必ずしも，「占有」があるところに「権利」が存在しているとは限らない。例えば，Aが物（動産）をBに売った場合に，通常はその物はAの所有物であろ

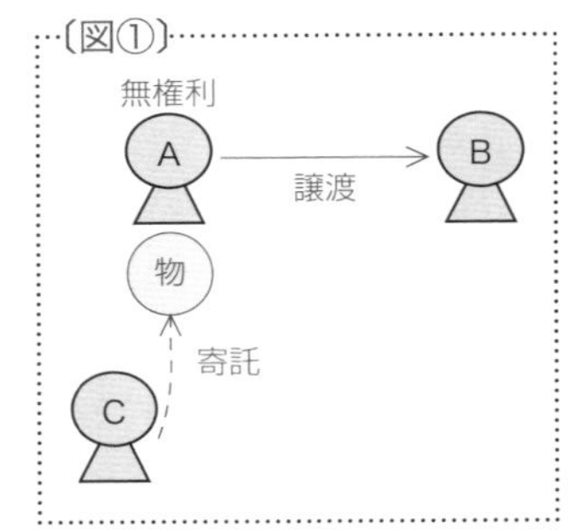

うが，しかし，Aが真の所有者Cから預かっていた物を売ってしまったということもあろう（〔図①〕参照）。さらに，現実の取引過程では，無権利であることをA自身が知らない場合も少なくない。したがって，通常，買主Bは，売主Aが権利者なのか否かは，ほとんど知る由もないのである。

本来，権利の取得は，権利者から受け継ぐことによって成立し，無権利者から権利を取得することはできない，というのが近代法の前提である（67頁【「無権利法理」と「第三者保護」の理論】参照）。そして，上記の場合に，原則どおりに，買主Bが権利を取得できないとするならば，およそ動産取引は混乱をきたし，法的安定性を阻害することは，想像を俟つまでもない。そこで，動産の占有者Aの「占有」状態を信頼してその動産を譲り受けた者Bは，たとえ占有者Aが無権利者であっても，有効に権利を取得できるとする制度が必要とされてくる。これが，動産取引法における「公信の原則」であり，通常，「即時取得」または「善意取得」制度といわれている。我われが，店などの流通過程において安心して物を買うことができるのも，この制度が存在するからである。

【追及権制限的構成から所有権取得的構成へ（公信原則への転化）】　即時取得制度は，沿革的には，ゲルマン法の Hand wahre Hand（手は手を守る）の原則に由来する。この原則は，「他人を信頼して動産の占有を与えた者は，その信頼を与えた相手方にだけその動産の返還を追及できる」（例外として，侵奪された物，および遺失した物については，第三者に対しても無限に追及できた），とするものである。フランス固有法にあっても，「動産は追及を許さず」という原則の下に，ほぼ同様の結果が認められていた。ここにあっては，追及権の制限という構成が制度の基本であり，追及権が及ばないことの反射として，第三者の権利取得が認められたにすぎない。

この制度が，近代法の中に組み入れられたとき，「公示」制度に対する信頼を基礎に「公信の原則」へと発展し，その法的構造自体も，「所有権の取得」構成へと転化した。すなわち，動産の公示制度たる「占有」を信頼したことによる権利の取得である。公信の原則とは，法定の公示を信頼した者はたとえそれに実体的権利が伴わなくても有効に権利を取得する，という権利取得制度であり，ドイツ民法932条1項前段*，わが民法192条は，共にこのような所有権取得的構成となっている（歴史的沿革については，川島250頁以下，安永正昭「動産の善意取得制度についての一考察」法学論叢88巻4・5・6号272頁以下）。

他方において，わが民法は，外観を信頼した者は一定の場合に保護されるという制度を用意している。94条2項，96条3項，110条などの外観信頼保護ないし善意者保護制度がそれである。これらは，一定の事情が存在するために，真の権利者の権利行使が否定される（権利行使の制限）制度であるが，その法的構造は，真の権利者が権利行使を否定される結果，その反射として，善意者の権利取得が認められるというものである。それゆえ，これらの制度は，公信の原則による制度ではないのである（ただし，制限的に公信的な機能を営むことはいうまでもない）。制度の異同に注意しなければならない。

＊　**ドイツ即時取得制度**　日本民法192条は，後述のとおり表現が曖昧であるが，ドイツ民法の規定は明瞭である。すなわち，「929条〔現実の引渡し〕に従ってした譲渡によって，取得者は，物が譲渡人に属さない場合であっても，所有権を取得する。ただし，取得者が所有権を取得すべかりし当時，善意でないときはこの限りでない」（932条1項前段）。

(2)　即時取得の要件

「取引行為によって，平穏に，かつ，公然と動産の占有を始めた者は，善意であり，かつ，過失がないときは，即時にその動産について行使する権利を取得する」（192条）とは，〔図②〕で，Aから動産を取引行為によって取得して，平穏かつ公然に占有を始めた買主Bは，その動産がAの所有物でなかったとしても（図では，Pの所有物），そのことを知らず（善意）かつ知らなかったことに過失がなかった（無過失）と

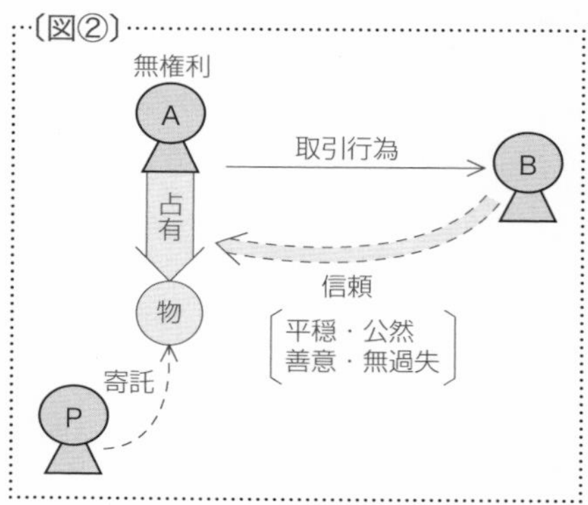

きは，その動産の所有権を即時に取得する，ということである。

(a) 動産であること　通常の「動産」であれば即時取得の対象となるが，不動産の従物，財団を組成する個々の動産なども，対象となる。

問題は，自動車である。自動車は，道路運送車両法により，陸運局に存する「自動車登録ファイル」に登録を受けたものでなければ，運行の用に供することができない（道路運送車輌4条）。そして，その所有権の得喪変更およびその抵当権の得喪変更については，この登録制度により，公示制度が完備されているのである（同5条1項，自抵5条1項）。このように，公示制度が完備されているものについては，192条の即時取得制度は適用がない（最判昭62・4・24判時1243号24頁）。それゆえ，登記・登録制度の完備された動産類（建設機械，船舶，航空機など）についても，同様に，192条の適用がないと解すべきである。

しかし，未登録または登録抹消された自動車については，192条の適用の余地はあろう（登録抹消された自動車につき，最判昭45・12・4民集24巻13号1987頁は成立を肯定）。

【自動車の場合の特殊性】　自動車を割賦払いで購入する場合は，所有権留保付売買が普通である。その場合，「車検証」の「所有者」の欄には販売店Aの名が記され，購入者Bは「使用者」の欄に記入されるので，Bから第三者Cへの転売またはBの債権者Cの差押えということは，あまり問題とはならない。

しかし，その場合において，「所有者」の欄にBの名が記されたときはどうであろうか。所有権者Aと第三者C（転得者ないし差押債権者）との関係が問題となろう。第三者Cを保護する方法は3つある。――

〔A〕 担保権的構成　所有権留保につき担保権的構成をとるならば，Bは，実質的な所有者であるから（Aは担保権者にすぎない），第三者Cに有効に売却できる。その際，Cが背信的悪意者ならば排除される。

〔B〕 所有権的構成　所有権留保につき所有権的構成をとる場合，Aは所有権者，Bは，使用者にすぎないから譲渡に関しては無権利者ということになる。そこで，2つの法理論が可能である。

ⓐ 192条適用（類推適用）説　他人の物を売却した場合として，即時取得の適用を認める考え方である（我妻=有泉216頁参照）。

ⓑ 94条2項類推適用説　「所有者」欄への記入は虚偽仮装に当たるこ

とから，94条2項を類推適用しようとする説である。

まず，所有権留保の法的構成（【Ⅲ】337頁参照）から考えるべきかどうかであるが，その問題は，留保買主の保護のための構成理論であり，ここで問題となっているのは，事情を知らない第三者Cをいかに保護すべきかであるから，その法的構成などにとらわれる必要はない。そこで，実質的に考えると（安永『昭62年度重判』72頁参照），自動車の登録制度は，まさに不動産の登記制度と同じく，あるいはそれ以上に完璧に整備されているため，この制度の下では原則的に192条の適用がないものと考えるべきである。したがって，94条2項で対応する〔B〕ⓑ説が正当であると考える。

(b) 前主が無権利者であること　前主が無権利者であることが前提となる。したがって，前主が制限能力者または無権代理人であった場合に，それを能力者または代理人であると信じても，本条の適用はないと解さなければならない（縮小解釈）。本条は，物権取引における権利の瑕疵に関する規定であって，法律行為上の行為能力や権限の欠缺を治癒する規定ではないからである（後掲(3)(b)（160頁）参照）。

(c) 取引行為の介在（取引による占有の承継）　即時取得が取引の安全を保護する制度であることから，「取引」行為によって占有を承継しなければならない。したがって，原始取得や包括承継による場合は，本条の適用はない。また，長年にわたって他人の山林を自己の山林であると誤信し，そこに生立する雑草木を採取していた場合でも，本条は適用されない（大判大4・5・20民録21輯730頁）。

取引行為とは，売買，代物弁済，弁済，質権設定，強制競売などであるが，「贈与」が取引行為に当たるか否かは問題である。

【贈与は取引行為か】　贈与は，「契約」（549条）であることから，一般に，取引行為だと解されている。しかし，「取引」行為というのは，取引市場において，両者が対価性（対価的牽連関係）に立つものでなければならない。

もとより，贈与といえども，完全な一方的財貨の付与というわけではなく，受贈者への恩義・感謝等，それまでの目に見えない対価関係が存するものであるが，しかし，これらの要素は，近代法への取り込みにあたっては無視され，一方的な財貨付与（すなわち，無償行為）という構成になったのである（来栖三郎『契約法』245頁以下）。それゆえ，近代取引社会における対価性が認められない以上，贈与は，「取引行為」には当たらず，即時取得の適用の基礎行為とはなりえないものと解すべきである（なお，後掲(4)(160頁)参照）。

では，負担付贈与はどうか。負担付贈与は確かに双務契約に関する規定が準用されるが（553条），しかし，「負担」は，法的には「対価」ではなく，義務の一種であって，市場的原理によって規定されるものではないから，やはり取引行為には当たらないと解すべきである。

(d) 占有に対する信頼＝平穏・公然・善意・無過失　即時取得は，前主Ａの占有に対する信頼を保護する制度であり，それを信頼して取引をした買主Ｂは，平穏・公然・善意・無過失を条件として保護される（〔図②〕参照)。このうち，——

i　平穏・公然・善意の推定　まず，Ｂは，通常の有効な取引行為によって占有を取得（承継取得）すれば，善意・平穏・公然は推定される（186条1項）。

ii　適法性→無過失の推定　次に，占有者Ａは，占有物の上に行使する権利を適法に有するものと推定される（188条）以上，その譲受人である占有取得者Ｂは，「無過失」も推定される（最判昭41・6・9民集20巻5号1011頁）。したがって，この場合は，Ｃが，Ｂの無過失でないことを立証しなければならない。

【無過失の推定】　前掲最判昭41・6・9。簡単にすると，Ａ（原告）は小型船舶を所有権留保付でＢに売り渡したが，Ｂは残代金未払いのところ，Ｂの債権者Ｃがその船舶に強制執行をかけ，競落人からＤ（被告）が買い受けたという事案である。原審は，競売手続に過失があり無効とするＡの主張を排斥。Ｄの勝訴。

「上記法条〔192条〕にいう『過失なきとき』とは，物の譲渡人である占有者が権利者たる外観を有しているため，その譲受人が譲渡人にこの外観に対応する権利があるものと誤信し，かつこのように信ずるについての過失のないことを意味するものであるが，およそ占有者が占有物の上に行使する権利はこれを適法に有するものと推定される以上(民法188条)譲受人たる占有取得者が上記のように信ずるについては過失のないものと推定され，占有取得者自身において過失のないことを立証することを要しないものと解すべきである」。

(e) 占有の取得　192条は「占有を始めた」とし，その占有の取得態様を明確にしていない。「現実の引渡し」が中心に描かれていることはいうまでもないが，「簡易の引渡し」もこれに含ませてよい。問題は，「占有改定」と「指図による占有移転」の場合である。分けて考えよう。──

i　占有改定によって即時取得は成立するか？　〔図③〕占有改定（183条）とは，例えば，BがAから買った動産をそのまま売主Aに預けておくという形態であるから，外部の第三者Cにとっては，Aの所有物であると思って取引したところ，いきなり隠れた真の所有者Bが出現することは脅威である。それゆえ，各国では，占有改定による即時取得を，明文をもって禁止するか（ドイツ），または解釈によってこれを否定しているのである（フランス）。

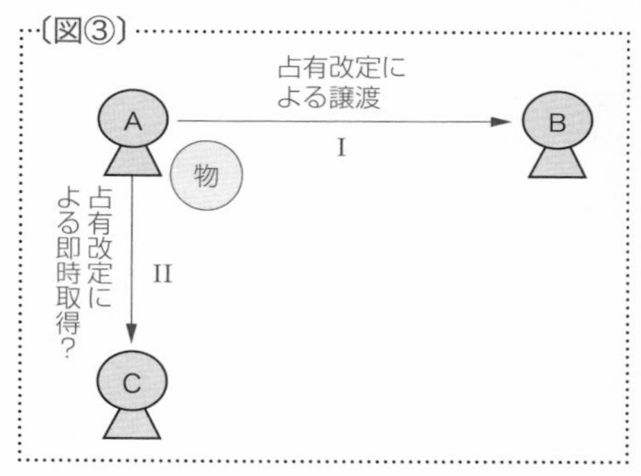

しかし，わが国の学説は，次に見るように肯否対立している。そこで，〔図③〕で，Aが，Bに動産を占有改定により売却した後，さらにその同一動産をCにも占有改定により売却したとする事例で考えよう。ただし，この問題は，すでに指摘したように，第1次的には，Bは，占有改定による対抗要件を備えた以上，Cに対抗できることになるが，実質的には動産の二重譲渡とも考えられるため（→Cの後からの占有改定が可能であると考えて），第2次的には，Cは占有改定によって即時取得するか否かの問題となる（145頁【対抗要件としての占有改定の問題点】参照）。

〔A〕　肯定説　占有改定による即時取得を認めるものである。近代的な即時取得は，沿革から脱却し，Aの占有を信頼したCが保護される制度，すなわちAの占有の公信力によってCの権利取得が認められる制度であり，Cの取得した占有の効力としてそれが認められるものではない。ドイツ民法933条（占有改定による即時取得を認めない）のような規定のない以上，「占有」の態様は問題とならない，とする（末弘267頁，我妻〔旧我妻説〕『民法研究Ⅲ』147頁以下，松坂62頁，柚木馨『判例物権法総論』389頁以下）。

しかし，その理論構成からすると，前主の「占有」に対する信頼（公信力）の効果として権利取得をするのであるから，Cはみずから占有自体を取得することすら必要ではないであろう。

〔B〕　否定説　対抗要件としての「引渡し」（178条。占有改定をも含む）と権利取得の要件としての「占有」（192条）とは分けて考えるべきであり，外観上の変更をきたさない占有改定では即時取得の要件を満たさない，とする（末川235頁，舟橋245頁以下，好美清光「即時取得と占有改定」一橋論叢41巻2号90頁以下など，通説と言えよう）。沿革的・比較法的にも，根拠を有している（川島251頁以下参照）。判例もこの立場である（大判大5・5・16民録22輯961頁，最判昭32・12・27民集11巻14号2485頁，最判昭35・2・11民集14巻2号168頁）。占有改定による即時取得の成立を否定する以上は，〔図③〕の二重譲渡の例では，第1買主Bの対抗要件が機能し，Bが優先することになる。私はこの説が正当と思うが，ただ，後に説明するように，「譲渡担保」の場合はこの問題から排除して考えるべきである（後掲〔E〕説（158頁）参照）。

【占有改定では即時取得は成立しない】　〔図④〕前掲最判昭35・2・11。村落有志Aらの共有物である水車発電機一式を有志の1人Bが買い受けることになったが，Bは，残代金を支払わないうちに，Cとその水車売買契約を結び，Cは代金全額を支払った。しかし，Bが残金をAらに支払わないため，Aから契約を解除され，Aらはその動産をD会社（被告）に売却し，Dはそれを他所に運んでしまった。A・Dを共同被告とする，C（原告）からの即時取得の主張。1・2審とも，A・D側の勝訴。Cからの上告。

上告棄却。「無権利者から動産の譲渡を受けた場合において，譲受人が民法192条によりその所有権を取得しうるためには，一般外観上従来の占有状態に変更を生ずるがごとき占有を取得することを要し，かかる状態に一般外観上変更を来さないいわゆる占有改定の方法による取得をもっ

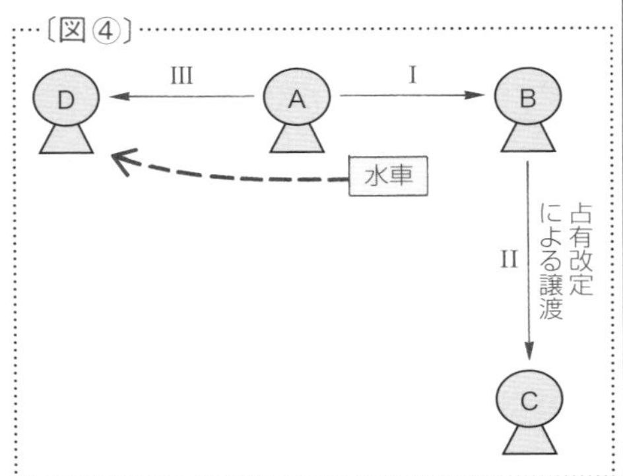

ては足らないものといわなければならない」。

【〔A〕肯定説と〔B〕否定説との相違点】　以下の点は，肯定説の理論から導かれる結論であるが，否定説に立つと，そのような不合理性は回避することができよう。

前掲〔図③〕の例を少し変え，AがPから預っていた動産を，Bに占有改定により売却したとしよう。まず，P・A・Bの関係で，PがAに物の返還を請求したとき，〔A〕説によると，AはBが権利取得したことを理由に，それを拒むことができ，さらに，Pが返還を受けた後でも，Bは，Pに対して物の引渡しを請求することができることになる。

次に，A→B，A→Cと二重に占有改定による譲渡がされた場合には，〔A〕説だと常に後に出現した者Cが所有権を取得する。それゆえ，Bが現実の引渡を受けたときでも，CはBに対し，物の引渡しを請求することができることになる。

〔C〕　折衷説　肯定説を基盤として，占有改定により即時取得を認めるが，その権利取得は確定的ではなく，後に現実の引渡しを受けた時に ── その時に悪意であっても ── 確定的となる，とする（我妻=有泉223頁以下，鈴木147頁以下，同『抵当制度の研究』415頁。田井ほか94頁〔田井〕，内田470頁。否定説を基盤として，田中整爾「占有改定と即時取得」『民法の判例〔第3版〕』76頁）。結論的には，〔B〕否定説にほぼ近いものである。

【〔B〕否定説と〔C〕折衷説との相違点】　両説には，以下の相違点が見られる。──

(1)　**善意・無過失の基準点**　〔B〕説では，現実の引渡時に取得者の善意・無過失を要するが，〔C〕説では，占有改定時にそれが判断され，引渡時には悪意でもよい，とする。

(2)　**二重譲渡（占有改定）の所有権帰属**　前掲〔図③〕で，〔B〕説では，所有権は第1買主Bにあることになるが，〔C〕説では，相互に未確定の状態にあるので，現実の引渡しがない以上は所有権を主張できず，先に訴え出た方が敗訴することになる。

〔D〕　類型論　占有改定と即時取得が問題となるケースを類型別に見ると，その大半が二重譲渡担保の場合である（〔図③〕のB・Cを譲渡担保権者として考えよ）。それゆえ，二重譲渡担保の場合を特殊的に扱い，この類型以外は否定説の立場をとる。二重譲渡担保の処理については，次のように，説が分かれる。——

ⓐ 広中説　Cは，現実の引渡しを受けても第2順位の譲渡担保権者として扱う（ただし，Cが引渡しを受けた時点で善意・無過失ならば，第1順位として扱う余地を残す）（広中192頁）。

ⓑ 槙説　B・Cは共に同順位の関係に立ち，善意で現実の引渡しを受けた時に優先権を取得するとする（槙128頁，同「即時取得」『民法講座2』324頁以下）。

〔E〕 私見　私は，さきに触れたように，基本的には，占有改定によって即時取得は成立しないものと考える（〔B〕否定説）。確かに，近代的即時取得制度は，占有に対する信頼（占有の公信力）の効果として発生する構造であることは否めない。しかし，そのことを強調するあまり，信頼＝公信さえ認められれば占有の態様を問わないとするのは極論である。ドイツ法・フランス法でも，現実の引渡しを要求している。192条では，権利取得の基礎として取得者の「占有」が要件とされているのであり，この「占有」は信頼保護の基礎（要件）としての一定の資格ないし事実にほかならない。だとすると，このような保護資格のためには，外観上の変更をきたさない占有改定では足りないというべきである。

ところで，この問題を生じさせた大きな契機は，譲渡担保の承認である（『注民(7)』117頁〔好美〕，鈴木・前掲『抵当制度の研究』415頁以下参照）。譲渡担保は，現行民法体系では認めていない「動産抵当」（権利移転型担保）であって，これを現体系の下に承認・包摂しようとするなら，形式上は「占有改定による成立」（質権＋占有改定=→345条違反）とならざるをえない。しかし，この問題性が等閑視されたからこそ，現体系の下で譲渡担保が承認され得たのである。しからば，譲渡担保の設定については，占有改定（の対抗要件性）の問題を持ち出すことは妥当ではなく，単純に，「動産抵当」（担保権）の設定と考えるべきなのである。そして，「占有改定と即時取得」の問題においては，「譲渡担保」の場合を切断して考えられなければならない（詳細は，近江「占有改定と即時取得」『民法の基本判例〔第2版〕』68頁，【Ⅲ】325頁参照）。

では，二重に譲渡担保が設定された場合の優先関係はどうなるか。譲渡担保は，上記のように，「動産抵当」であって，これは，対抗要件を有しない物権である（占有改定は対抗要件とはならない）。したがって，現実の引渡しを要求すること（前掲ⓑ槇説）などはおかしい。そこで，物権法の一般原則に戻り，設定の順序によって優先順位が定まると解すべきである（前掲ⓐ広中説）。ただし，後順位者Ｃが，先順位者Ｂの譲渡担保権の存在につき善意・無過失の場合には、第１順位の譲渡担保権を即時取得するか否かの問題は生じよう（広中192 頁，米倉明『民法学 3』193 頁以下参照）。

【譲渡担保の法的構成と二重譲渡担保】　譲渡担保権が二重に設定された場合，その優劣関係をどう捉えるかは，譲渡担保の法的構成に左右される（詳細は，【Ⅲ】329 頁以下）。

まず，所有権的構成説では，譲渡担保の多重的設定・存在ということは理論的にありえないから，二重に譲渡担保契約が締結された場合には，占有改定に対抗力を認める考え方（前掲〔Ａ〕肯定説）に立てば，常に後順位者Ｃが勝ち，反対に，それを認めない考え方（前掲〔Ｂ〕否定説）では，先順位者Ｂが勝つことになろう。

これに対して，担保権的構成説では，担保権の設定なのであるから，多重的な担保権の設定は理論的にありうることになる（目的物の所有権は，依然，設定者Ａに帰属）。その場合の優劣関係については，占有改定により決定すべきだとする考え方もあるが，しかし，本文で述べたように，占有改定を持ち出すべきでないから，対抗要件をもたない物権の優劣関係として，設定の順序によるべきだと考える。

ii　指図による占有移転と即時取得　即時取得の成立の要件として「指図による占有移転」が問題となるのは，〔図⑤〕のように，ＡがＰから預かった物（通常は，ＡはＰから預かった物とは知らない場合が多い）をＺに寄託しておき，そのままの形でその物をＢに

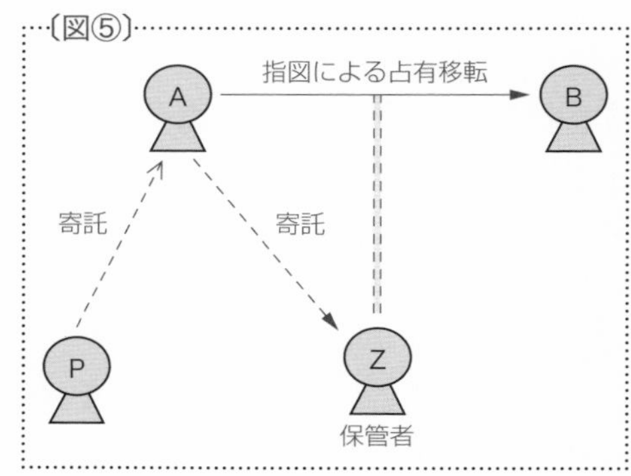

売却し，指図による占有移転をしたという場合である。占有の譲渡が観念的であることは，占有改定の場合と同様である。

しかし，占有改定の場合と異なり，指図による占有移転は，「代理人」Zへの意思表示（占有者の変更の伝達）を介して動産物権変動の公示・対抗要件としているのだから，占有状態に変化をきたすものである。したがって，これによって即時取得が成立するものと解してよい（同旨，舟橋247頁）。

(3)　即時取得の効果

(a) 取得される権利　即時取得によって取得される権利は，所有権と質権であるが，特殊的に，先取特権が取得されることがある（319条。その取得方法については，【Ⅲ】55頁参照）。

(b) 無権利性の補完　即時取得は，前主Aの無権利性を補完するもの，すなわち取得者Bの取引行為を法律上正当化させるものである。したがって，A・B間の取引行為自体に瑕疵がある場合（例えば，Aが制限能力者であったり，錯誤が存するなどの場合），たとえBが瑕疵の不存在を信じたとしても，192条の適用により有効とされることはない（前掲(2)(b)（153頁）参照）。

(c) 原始取得的効果　即時取得によるBの権利取得は，原始取得である。また，即時取得の成立により，Bが権利取得することの反射として，原権利者Pは権利を失う。

(4)　無償行為による即時取得は

さきに，BがAから物の贈与（＝無償行為）を受けた場合に，即時取得は成立するか，という問題があった（(2)(c)（153頁）参照）。学説は，この問題設定を肯定した上で，取得者Bは，原権利者Pに対して不当利得返還義務を負うか否か，という議論をする。そして，あるいは，即時取得は703条の「法律上の原因」に当たるから不当利得は発生しないとし（否定説），あるいは，原権利者に対して取得原因を対抗できないから不当利得返還を負うとする（肯定説）。

しかし，詳述したように，無償行為（贈与）は，そもそも，取引市場における対価性が認められないのであるから，192条適用の基礎としての「取引行為」には当たらないものと解するのが正当である（153頁【贈与は取引行為か】参照）。無償行為（贈与）の場合は，即時取得それ自体が成立しないものと解すべきである。

(5) 即時取得の制限 ── 盗品・遺失物に関する特則

(a) 盗品・遺失物の回復請求権　即時取得の対象となる物（動産）が盗品または遺失物の場合，例えば，Ｐの所有物をＡが盗んでＢに売却したとか，ＡがＰの所有物を拾得してＢに売却した場合に，被害者または遺失主Ｐ（原権利者）は，盗難または遺失の時より２年間は，占有者Ｂに対して，その物を回復する請求権を有する*（193条）。この２年間は，除斥期間と解される。

i　所有権の帰属　それでは，この２年間の所有権は，占有者・原所有者のいずれに帰属するのであろうか。

〔A〕 取得者帰属説　192条によって取得者Ｂは所有権を取得するが，盗品・遺失物の場合には，原所有者が回復請求できると解する（末弘272頁，舟橋254頁，我妻＝有泉232頁，川井99頁）。この立場では，回復請求権は，193条によって認められる特別の権利（盗難・遺失時の本権関係を復活させる請求権）となる。

〔B〕 原所有者帰属説　盗品・遺失物の場合に限って，２年間は即時取得の効果は生ぜず，所有権は原所有者Ｐにとどまるとする（大判昭4・12・11民集8巻923頁。広中199頁，石田147頁，内田472頁）。したがって，回復請求権は，所有権に基づく返還請求権ということになろう。

194条では，公の市場という限定はあるにせよ，原所有者Ｐは代価を弁償しなければ回復できないとされるが，本来，所有者であれば，物権的返還請求権（追及効）を有するのであるから，このような代価の弁償は必要ないはずであろう。また，２年間は即時取得の効果が生じないというのも，「即時」取得という制度の趣旨からするとおかしい。したがって，〔A〕説が妥当であろう。こうすると，Ｂが破産した場合，原権利者Ｐに取戻権（破62条）が認められず不合理だとする批判もあろうが，しかし，希な事象を念頭に置いて理論立てすることは筋違いであるし，またその場合に，Ａに取戻権が認められればいいという問題でもないであろう（我妻＝有泉232頁は，それを否定すべきだとする）。

＊　**制限的公信主義**　このように，わが国においては，即時取得制度が完全に貫徹されているわけではない。わが国の即時取得制度が「制限的公信主義」といわれるゆえんである。

ii　請求の相手方　回復請求の相手方は，192条によって即時取得を主張する「占有者」であって（したがって，転得者も含まれる），盗人または拾得者から直接取得した者に限らない。

(b) 代価の弁償　上記のように，盗品・遺失物については，原権利者は，2年間無償で回復することができるが，その際，取得者が，「競売もしくは公の市場」で，または「その物と同種の物を販売する商人」から買い受けたときは，原権利者は，取得者が支払った代価を弁償しなければ，その物を回復できない（194条）。この規定をめぐって，いくつかの問題がある。

i　代価弁償請求の機能と性質　取得者は，原権利者から代価弁償を受けるまでは，目的物の返還に応じる必要はない。これは，代価弁償を受けるまで目的物の返還を拒絶（＝留置）することができるということであるから，原権利者の代価弁償と取得者の返還義務とは同時履行の関係に立つ。それゆえ，取得者の代価弁償の請求は，通常は，抗弁権的に作用（＝留置的作用）することは疑いない。

そこから，判例はかつてこの請求を抗弁権と解していた（抗弁権説）（前掲大判昭和4・12・11）。これに対して，学説は，ほぼ一致してこの請求を実体法上の請求権と解していた（請求権説）。

この問題は，代価弁償がないときに取得者が物を返還した場合，取得者は，原権利者に対してその代価弁償を請求できるかというケースで，違いが鮮明になる。この事案で，近時，判例（後掲最判平12・6・27）は，物の返還後においてもなお代価の弁償を請求できるとして請求権説に立ち，前掲大審院判例を変更した。

ii　取得者は「使用利益」を返還すべきか　取得者は，目的物を返還する場合に，それまで使用してきた「利益」（使用利益）を返還しなければならないか。例えば，取得者が代価弁償の請求をしてから6か月後に原権利者が代価を弁償して回復したとすると，その間の物の「使用利益」（使用価値。賃料相当分）について，取得者は原権利者に支払わなければならないであろうか。

① **不当利得的観念**　この問題は，ともすると，前掲の所有権帰属の問題として論じられることがあるが ──〔B〕説では，原権利者に所有権があるから使用利益の返還請求が可能となり，反対に，〔A〕説では，これが否定される ──，しかし，「利得の返還」の問題なのであるから，不当利得的観念から考えるべきである。そうであれば，「使用」につき「法律上の原因」があるかないかが判断されなければならない（703条）。

② **占有の不当利得と使用の不当利得の峻別**　「使用利益」という概念は曖昧である*。これは，上記の例でいえば，返還を請求された後に（それ以前は問題とならない），それを拒絶して目的物を「占有（留置）」している間の利得を指しているであろうが，その場合と，より積極的に「使用・収益」していた場合とは区別されなければならない。そこで，──

(α) **占有の不当利得**　「占有（留置）」については，上記ⅰのとおり，取得者は抗弁権（留置権限）を有しているのであるから，「法律上の原因」があるというべきであり，したがって，「占有」している間の利益を返還する必要はない。要するに，「占有の不当利得」（【Ⅵ】51頁・60頁参照）は成立しないということである。判例（最判平12・6・27民集54巻5号1737頁）が「占有者は，上記弁償の提供があるまで盗品等の使用収益を行う権限を有する」とする概念混同は問題であるが，結論的には正当である。

(β) **使用の不当利得**　しかし，取得者が自己の物と同じように「使用・収益」していたという場合は，別問題である。この場合には，その「使用・収益」につき「法律上の原因」があるわけではないから，その「使用利益」を返還すべきことは当然である。そして，その立証は原権利者が負うべきである。

(γ) **善管注意義務違反**　上記(α)の場合であっても，取得者は善管注意義務（400条）を負っているから，それに反する場合には，損害賠償をしなければならないことは当然である。

* **「果実」との関係**　判例は，かつて「使用利益」概念を認めず，これを法定果実に吸収されるものと解していた（大判大14・1・20民集4巻1頁）。しかし，それが問題となったの

は，占有者が，自分の物であると誤信して得た果実，すなわち使用して収益した果実については返還する必要はないという場面（189条1項適用の場面）であって，194条が問題となる場面とは峻別されなければならない（詳細は，第2編第1章第3節5(2)(a)ii（206頁），および207頁【189条1項の問題と194条の問題との峻別】参照）。

【「使用利益」返還の可否と代価弁償請求権】　前掲最判平12・6・27。X所有の土木機械がAらに盗取され，それが中古機械販売業者Bに持ち込まれた。Yは，本件機械をBから善意・無過失で300万円で購入した。それを知ったXは，Yに対し，本件機械の返還を求めるとともに，訴状到達の翌日から返還日までの使用利益相当額（月45万円による割合）の支払いを請求した。これに対して，Yは，代価弁償がないかぎり本件機械を引き渡さないと主張した。

1審判決は，Yに対して，①代価弁償（300万円）と引替えの本件機械の引渡し，②189条2項・190条に基づく使用利益（月30万円の割合）の支払い，を命じた。Yは控訴したが，使用利益の負担増を避けるため，代価弁償を受けないまま本件機械をXに返還した。

Yの請求を認容。「1　盗品又は遺失物（以下「盗品等」という）の被害者又は遺失主（以下「被害者等」という）が盗品等の占有者に対してその物の回復を求めたのに対し，占有者が民法194条に基づき支払った代価の弁償があるまで盗品等の引渡しを拒むことができる場合には，占有者は，上記弁償の提供があるまで盗品等の使用収益を行う権限を有すると解するのが相当である。けだし，民法194条は，盗品等を競売若しくは公の市場において又はその物と同種の物を販売する商人から買受けた占有者が同法192条所定の要件を備えるときは，被害者等は占有者が支払った代価を弁償しなければその物を回復することができないとすることによって，占有者と被害者等との保護の均衡を図った規定であるところ，被害者等の回復請求に対し占有者が民法194条に基づき盗品等の引渡しを拒む場合には，被害者等は，代価を弁償して盗品等を回復するか，盗品等の回復をあきらめるかを選択することができるのに対し，占有者は，被害者等が盗品等の回復をあきらめた場合には盗品等の所有者として占有取得後の使用利益を享受し得ると解されるのに，被害者等が代価の弁償を選択した場合には代価弁償以前の使用利益を喪失するというのでは，占有者の地位が不安定になること甚だしく，両者の保護の均衡を図った同条の趣旨に反する結果となるからである。また，弁償される代価には利息は含まれないと解されるところ，それとの

> 均衡上占有者の使用収益を認めることが両者の公平に適うというべきである」。
> 「2　……上記の一連の経緯からすると，Xは，本件バックホー〔土木機械〕の回復をあきらめるか，代価の弁償をしてこれを回復するかを選択し得る状況下において，後者を選択し，本件バックホーの引渡しを受けたものと解すべきである。このような事情にかんがみると，Yは，本件バックホーの返還後においても，なお民法194条に基づきXに対して代価の弁償を請求することができるものと解するのが相当である。大判昭4・12・11民集8巻923頁は，上記と抵触する限度で変更すべきものである」。

(c) 古物商・質屋の特則　上記の盗品または遺失物につき，それを占有する者が古物商または質屋であった場合には，古物商・質屋が同種の物品を扱う営業者から善意で取得した場合でも，原権利者は，1年間無償で回復請求することができる（古物20条，質屋22条）。

そうすると，例えば，P所有の絵画が盗まれて画商Bの下にある場合には，Pは，1年間は無償で回復でき（古物20条），それを過ぎた次の1年間は有償でなければ回復できず（193条・194条），その2年間を経過したときには回復請求できない，ということになろう。

第5節　明認方法 ── 慣習法上の対抗要件

(1)　明認方法による「公示」

樹木や天然果実など，土地の上に生育する物は，その土地の一部を構成しているものとみなされる。したがって，土地を譲渡する場合にはその上の生育物もまた運命を共にし，その生育物を土地と未分離のままではすなわち，土地に生育しているままでは，譲渡することはできない。民法の原則上，これらの生育「物」は，土地から分離されない以上，土地の所有権に吸収され，土地の一部となるのである。

しかし，わが国においては，古来より，それら樹木（樹木の集団である立木（りゅうぼく），個々の樹木）や未成熟の果実（稲立毛（いなたちげ），蜜柑（みかん），桑葉（そうよう）など）は，土地に付着したままで，しかも土地とは独立して，取引の対象とされてきた。これらの物は，ある意味では，その土地以上の価値を有しているからである。そして，それを公示し，対抗する方法として，慣習上の「明認方法」なるものが行われてきたのである。「明認方法」は，地方の慣習によってまちまちであるが，立木を削って墨書するとか（大判大10・4・14民録27輯732頁），あるいは，立札を立てたり（大判大5・9・20民録22輯1440頁 ── 雲州みかん事件），木の幹に焼印をするなどの方法でされてきた。

(2)　「対抗要件」としての明認方法

(a)　対抗要件　明認方法は，土地上の生育物が，取引上その土地と分離した存在であることを表示する法的手段である。したがって，明認方法は，土地生育物（樹木や果実）の権利変動の公示・対抗手段であって，「登記」と同様の機能を有する。権利変動として考えられるのは，所有権の譲渡，および抵当権の設定*であるが，実際に多く使われるのは，所有権の公示・譲渡の公示である。

＊　**明認方法による抵当権の設定**　明認方法は所有権の所在・変動を表示するだけ

であり，抵当権の設定を公示することはできないとする説もある（舟橋262頁，鈴木123頁以下）。確かに，実際上のことを考えるならば，明認方法による担保権設定などはほとんどないであろう。しかし，明認方法によってそれが表示され得るならば，これを否定することもないであろう。

(b) 明認方法の存続性　上記のように，明認方法は，立木を取引上土地から分離させるところに意義がある。これは，登記に代わる機能であって，第三者に対して公示作用をもつものであるから，明認方法は，常に公示されていなければならない（権利の存在を常に公示していなければならない）。それゆえ，明認方法を施すことによって物権変動の効力が生じ（効力発生要件），それが存続する限りにおいて権利が存続し（対抗要件の存続性），明認方法の消滅によって対抗力は失われて土地所有権に再び吸収されることになる（大判大6･11･10民録23輯1955頁，大判昭6･7･22民集10巻593頁，最判昭36･5･4民集15巻5号1253頁（我妻榮「判批」法協80巻3号104頁以下参照），鈴木125頁参照）。意思主義による物権変動の一般原則とは異なるが，明認方法は，現実支配としての「占有」とも接近した観念であり（鈴木123頁），このような対抗要件として慣習上認められてきたものである。

したがって，ＢがＡから山林と立木を買い受けて立木に明認方法を施したが，その後明認方法が存在しなくなった場合（誰かが立札を持ち去ったとか，墨書が風雨で消えてしまったなど）において，その後に，Ａから当該山林と立木を買い受けたＣが，同山林の要所に自分が所有者である旨の標杭を立て，山林の4･5箇所に立木を削って同様の標示をしていたときは，Ｂは，Ｃに対して，当該立木の所有権を主張できない（前掲最判昭36・5・4）。

【立木の特殊性 ──「立木（りゅうぼく）法」制定と立木の不動産化】　「明認方法」が民法上の公示・対抗要件として認められたのは，最初は「立木」であった。例えば，製炭（炭焼）のために一定の範囲の樹木の集団を伐採するまで墨書を施しておくとするなどである（伐採目的）。しかし，この方法だと，立木を抵当に入れて金融を得るということ（金融目的）には適さない。そこで造林者（特に，借地林業者）に，金融の道を開くために，1909年（明治42）に「立木法」（「立木ニ関スル法律」）が制定された（渡辺洋三『土地・建物の法律制度(上)』152頁以下）。立木法が適用される「立木（りゅうぼく）」（「りゅうぼく」という読み方は「立木法」が適用される「立木」であって，適用のない立木は「たちき」と読む）とは，──

i　一筆の土地またはその一部分に生立する樹木の集団であること（法1条1項）
ii　所有権の保存登記を受けたものであること（法1条1項）
iii　不動産とみなすこと（法2条1項）

以上の「立木」は，土地と分離して譲渡し，または抵当権の目的とすることができる（法2条2項。立木抵当に関しては，【Ⅲ】281頁参照）。

なお，慣習法として認められた温泉権（湯口権）（7頁注＊＊参照）についても，「明認方法」による公示がされるのが普通である。その方法は，各地方によってまちまちであるが（帳簿への記入とか，立札とか），一般に，各温泉組合が管轄している。

(3)　明認方法の「対抗力」

明認方法は，対抗要件として，「登記」と同一の対抗力を持つと考えてよい。それゆえ，──

(a) 明認方法による優劣　立木・稲立毛等の二重譲渡の場合の優劣は，明認方法の前後によることはいうまでもない。

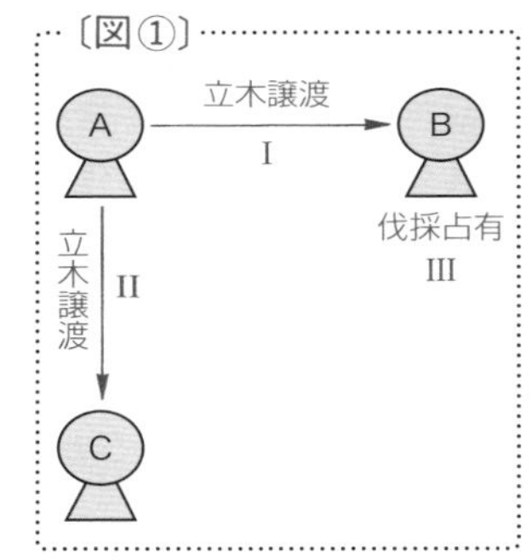

問題は，共にその明認方法を備えていない場合である。〔**図①**〕で，Aが明認方法を備えた自己所有の立木をBとCに二重に譲渡したが，双方とも明認方法を施さないでいるとき，立木が伐採され，Bが伐採木材を占有している場合，BとCとの優劣いかんである。説が分かれる。──

〔A〕　明認方法決定説　判例は，上記の事案において，B・Cは互いに対抗できない，とする（最判昭33・7・29民集12巻12号1879頁）。

〔B〕　引渡し代替説　上記の場合，立木取得の対抗要件として，立木の変形物たる伐採木材（動産）の引渡しをもって代替する，とする（舟橋265頁）。それゆえ，占有しているBが勝つ。

BもCも，Aから「不動産化した立木」の所有権を譲り受けたのであるから，両者間は対抗要件によって決められるべきであって，先に明認方法を得た者が勝つことになる（第1章第3節**2**(2)(b)＜**例外**＞(21頁)参照）。Bは伐採木材を占有しているといっても，動産に変じた物を占有しているにすぎないのだから，立木の対抗要件に代えられ得るわけではない。したがって，〔A〕説が正当である。

(b) 土地所有権との対抗関係　〔図②〕Aが所有地上の立木をBに譲渡し，土地をCに譲渡した場合，立木の所有権帰属は，Bの明認方法とCの土地所有権登記との対抗関係となる。したがって，Cの登記が早いときは，Bは立木の所有権を主張できない。

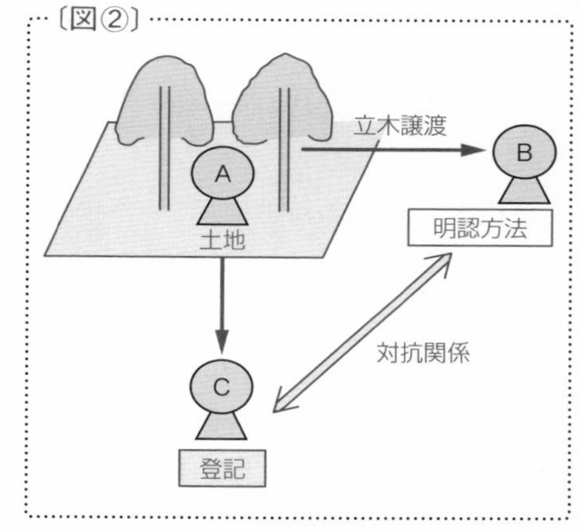

Aが立木を留保して土地だけをBに売却したが，Bがその土地を立木を含むものとしてCに転売した場合，Aは，Cの登記以前に明認方法を施さなければ立木所有権をCに主張できない（最判昭34·8·7民集13巻10号1223頁）。

第6節　物権の消滅

1　物権の消滅原因

物権の消滅とは，「物権」という権利それ自体が，その存在性を失うことである*。物権は，いくつかの法律原因によって消滅する。まず，各「物権」一般に共通する消滅原因は，① 混同（179条），② 目的物の滅失，③ 消滅時効（166条2項），④ 放棄，⑤ 公用徴収，である。また，各「物権」に特有の消滅原因は，それぞれの個別規定で定められている。ここでは，各物権に共通する一般的消滅原因を取り上げる。

＊　**物権の譲渡は消滅ではない**　物権の消滅とは，「物権」という権利そのものが存在しなくなることである。したがって，物権を他人に譲渡することは，物権の移動 ── 物権者（物権の主体）の変更 ── であって，消滅ではない。

2　混　　同

(1)　混同の定義

〔図①〕Bは，Aの土地上に地上権（265条）を得て，建物を建築・所有していたが，その後，Aからその土地を買い受けた場合には，自己の土地上に建物を所有することになったのだから，既存の地上権は不要となり，消滅するに至る（ただし，次掲(2)<例外>iii参照）。このように，併存させておく必要のない2つの法律上の地位が同一人に帰属す

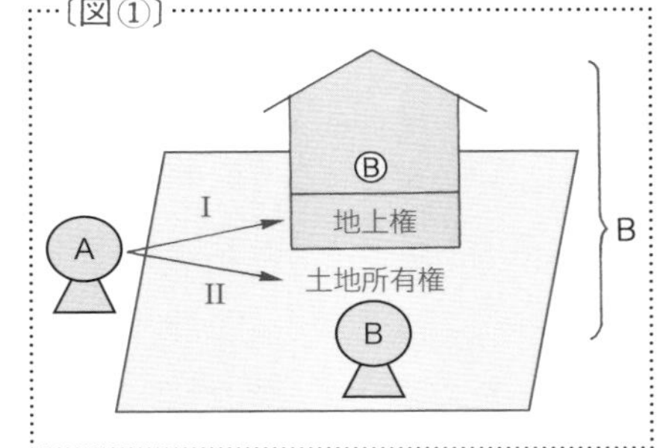

ることにより，一方が他方に吸収されて消滅することを，「混同」(179条)という。179条は，① 所有権と他の物権（＝制限物権）の混同，および，② 所有権以外の物権（＝制限物権）とこれを目的とする物権の混同，につき規定している。

ここで重要なことは，むしろ，その例外の場合 ── 混同によって消滅しない場合 ── である。なぜ混同しないかというと，その権利（権利者）につき，混同しないことに特別の利益が認められるからである。以下では，このような視点から，原則に対する例外の存在意義に注意してほしい。

(2)　所有権と制限物権の同一人への帰属

(a) 原　則　同一物について，所有権と他の物権(例，地上権や抵当権など)が同一人に帰属した場合には，その制限物権は，存在する価値がないため，消滅する(179条1項本文)。上で述べた，〔図①〕の例である。

(b) <例　外>　上記の原則には，混同しないとする以下の３つの例外がある。

i　その物が第三者の権利の目的であるとき　第１は，物権の目的物が第三者の権利の目的であるときである(179条1項ただし書)。以下の場合がありうる。

①　Ａ所有の土地に，Ｂ・Ｃが借地権を共有している場合に，ＢがＡからその土地を買い受けたとしても，Ｂの借地権は消滅せず，Ｂ・Ｃの借地権共有は存続する。

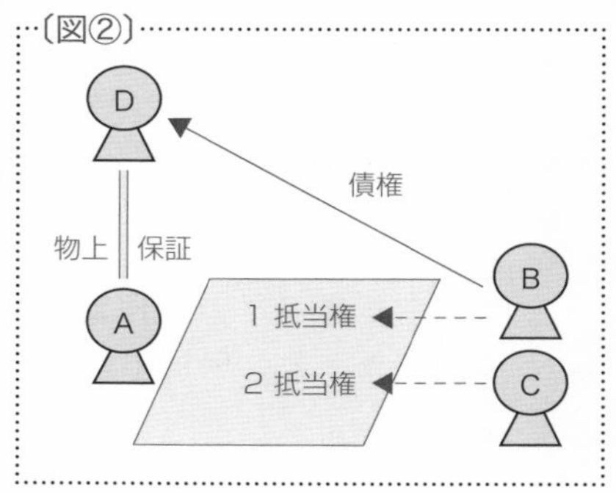

②　Ａ所有の土地に，Ｂが１番抵当権，Ｃが２番抵当権を有する場合に，Ｂがその土地の所有権を取得しても，Ｂの１番抵当権は消滅しないことがある(大判昭8・3・18民集12巻987頁)。Ｂの抵当権が第三者Ｄの債務を担保するために設定されたような場合（Ａは物上保証人）である。(〔図②〕)。Ａが抵当債務者で，被担保債権が消滅する場合には，Ｂの抵当権もまた原則どおりに消滅する。債権が存しない以上，Ｂが抵当権を保留する利益がないからである(我妻＝有泉250頁)。

③　A所有の土地に，Bが地上権を有し，Cが抵当権を有する場合に，Bがその土地を取得したとき，Bの地上権がCの抵当権に対抗できるものであれば，Bの地上権は消滅しない。もし抵当権が実行された場合には，地上権の存否が土地評価額に影響を与えるため，Bに地上権を保留する利益が認められるからである。

ii　その制限物権が第三者の権利の目的であるとき　第2は，その制限物権が第三者の権利の目的となっているときである（179条1項ただし書）。例えば，Aの土地に地上権を有するBが，その地上権にCのために抵当権を設定している場合は（369条2項参照），Bがその土地所有権を取得しても，地上権は消滅しない。

iii　自己借地権の設定　「自己借地権」とは，自分の土地を自分で借りるとする権利（借地権）であるから，土地所有権と借地権とが同一人に帰しても混同しないとする法技術であることは明白である。借地借家法は，借地権を設定する場合において「他の者と共に有することとなるときに限り」自己借地権を設定できるとし（同15条1項），また，借地権が借地権設定者に帰した場合でも「他の者と共に その借地権を有するときは」その借地権は消滅しないとして（同15条2項），制限付ながら自己借地権の設定を承認した。借地権付分譲マンションの販売・購入に際しての，借地権と土地所有権との関係（混同の問題）を立法的に解決したものである。

(3)　制限物権とこれを目的とする他の権利の同一人への帰属

(a) 原　則　上記(2)と同じ理由で，同一物につき，所有権以外の物権（＝制限物権）とこれを目的とする他の権利が同一人に帰属した場合は，その権利は消滅する（179条2項本文）。しかし，この場合も，同様に，混同しないとする2つの例外がある（179条2項後段→同条1項ただし書）。

(b) ＜例　外＞──

i　制限物権が第三者の権利の目的であるとき（179条2項後段→同条1項ただし書）　〔図③〕Aの土地上にBが地上権を有し，その地上権につき，Cが1番抵当権，Dが2番抵当権の設定を受けた場合に，Bがその地上権をCに譲渡しても，

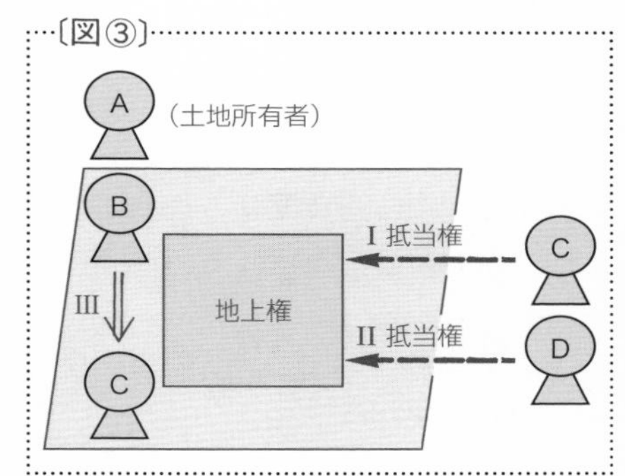

CのI抵当権は混同によって消滅しない。ただし，これは，Bが第三者のために物上保証をしている場合であって，Bが抵当債務者である場合には消滅する（前掲(2)(b) i ②（171頁）に同じ）。

また，Bの地上権上に，Cが賃貸権を有し，Dが抵当権を有している場合，CがBから地上権を譲り受けたときでも，Cの賃貸権は消滅しない（前掲(2)(b) i ③（172頁）に同じ）。

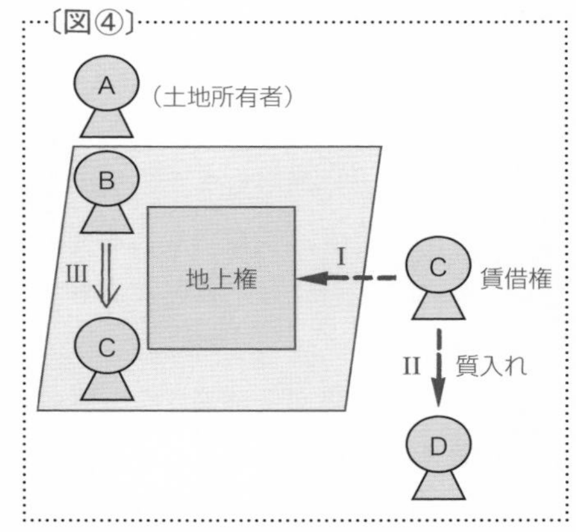

ii　混同すべき権利が第三者の権利の目的であるとき（179条2項後段→同条1項ただし書）〔図④〕Aの土地に地上権を有するBが，その地上権につきCのために賃借権を設定し，Cがその賃借権に質権を設定した場合に（362条1項参照），CはBから地上権を譲り受けても，Cの賃借権は消滅しない。

(4)　占有権は例外である

占有権は，物を占有しているという事実を尊重して，その事実状態を法的に保護する権利であるから（第2編第1章（178頁以下）参照），他の権利（物権）と併存し，互いに法的な連繋をもたない。したがって，占有権を混同によって消滅させるべき意味はなく，消滅しない（179条3項）。

同様に，「鉱業権」も，土地所有権から完全に独立したものなので，土地所有権と同一の者に帰属したとしても，混同によって消滅することはない。

3 目的物の滅失

物権は，「物」を支配する権利であるから，支配対象である「物」が滅失すれば，物権（所有権・地上権・永小作権・抵当権など）もまた消滅することになる。しかし，若干注意すべき点がある。──

(a) 土地の滅失　土地の滅失とは，土地の成分である土壌の流出または陥没などにより，社会通念上その土地の支配可能性・利用可能性を失うことをいう（なお，登記上の扱いは，不登42条参照）。しかし，自然に海没（津波等で海没するなど）した土地については，その支配可能性および経済的価値を備える限り，滅失したと見るべきではなく，所有権の客体たる土地の性格を失わない（鹿児島地判昭51・3・31判時816号12頁，名古屋地判昭55・8・29判時977号15頁。傍論だが，後者の上告審である最判昭61・12・16民集40巻7号1236頁。なお，海面下の土地の所有権の問題については，第2編第2章第2節3(4)(222頁)参照）。

(b) 建物の滅失　建物もまた，倒壊ないし焼失して，その利用性が失われれば滅失する。ただ，修復などにより，従来の建物との同一性が保たれる場合には，滅失には当たらない（その判定は，一般の社会通念によるであろう）。

なお，抵当建物が倒壊等により木材と化した場合には，その上に建物所有者の動産所有権は認められるが，建物に設定してあった抵当権は消滅すると解するほかはない（抵当権の物上代位としても認められない）（詳細は，【Ⅲ】142頁）。

4 消滅時効

所有権以外の物権は，20年間の消滅時効にかかる（166条2項）。

抵当権については，396条は，債務者および設定者（または物上保証人）に対する関係では債権と同時でなければ消滅しない，との特則を置いている。この規定をめぐっては，若干解釈上の問題が生じているが，詳細は『担保物権』に譲る（【Ⅲ】263頁以下）。

5 放　　棄

「放棄」とは，権利を消滅させることを目的とする法律行為（単独行為）である。物権者は，物権を消滅させる旨の単独の意思表示により，放棄ができる。

ただ，不動産所有権の放棄は，その登記を抹消しなければ，第三者に対抗できない（我妻=有泉248頁）。また，制限物権の放棄の意思表示は，放棄により直接に利益を受ける者 —— 通常は，所有者 —— に対してされなければならない。例えば，地上権の放棄の意思表示は，土地所有者に対してすべきである。

「放棄」が他人の権利を害するときは，許されない。民法は，地上権の放棄（268条1項），地上権または永小作権上の抵当権の放棄（398条 —— それらの放棄は，抵当権者に対抗できない）につき，その旨を規定しているが，一般化して適用されるべきである（我妻=有泉249頁）。したがって，398条の拡張解釈として，借地上の建物に抵当権を設定した後で，借地権を放棄しても，抵当権者（および競売の買受人）には対抗できない（大判大11・11・24民集1巻738頁。この問題については，【Ⅲ】138頁・268頁参照）。

6 公用徴収

公用徴収とは，**公共の利益のために**，所有権などの財産権を強制的に取り上げる制度である（憲29条3項参照）。これによって，収用者は，権利を原始的に取得し，被収用者の権利は反射的に消滅する。公用徴収が，物権消滅の事由とされるゆえんである。土地収用の要件（とりわけ，「公共の利益となる事業」の列挙）と手続については，土地収用法（1951年（昭和26））に詳細な規定があるが，農地法（9条），鉱業法（104条・105条）などでも，土地収用を認めている。

第２編　占有権と所有権

第２編では，物権法各論の中の，占有権と所有権とを扱う。この２つの物権を本編で独立的に取扱うのは，占有権と所有権は，物権構成の面において，他の物権（制限物権）とは異なっているからである（それらの歴史性・論理構造については，川島武宜『所有権法の理論』23頁以下，鷹巣信孝『所有権と占有権』１頁以下）。

まず，「占有権」は，本書11頁所掲の〔図〕を見てわかるように，「占有」という事実状態を法的に保護するものであって，「本権」である所有権およびそれ以外の物権とはまったく異なった制度として成立している。したがって，占有権は，「物権」といっても，制度的には，他の物権と独立して論じられる必要があるのである。

他方，「所有権」は，すでに簡単に触れたように（第１編第１章第１節2(1)(3頁)・第２節2(2)(b)（14頁）参照），「物権」の典型としての「物」の全面的支配権であり，近代的民法制度の基盤をなしている権利・制度である。民法制度は，「所有権」を中心に構成されているといっても過言ではない。そして，所有権以外の物権は，上記の占有権を除き，支配権限（物的支配権限）の制限された制限物権（ないし他物権）なのである。このような民法の構成ゆえに，理解のためには，「所有権」を，第３編で取り扱う「用益物権」と区別して論じることが適切であろう。

なお，所有権と構成上対比される制限物権は，「用益物権」および「担保物権」の２つに分けることができる（第１編第１章第２節2(2)(c)（15頁）参照）。ただ，「担保物権」は，それ自体，「用益物権」とは異なった原理に支配されている制度である。すなわち，「債権の保全」（債権法の領域）を物権制度（物権の効力）に依拠して行う（物権法の領域）制度である。したがって，独立して扱われるのを妥当とする（【Ⅲ】１頁以下参照）。そこで，本書『物権法』では，制限物権として「用益物権」までを扱う。

第1章　占　有　権

第1節　占有制度

1　占有と占有権

(1)「占有」制度の意義

(a)「占有」とは何か　「占有」とは，物を自己のためにする意思をもって所持するという，物に対する事実的支配状態である。この事実的支配は，社会生活の上でも一応尊重されなければならない。いわば，「存る状態」(Sein) の尊重である ── 通常の物権（本権）が「在るべき状態」(Sollen) の権利関係を保護することと対比されるべきである ── 。民法は，この支配権を「占有権」として，法的保護を与えた*。すなわち，その支配を基礎づける法律上の権利（本権）の存否に関係なく，種々の法律効果を付与しているのである。その狙うところは，物に対する事実的支配の外形を尊重し，この外形を基礎として発展する社会秩序と取引の安全とを保護しようとしていることにほかならない。

【占有制度の沿革】　占有制度は，沿革的には，ローマ法のポセッシオ (possessio) と，ゲルマン法のゲヴェーレ (Gewere) に由来し，わが現行法は，両制度の所産だといわれる。

ポセッシオは，物の事実的支配状態（＝事実）それ自体を，その支配をし得る権利（本権）と切り離して，保護する制度である（そのため，かつては，「占有」が，「権利」であるのか，「事実」であるのか，大いに争われた）。その保護の基礎は，あるいは占有者の人格・意思の尊重であり，あるいは物の利用自体の尊重であり，あるいは社会的平和維持の目的から，など多元的である。そして，その保護の手段は，占有訴権である（原田慶吉『ローマ法〔改訂版〕』135頁以下，川島139頁以下参照）。

他方，ゲヴェーレは，同じく物に対する事実的支配を法的に保護する制度であるが，その保護の基礎は，物の事実的支配が，一般に物を支配し得る権利（本権）を表象し，その権利の表現形式と捉えられるのだ，という蓋然性（社会的事実）である。ここでは，事実的支配（＝占有）と権利とは必ずしも分離・切断されてはいない。ゲヴェーレが，「物権の着衣」といわれるゆえんである。もとより，ゲヴェーレが本権（支配をし得る権利）を伴わないときは，本権に敗れるが，しかし，一定の手続によって敗れるまでは，支配権として法的保護を受けることができたのである。

以上の根本的な相違点は，ポセッシオの争訟が真実の権利の争訟とは無関係であるのに反し，ゲヴェーレの争訟は，ゲヴェーレで解決されない場合は，常に真実の権利によって解決されることになることである（我妻=有泉459頁参照）。

わが民法は，上記の２つの制度的しくみを受け継いだ。以下で見るとおり，「占有権」の各所においては，その２つの制度的由来が現れており，それら存在根拠の多様性を示しているのである。

＊　**「占有」の効果**　「占有」の効果として認められるものとして，──「占有権」の箇所では，権利（本権）の推定（188条），果実の取得権（189条），占有者と回復者との関係（191条），即時取得（192条），家畜外動物の取得（195条），占有訴権（197条以下）などがあり，他の箇所では，取得時効（162条-165条），動産物権変動の対抗要件（178条），所有権の原始取得（239条・240条），留置権・質権の取得ないし設定および対抗の要件（295条1項・342条・344条・352条・353条），占有者の賠償責任（717条・718条）などがある。

(b)　占有と占有権　「占有」とは，「占有権」の基礎となる事実である。この「占有」は，わが民法上，①「所持」（事実的支配関係が認められる客観的関係），および，②「自己のためにする意思」（占有者の主観的占有意思），によって成立する事実状態である（180条）。

そして，「占有権」とは，このような「占有」という事実を法律要件として生じる法律効果（＝権利）である。

(2) 占有権の構成

(a) 所　持　「所持」とは，物がある人の事実的支配に属しているものと認められる客観的な状態をいう。それは，一般的な社会通念によって判断されるべきものであって，必ずしも物を物理的に把持していることを要しないとともに，その事実的支配についてはある程度の時間的継続性を必要とする（我妻=有泉465頁）。例えば，旅行中の者は，留守番がいなくても留守宅の家財道具につき所持を認められるが，物を一時的に借りた人はその物につき所持は認められない。また，「所持」は，他人を媒介にしても成立することができる。すなわち，占有代理人による所持であって，本人は，占有代理人を通して，間接的な所持をしていることになる。

【占有代理人と占有補助者】　占有代理人と類似したものに占有補助者があるが，両者は区別されなければならない。──

(1) 両者の区別　「占有代理人」による所持の場合，本人は占有代理人を通して間接的に所持をしているのであるが，占有代理人もまた独立の所持者である（詳細は，後掲2(4)(185頁)）。これに対し，「占有補助者」（または，占有機関）とは，他人（占有補助者）が独立の所持者たる地位を認められず，まったく本人の所持の機関とされる場合である。例えば，法人の機関，雇主に従属する使用人，家族の一員などである。ここにあっては，占有補助者は，本人の指図により，本人のために物を事実上所持するにすぎないのである。

(2) 両者の法効果　占有代理人と占有補助者とは，以下のような法効果上の差異がある。──

i　占有補助者には，物権的請求権の被告適格がない。それゆえ，雇主・法人など占有者とされる者に対する建物明渡しの債務名義だけで，その執行上当然に占有補助者をその建物から退去させることができる。

ii　占有補助者には占有が認められない。それゆえ，占有訴権の原告適格も認められないし，執行異議申立（民執11条）の資格もない。また，他人の賃借家屋に居住しても賃借物の無断転貸（612条）にはならない。

iii　占有補助者は，他人の所有権侵害（709条）や工作物責任（717条）としての損害賠償義務を負わない。その責任は，占有者が負う。

【占有補助者・機関に対する建物明渡請求はできない】　上記のとおり，占有補助者は，独立の所持が認められないから，① 雇主・使用人が共同して居住する家屋について，使用人に対する建物明渡請求はできず（最判昭35・4・7民集14巻5号751頁），また，② 法人が不動産を占有する場合に，その代表取締役は当該不動産を法人の機関として所持するに止まり，不動産の直接占有者ではないから，彼に対する引渡し請求はできない（最判昭32・2・15民集11巻2号270頁）。

(b) 意　思　民法上，「占有」が認められるためには，「所持」のほかに「自己のためにする意思」を必要とする（180条）。この意思は，所持による事実上の利益を自己に帰属させようとする意思であって，純粋・客観的に，すなわち占有取得原因（＝権原）ないし占有に関する事情から客観的に判断される（最判昭58・3・24民集37巻2号131頁，最判平7・12・15民集49巻10号3088頁）。換言すれば，所有権者，賃借権者，使用借権者，盗人などは，その地位だけで，「自己のためにする意思」があると見るべきであって，具体的な意思の有無は問題とならない。また，この意思は，潜在的・一般的でもよいから，郵便受箱，牛乳受箱に投入された物や，知らない間に届けられた注文品などの場合にも，存在するものと考えてよい。

【主観説と客観説】　ドイツ普通法時代に激しく争われたものである。すなわち，① 主観説は，占有には「所持」のほかに「占有意思」を必要とするというもので，サヴィニー，ヴィントシャイト，デルンブルクなどがこの論陣を張った。これに対し，② 客観説は，イェーリングの唱えたもので，物の支配（所持）の内には必ず意思（所持意思）があると見るべきだから，主観説の言うような占有意思は必要でないとする。

わが民法は，基本的には前者の立場に立つが，その中でも最も緩和された「自己のためにする意思」であり，「所有者意思」などの厳格な意思を要求するものではない。さらに，解釈上もかなり緩やかに扱われているので，主観説と客観説との実際上の差はあまりないといえよう（詳細は，末川184-192頁参照）。ちなみに，意思能力を有しない者であっても，取得時効の基礎としての「占有」は有効に持ち得ると解される。

2　占有の種類

(1)　自主占有・他主占有

「自主占有」とは，所有の意思をもつてする占有をいい，「他主占有」とは，それ以外の占有をいう（185条参照）。この区別は，取得時効（162条），無主物先占（239条），占有者の責任（191条）などにおいて意味がある。

「所有の意思」の有無は，占有取得原因である権限または占有に関する事情から外形的客観的に定められるものであって，内心の意思から判断されるものではない（前掲1(2)(b)(181頁)）。例えば，賃借人が賃借物を占有する場合に，内心の意思がどのようなものであっても（自己のために占有しようとも），他主占有に変わりはなく，取得時効が進行するものではない。

他方，自分が占有している不動産が他人名義であることを知って放置しておいたとか，その占有不動産の固定資産税を負担していなかった等の事情は，「他主占有」判断の外形的客観的事実の１つではあるが，常に決定的な事実ではない（前掲最判平7・12・15）。

【所有の意思と他主占有判断事情】　前掲最判平7・12・15。Ａは，Ａの先代A_1とＢの先代B_1とが，昭和30年に，A_1所有の土地とB_1所有の本件土地とを交換し，その後昭和42年に，A_1から本件土地の贈与を受けたと主張して，B_1を相続したＢに対し，第１次的に登記名義の移転を，予備的に時効による取得を請求した。

原審は，A_1・B_1間の交換契約，A_1・Ａ間の贈与契約の成立を認めず，それが認められない以上，A_1・Ａの「所有の意思」は認められないとし，また，① 本件土地の登記名義が他人にあることを知っていたこと，② 固定資産税を負担していなかったこと，などより所有の意思がなかったとした。

破棄差戻「民法186条１項の規定は，占有者は所有の意思で占有するものと推定しており，占有者の占有が自主占有に当たらないことを理由に取得時効の成立を争う者は，上記占有が所有の意思のない占有に当たることについての立証責任を負うのであるが，上記の所有の意思は，占有者の内心の意思によってではなく，占有取得の原因である権限又は占有に関する事情により外形的客観的に定められるべきものであるから，占有者の内心のいかんを問わず，占有者がその性質上所有の意思のないものとされる権限に基づき占有を取得した事実が証明されるか，又は占有者が占有中，真の所有者であれば通常はとらない態度を示し，若しくは所有者であれば当然とるべき行動に出なかったなど，外形的客観的にみて占有者が他人の所有権を排斥して占有する意思を有していなかったものと解される事情（「他主占有事情」）が証明されて初めて，その所有の意思を否定することができるものというべきである（最判昭58・3・24民集37巻2号131頁）」。

そして，前掲①および②の事実は，「他主占有事情の存否の判断において占有に関する外形的客観的な事実の１つとして意味のある場合もあるが，常に決定的な事実であるわけではない」，とする。

ただし，次の２つの場合には，他主占有が自主占有に転換する。――

(a)「所有の意思」の表示　他主占有者が，自己に占有をさせた者に対して，「所有の意思」があることを表示した場合は，他主占有は自主占有に転換する（185条前段）。賃借人が賃貸人に対して，以後「所有の意思」をもって占有することを表示する場合などである。

(b) 新権原による占有開始　他主占有者が，「新権原」によりさらに所有の意思をもって占有を始めた場合には，その他主占有は，自主占有に転換する（185条後段）。賃借人が賃借物を賃貸人から買い取ったというのがその典型である。

問題となるのは，「相続」が新権原に当たるかどうか，である。判例は，従来，否定的見解を採っていたが，これを改め，被相続人の占有が所有の意思のないものであっても，相続人の占有に所有の意思があるとみられる場合には，相続人は185条にいう「新権原」により所有の意思をもって占有を始めたもの，と解している（最判昭46・11・30民集25巻8号1437頁）。

【相続と「新権原」の問題点】　この問題は，相続人の自主占有を肯定することによって，相続人の時効取得を認めようとするところにある。相続人は，被相続人の占有を受け継ぐのみ（従来の判例・通説。第2節**2**(2)(b)（190頁）参照）だとすると，いつまでも時効取得が認められないからである。例えば，被相続人が不動産を悪意で5年間占有し，相続人が善意でそれを10年間占有した場合に，相続人に自主占有が認められなければ，前主の瑕疵を承継しなければならないから，悪意15年の占有ということになり，時効取得はできない（162条1項）。これに対し，相続人に自主占有が認められれば，187条1項によって自己の占有だけを主張することもできるから，善意10年の占有継続による時効取得が可能となる。

このための理論構成は，次の3つがある。──

〔A〕「所有の意思」説　相続に185条の適用を否定した上で，相続人が「所有の意思」をもって遺産を占有するときは，常に自主占有となる，とする（舟橋296頁）。

〔B〕185条処理説　「相続」を185条で処理しようとする説であるが，2つに分かれる。

ⓐ「所有の意思」表示説　相続人が所有者であるかのように遺産を占有することは対社会的な所有の意思の表明であるとし，185条前段で処理する（田中整爾『民法総合判例研究10・自主占有』120-125頁。なお，後述190頁【二面的占有権説と占有転換説】参照）。

ⓑ「新権原」説　上記判例の立場であり，185条後段で処理する（我妻=有泉472頁も同旨）。すなわち，前掲最判昭46・11・30は，「相続人が，被相続人の死亡により，相続財産の占有を承継したばかりでなく，新たに相続財産を事実上支配することによって占有を開始し，その占有に所有の意思があるとみられる場合においては，被相続人の占有が所有の意思のないものであったとしても，相続人は民法185条にいう『新権原』により所有の意思をもって占有を始めたものというべきである」とする（ただし，本件では相続人の所有の意思が認定されず，時効取得が否定された）。

(2)　善意占有・悪意占有

「善意占有」とは，本権がないにもかかわらず，それがあると誤信してする占有である。反対に，本権がないことを知り，または本権の有無に疑いを持ちつつ行う占有が，「悪意占有」である。この区別は，取得時効（162条以下），占有者の果実取得（189条・190条），占有者の責任（191条），即時取得（192条），費用償還請求権（196条）などの場合に意味がある。

上記のように，ここでいう「善意」とは，一般的な用法とは異なり，本権の有無につき疑いを持っている場合を含まないことに注意すべきである*。また，「善意」は，通常，占有者に推定される（186条1項）。なお，前後の両時点において占有をした証拠があるときは，占有は，その間継続したものと推定される（同条2項）。

なお，果実の取得については特則があり，善意占有者が本権の訴えにおいて敗訴したときは，その訴えの提起の時から悪意の占有者とみなされる（189条2項）。189条をめぐる問題点については後述する（第3節5(2)(206頁)）。

＊　**占有者の「善意」・「悪意」**　一般的な用法では，「悪意」とは事情を知っていることを指し，「善意」とは不知をいうので，疑いをもつている状態は「善意」の範疇に入る。しかし，占有制度では，善意占有の諸効果からして（短期取得時効・即時取得・果実の取得など），これを「悪意」として扱うのが，一般である（我妻=有泉473頁）。

(3)　過失ある占有・過失なき占有

上記の「善意占有」についての区別であって，その本権が存在するものと誤信したことにつき，過失があるか否かによる区別である。この区別は，取得時効（162条以下），即時取得（192条）などの場合に意味がある。

一般に条文上「無過失」は推定されないが（186条1項参照），占有者が適法性を推定される（188条）以上，それを根拠に無過失が推定される場合がある（最判昭41・6・9民集20巻5号1011頁）。このことは，既述した（154頁【無過失の推定】参照）。

(4)　自己占有・代理占有

占有権は，代理人によっても取得することができる（181条・204条）。それゆえ，「代理占有」（間接占有）とは，他人を介して占有を取得するものであり，反対に，本人みずから占有するものを「自己占有」（直接占有）という。

「代理占有」に関して，若干注意すべき点を述べよう。──

(a) 代理占有の成立　代理占有は，意思表示（法律行為）の「代理」とその性質を異にすることに注意すべきである。意思表示の代理は，私的自治に基づいて認められる効果意思の効果である。意思表示の代理人の占有が，本人の占有をも成立させるのは，そのことに基づく。

しかし，占有の代理は，客観的な事実的支配関係であり，広く客観的に成立する。例えば，賃借人・質権者は，賃貸人・質権設定者と代理関係にはないが，代理占有は成立する。このような錯綜から，代理占有を，意思表示の代理と区別するため，「間接占有」と呼ぶことも多い。

(b) 代理占有の成立要件　代理占有は，以下の３つの要件を満たすことが必要である。

i　占有代理人が所持をすること　独立の所持を認められない「占有補助者」とは異なることは，前述した（180頁【占有代理人と占有補助者】参照）。

ii　占有代理人が，本人のためにする意思を有すること

iii　占有代理関係が存続すること　占有代理関係とは，地上権者や賃借人など返還義務が生じる関係である。

(c) 代理占有の効果　占有代理人の占有を通して，本人が，占有権を取得する。その結果，本人のために取得時効が進行し，本人が即時取得の効果を受け，また本人が占有訴権を有することになる。

なお，代理占有においては，占有の善意・悪意，侵奪の有無などは占有代理人について判断すべきである。しかし，本人が悪意で占有代理人が善意のときは，本人を保護するのは妥当ではないから，本人に善意占有者の利益を享受させるべきではない（101条2項の類推適用）。

(5)　単独占有・共同占有

物を１人が単独で占有するのか，または数人が共同して占有するのか，という区別である。共同占有は，共同相続や共有関係などの場合に生じる。

(6)　瑕疵ある占有・瑕疵なき占有

187条2項では，占有の「瑕疵」という言葉が使われている。そこでいう「瑕疵」とは，強暴（平穏でないこと），隠秘（公然でないこと），悪意，過失，不継続など，完全な占有としての効果の発生を妨げる事情である。このような「瑕疵」の存否を基準として区別した占有である。

この区別は，取得時効（162条以下）・即時取得（192条）の要件の充足や，占有の承継（187条２項。後掲第２節**3**（191頁）参照）などに関して意味がある。

第2節　占有権の取得

1　占有権の原始取得

占有権は,「占有」という事実状態を法律要件とする法律効果であるから,「占有」が原始取得されるときは,「占有権」も原始取得される。例えば,無主物先占（239条1項）の例だが,狸を岩穴に追い込み,入口を塞いだときは,占有（したがって,占有権）は原始取得される（大刑判大14·6·9 刑集4巻378頁）。

2　占有権の承継取得

「占有」は物の支配という事実状態であるが,前主Aの事実的支配が,そのまま同一性を保って後主Bの支配に移転することは,社会的事実としても,また理論的にも可能である。それゆえ,その効果として,占有権の移転性（占有権の承継）が承認されることになる。占有権の移転（承継）には,他の権利と同じく,「特定承継」と「包括承継」とがあるが,それぞれ固有の問題を含んでいる。

(1)　占有権の譲渡 ── 占有権の特定承継

まず,占有の移転は,当事者の意思に基づいて行われる。これによって,占有の法律効果である占有権も移転する。すなわち,占有権の譲渡であって,占有権の特定承継とも呼ばれる。

占有権の譲渡には,「現実の引渡し」以下の4つの態様がある。それらの各態様の意味,および動産物権変動の対抗要件としての機能については,すでに説明したので,ここでは簡単に触れるに止める（第1編第2章第4節2(1)(b)(143頁)参照）。

(a)「現実の引渡し」による譲渡　占有物がAからBへ現実に引き渡されることによって，占有権も，AからBへ譲渡される（182条1項）（144頁〔図②〕参照）。

(b)「簡易の引渡し」による譲渡　譲受人B（またはその代理人C）が，現に占有物を所持する場合においては，AからBへの占有権の譲渡は，A・B間の意思表示のみによって行うことができる（182条2項）（144頁〔図③〕参照）。

(c)「指図による占有移転」による譲渡　本人Aの占有代理人Cによって占有がされている場合，AがCに対し，以後，第三者Bのためにその物を占有すべき旨を命じ，第三者Bがこれを承諾したときは，Bは占有権を取得する（184条）（144頁〔図④〕参照）。

(d)「占有改定」による譲渡　Bの占有代理人Aが，自己の占有物を，以後，本人Bのために占有する意思を表示したときは，本人Bは，これによって占有権を取得する（183条）（145頁〔図⑤〕参照）。

(2) 占有権の相続 ── 占有権の包括承継

(a) 問題の所在　包括承継（相続）の場合には，特定承継の場合とは異なり，「意思」というものが介在しないから，占有「意思」（自己のためにする意思）（第1節**1**(2)(b)(181頁)）の存在が疑問であり，“占有権は相続されない”との結論が導かれる。これをめぐり，ドイツ普通法時代には激しく争われたが，現在では，占有権の相続性を否定する立法例はない（例，ドイツ・フランス・スイスなど）。わが国では明文規定はないが，判例（最判昭44・10・30民集23巻10号1881頁など）・学説とも，一般にこれを承認している。占有権の相続を認める必要性は，とりわけ次の2つの場合の不都合を解消できることにある。──

i　取得時効における占有の承継の問題　第1に，占有権が相続されないとすると，それまで，被相続人Aの占有によって進行してきた取得時効は，Aの死亡によって無に帰し，相続人Bは，改めて時効期間を経過しなければならないことである。

ii　占有訴権の要件としての「占有」　第2に，Aの死後，Bが相続するまでの間に，相続財産の一部である動産を第三者Cが勝手に持ち出した場合，相続人Bに占有が認められない（占有権が承継されない）とすれば，Bは占有訴権が使えないということである。

このような不都合を解消するため，判例（最判昭44・10・30民集23巻10号1881頁など）・通説は，占有権が相続（包括承継）されるものであることを認めている。しかし，問題がなくはない。

(b) 問題点(1) ――「所持」の承継　AとBが同居しているような場合には，相続人Bに「所持」（180条）の承継が認められるので，占有権の相続を承認することができるが，Bが外国に居住しているなど，被相続人と相続人とが別居している場合には，社会通念上も「所持」の承継という観念を認めることは困難になろう。

> **【二面的占有権説と占有転換説】**　それゆえ，このことから，相続人Bが占有権を承継するとしても，それは「観念的占有権」であって，その後に相続財産を「所持」するにいたった場合には普通の占有権を取得し，ここに至って，Bの占有権は二面的性格を有するものだという説（二面的占有権説）が出現する（鈴木75-77頁）。この説は，占有権の二面性を持ち出すことによって，187条1項を適切に説明しようとする（鈴木77-78頁）。
>
> この説に対しては，観念的占有権とBの取得する固有の占有権との関係が明白でないとし，むしろ，承継占有権（観念的占有権）は，185条（他主占有から自主占有への転換）の適用により，自己の占有権（固有の占有権）へ転換するのだ，とする説（占有転換説）がある（183頁【相続と「新権原」の問題点】〔B〕ⓐ説である。田中・前掲『自主占有』112頁）。
>
> なお，以上の説の背景には，次のiiに述べる，承継する占有権と相続人が固有に取得する占有権との関係についての判例の流れがある。

しかし，占有権の承継（相続）の基礎としての「所持」は，必ずしも厳格に捉えられる（第1節**1**(2)(a)（180頁））必要はないのであるから，「被相続人の事実的支配の中にあった物は，原則として，当然に相続人の支配の中に承継されると見るべきだから，その結果として，占有権も承継される」（我妻=有泉484頁）のだという理解でよいであろう。

(c) 問題点(2) ―― 187条は相続にも適用されるのか？　従来，相続で占有権を承継する場合は，相続人は被相続人の占有権を取得するのみであり，── 新権原により自主占有を始めない限り ── 自己固有の占有権を取得するものではないから，相続人は自己の占有だけを切り離して主張することはできないとされていた。つまり，187条は相続（包括承継）には適用されないと解されていた（大判大4・6・23民録21輯1005頁）。

ところが，判例（最判昭37・5・18民集16巻5号1073頁）は，187条1項は「相続の如き包括承継の場合にも適用せられ，相続人は必ずしも被相続人の占有についての善意悪意の地位をそのまま承継するものではなく，その選択に従い自己の占有のみを主張し又は被相続人の占有に自己の占有を併せて主張することができる」として，態度を変えるにいたった。

しかし，そうすると，理論的には，「被相続人の占有」と「相続人の占有」とは峻別されなければならないことに帰結するはずである。そこで，判例は，その後，既述したように，相続は185条にいう「新権原」に当たり，相続人は新権原により自己の固有の占有を取得するという見解を提示したのである（最判昭46・11・30民集25巻8号1437頁。詳細は，183頁【相続と「新権原」の問題点】）。ここに至って，「被相続人の占有」と「相続人の占有」とは明確に区別・分離されたのである。だが，両占有権の関係をどのように説明するかについて問題が残されたことは，上記(b)で見たとおりである（190頁【二面的占有権説と占有転換説】参照）。

3　占有権承継の効果

(1)　承継者の「占有」選択権

占有を承継した者は，一面では，前主の占有を継続していると見ることができるし，他面では，みずから原始的に占有を開始したと考えることもできる。そこで，民法は，占有者Aの承継人Bは，自己の占有のみを主張してもよいし，前主Aの占有を併せて主張してもよい，とした（187条1項）。

ただし，前主の占有を併せて主張する場合は，前主の瑕疵をも承継しなければならない（187条2項）。例えば，〔図①〕で，Aが悪意で占有を15年間継続し，Bがそれを承継して善意で10年間占有した場合，Bは，Aの占有を併せた25

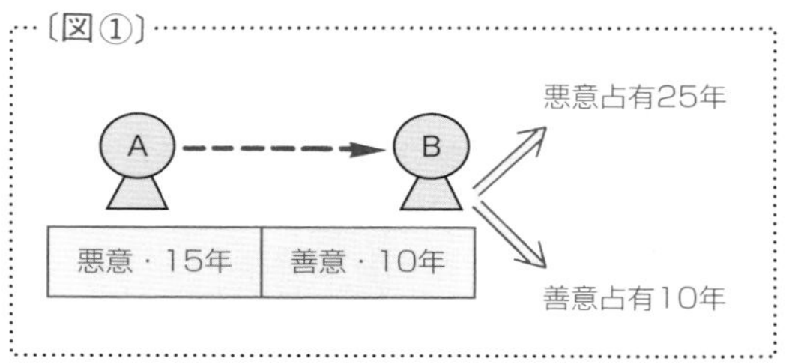

年の占有を主張してもよいし，自己の10年の占有だけを主張してもよいが，25年の占有を主張する場合は，Aの悪意（＝瑕疵）をも承継しなければならないから，悪意占有となるのである。

この187条の規定が，相続（包括承継）の場合にも適用があることは，前述した通りである（2(2)(c)（189頁））。

なお，187条は，占有の承継一般について規定しているが，実際には，取得時効だけに適用される規定である。

(2)　承継取得における「占有開始時の善意・無過失」

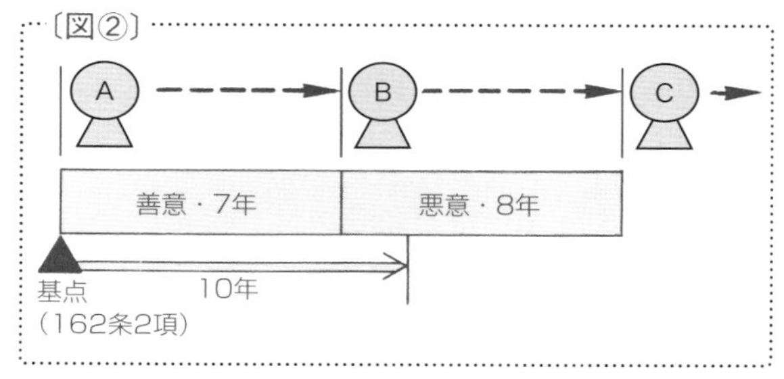

〔図②〕占有が，A（善意占有・7年）→B（瑕疵ある占有・8年）→Cと承継された場合，10年の取得時効は「占有の開始の時」善意・無過失を要求するが（162条2項），この「占有の開始の時」とはいつを指すのか。判例は，最初の占有者Aの占有開始時点において善意・無過失を判定すべきものとする（最判昭53・3・6民集32巻2号135頁）。

この判例の見解に立つならば，Bの主張する15年占有は善意占有となろう。さらに，CがA・Bの占有を承継したとき，Bの占有の瑕疵も承継するので（187条2項），全占有期間を通しての善意占有を主張することはできないが，10年の時効取得を主張するならば，「占有の開始の時」善意・無過失が要件となるので（162条2項），Cは，A・Bの占有を併せて10年の善意取得が可能となる。

【162条2項「占有の開始」は最初の占有者によって判定】　前掲最判昭53・3・6。A（善意占有・7年）→B（瑕疵ある占有・8年）→Cと承継された事案で，Cが162条2項の取得時効の成立を主張したことに対して（〔図②〕参照），──「10年の取得時効の要件としての占有者の善意・無過失の存否については占有開始の時点においてこれを判定すべきものとする民法162条2項の規定は，時効期間を通じて占有主体に変更がなく同一人により継続された占有が主張される場合について適用されるだけでなく，占有主体に変更があって承継された2個以上の占有が併せて主張される場合についてもまた適用されるものであり，後の場合にはその主張にかかる最初の占有者につきその占有開始の時点においてこれを判定すれば足りるものと解するのが相当である」，とした。

しかし，この判例については，162条2項は，192条と異なり，前主の占有を信頼して取引関係に入ることを前提としているものではないとして，反対する学説も多い（我妻=有泉486-487頁など）。

第3節　占有権の効力

1 序　　説

「占有権」は，1つの物権である。それゆえ，物権として保護され，物権としての効力を有する。ところで，占有権の基盤は，「占有」という〈事実的支配〉状態であった。そこで，占有権の保護およびその効力は，この〈事実的支配〉の尊重に尽きるのである。

このような占有権の効力の第1は，「占有」(＝事実的支配) それ自体の保護，すなわち〈事実的支配〉状態を一応そのままに保護することである。したがって，この状態を攪乱するものがあれば，それを排除する効力が与えられる。これが占有権の中心的効力であり，「占有訴権」として構成されている。

第2は，「占有」という事実的支配は，本権を伴っているのが普通である。このような蓋然性に立脚するならば，一般的に，「占有」が本権を徴表するものと考えても不都合はない（それが現実と異なるときは，覆えせばよいことである）。それゆえ，占有権には本権徴表的効力が与えられている。民法上，「権利の推定」として構成されているのがこれである。

第3は，「占有」という〈事実的支配〉状態から，本権を取得させてもよい場合も考えられる。とりわけ，占有者において善意であれば，その善意は保護されなければならないからである（民法における善意者保護の制度・政策)。あるいはまた，民法の制度上，「占有」を基準として権利の得喪変更を生じさせることを適当とする場合がある。それゆえ，これらは，占有の本権取得的効力として把握される。

以上の3つの効力は，いずれも占有権の〈事実的支配〉から基礎づけられるものである（鈴木52頁以下・62頁以下参照）。

次に，民法は，真の権利者が占有者から権利を回復した場合における，占有者と回復者との法律関係につき，特別の処理規定を置いた（189-191条，196条）。このこと自体は占有権の効力ではなく，不当利得的観念の問題であるが，本節の最後5でこの問題を扱う。

2　「占有」そのものを保護する効力 ── 占有訴権

(1)　占有訴権制度の意義

(a) 物権的請求権と占有訴権　占有訴権とは，「占有」状態（＝事実的支配）が侵害され，侵害されるおそれが生じ，または占有を奪われたときに，その侵害を排除し，そのおそれを除去し，または物を返還させて，「占有」（＝事実的支配）の回復・維持を求める請求権（物権的請求権）である。

物権が妨害排除的効力として物権的請求権を有することは既に学んだが（第１編第１章第３節3（23頁以下））。占有権も物権であるから，この物権的請求権を有するのである（ただし，占有訴権の場合には，損害賠償請求権など異質のものをも含んでいる）。ただ，占有権の場合は，「占有」という事実状態をそのままの形で保護しようとする点において，あるべき状態（権利の内容）を保護する他の物権と異なっている。例えば，盗人も，盗品に対して占有権を有するから，占有訴権があるのである（占有訴権の歴史的沿革は，川島124頁以下参照）。

(b) 占有訴権と自力救済　このように，占有訴権は，事実的支配を保護する制度なので，その事実的支配をめぐって，権利者の実力行使（自力救済）との紛争も問題となろう。いうまでもないことだが，物権の支配状態が侵害された場合に，それを自力でもって回復することは，法治国家（近代社会）では許されない。すなわち，「自力救済の禁止」の原則である（第１編第１章第３節3（23頁）参照）。

例えば，Ａの物をＢが盗んで所持していた場合，Ａは自力でもってそれを奪還することはできない。Ａが自力で奪還した場合には，盗人Ｂといえども，占有訴権によってその回復の請求と損害賠償の請求ができるのである（ただし，このような「相互侵奪」に問題があることは後に述べる。199頁【相互侵奪の場合】参照）。

【悪意占有者から真の所有者に対する占有回収の訴え ── 小丸船事件】

〔図①〕大判大13・5・22（民集3巻224頁146頁）。Aの小丸船をBが盗み，B→C→Dと転売されて，Dがその船を鉄鎖で係留し，施錠をしておいたところ，Aはその船を発見し，錠を壊して奪取し，それをEに売却した。D（原告）は，A（被告）に対して占有回収の訴えを起こした。なお，小丸船の売買は区長村長に名義書換を申し出なければならず，それをしないD（原告）は悪意の占有者に当たるものである。原審は，Aに対する損害賠償請求を認めた（船はEに売却されているので，回収は認めなかった）。Aの上告。

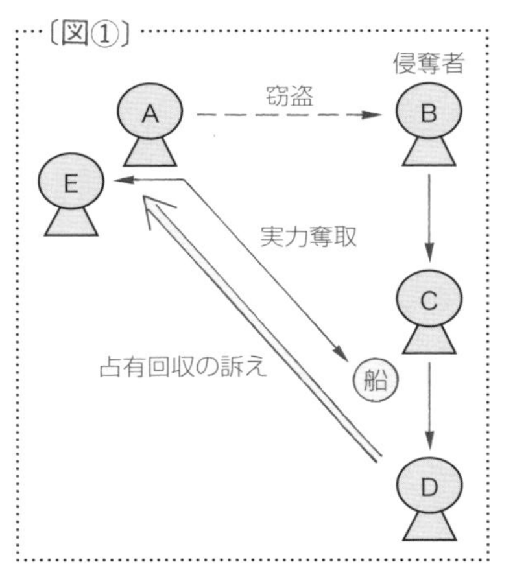

原審を支持して，上告棄却。「第200条第1項の規定に依れば，占有者が其の占有を奪はれたるときは占有回収の訴に依り其の物の返還及損害の賠償を請求すること得べく，其の占有者の善意悪意は問ふところに非ざるを以て，悪意の占有者と雖，尚占有回収の訴を以て占有侵奪者に対し占有の侵奪に因りて生じたる損害の賠償を請求することを得るもの」。

しかし，「自力救済」とは，まさに緊急の場合に必要とされるものであって，絶対的にこれを禁止することは，社会生活の上においても妥当ではないであろう。我われは，民法や刑法において，緊急時の私力の行使が正当性を有することを想起せねばならない（「正当防衛・緊急避難」の規定である720条，刑36条・37条）。そこで，それらの規定を類推し，① 私力をただちに行使しないと，後の訴訟によって権利の実現が困難になるような状況にあること，② 私力の行使が，緊急の権利確保に必要な限度を越えないこと，を要件として，これを認めるべきであろう（鈴木58頁。我妻=有泉500頁以下も同旨）。前掲大判大13・5・22（小丸船事件）については，批判も多いのである。

【占有訴権と自力救済が問題となる場合】　両者の関係が問題となるのは，次の２つの場合である。

(*1*)　**本権者の自力救済と占有訴権**　占有者Ｂに対して本権者Ａが実力行使で物を奪還しようとする場合である。Ｂは，Ａが本権者であろうとも侵害者であることに変わりはないのだから，占有訴権でもって排除することができるのが原則である。盗人といえども占有訴権を有するとされるゆえんである。

しかし，上記本文で掲げた要件の下に本権者Ａの自力救済が行われた場合には，その自力救済が正当化され，占有者Ｂによる支配秩序は形成されていないものと見るべきである。

(*2*)　**占有訴権と占有者の自力救済**　占有者が，占有訴権を使わずに，実力でもって物を奪還する場合である。占有者に占有訴権が認められたことは，占有者は占有の侵害を排除する場合には必ず訴えによるべきであって，自力による救済は許されない，ということを意味しよう。

しかし，この場合にも，前述の要件の下に，占有者は，占有訴権を使わずに，自力救済が認められるというべきである（鈴木59頁は，これを占有訴権の拡張とする）。

以上，いずれの場合にも，従前の支配状態が排除されたが，新しい支配秩序が確立されるまでの平和攪乱状態においては，さきに掲げた要件の下に，自力救済が認められるべきである。

(c)　占有訴権の性質　まず，占有訴権は，「占有」に対する侵害の排除を請求する実体法上の権利である。そして，本権に基づく物権的請求権が，あるべき状態に合致させることを目的とするのに対して，占有訴権は，現在のあるがままの状態を保護しようとするものである。

次に，占有訴権の内容（効果）は，後に見るように，占有の回復（目的物の返還，妨害の停止および予防）と，損害の賠償（または，その担保）である。

前者，すなわち「占有の回復」請求は，物権の支配権能に対する妨害の排除請求（物権的請求権）であるから，物権に本質的なものである。それに対し，後者，すなわち「損害の賠償」請求は，不法行為と同じ性質を持つものであって，便宜的に占有訴権の内容として加えられたものにすぎない。

それゆえ，「占有」の回復を請求するには，相手方の故意・過失を問わないが，損害の賠償を請求するには，相手方の故意・過失を要件とし，まさしく，不法行為の原理でもって処理されるべきである(物権的請求権における「費用負担」の問題と同一に考えるべきである)(第1編第1章第3節**3**(4)(30頁以下〔34頁以下〕)参照)。

(2) 占有訴権の当事者

(a) 占有訴権の主体　占有訴権の主体は,「占有者」である(197条前段)。その善意・悪意は問わず,悪意の占有者(例えば盗人)でも占有訴権を有する(前掲大判大13・5・22)。また,占有者のほか,「他人のために占有をする者」も占有訴権を有する(197条後段)。したがって,自主占有者でも他主占有者でもよく,また,自己占有者(直接占有者)でも,占有代理人による占有者*(間接占有者)でもよい。受寄者・財産管理人などの管理占有者も,占有訴権を有する。ただし,占有補助者ないし占有機関は,所持がなく,占有者とは認められないから,占有訴権を有しない(180頁【占有代理人と占有補助者】参照)。

*　**占有代理人の占有移転**　代理占有において,賃貸人がその占有を奪われたか否かは,占有代理人たる賃借人について判断されるべきである。したがって,賃借人が任意に物の占有を移転したときは,それが他人の欺罔によって生じた場合であっても,賃貸人は占有訴権を有しない(大判大11・11・27民集1巻692頁。なお,本判例については,後述(3)(c)(199頁)参照)。

(b) 占有訴権の相手方　占有訴権の相手方は,「占有」の侵害者(妨害者・侵奪者)である。ただ,若干注意しなければならない。「占有」の回復は,物権的請求権の行使であるから,その相手方は,現に妨害をし,妨害のおそれがあり,または物を所持している者である。

これに対し,損害賠償請求権の相手方は,みずから損害を生じさせた者であって,その故意・過失を要件とする。したがって,その特定承継人は,含まれない。それゆえ,侵害の排除を求める占有回復請求の相手方と,損害賠償請求の相手方とが異なる場合もあり得る。

(3) 占有訴権の態様

(a) 占有保持の訴え　占有者が,その占有を「妨害」されたときは,占有保持の訴えによつて,その「妨害の停止」,および「損害の賠償」を請求することができる(198条)。訴えを提起できる期間は,その妨害の存在する間か，またはその妨害が消滅した後1年以内である（201条1項本文）。後者の「消滅した後1年以内」というのは，いうまでもないことだが，損害賠償の請求期間である。この1年というのは除斥期間である。

なお，「工事」によって占有物に損害が生じた場合には，その工事着手の時から1年を経過し，またはその工事が完成したときは，占有保持の訴えを提起できない（201条1項ただし書）。工事の社会経済的意義を配慮しての期間制限である。

(b) 占有保全の訴え　占有者が，その占有を「妨害されるおそれ」があるときは，占有保全の訴えによって，その「妨害の予防」，または「損害賠償の担保」を請求することができる（199条）。損害賠償の担保は，妨害されるおそれがある以上，そのことにつき相手方の故意・過失を必要としない。訴えを提起できる期間は，妨害の危険が存する間である（201条2項本文）。

しかし，「工事」によって占有物に損害を生じるおそれがあるときは，前述の占有保持の訴えに準じ，工事着手の時から1年を経過したときは，訴えを提起することができない（201条2項ただし書）。

(c) 占有回収の訴え　占有者が，その占有を「奪われた」（＝侵奪された）ときは，占有回収の訴えによって，その物の「返還」，および「損害の賠償」を請求することができる（200条1項）。

占有を「奪われた」とは，占有者の意思に反して「占有」を奪われること，すなわち占有侵奪を意味する。したがって，賃貸借期間が終了した場合や，占有物を詐取された場合（前掲大判大11·11·27。198頁注＊参照）には，占有を奪われたことにはならないから，占有回収の訴えを使うことはできない。

【相互侵奪の場合】　問題は，「相互侵奪」（交互侵奪）の場合（Aの物をBが盗んだことに対し，真の所有者Aが奪い返すという場合）である（前掲(1)(b)(195頁)参照）。さきの「小丸船事件」（196頁【小丸船事件】）で，A（真の所有者）の自力救済を承認するか否かはここでは不問として，B（盗人）はAに対して占有回収の訴えを提起できるであろうか。

この場合は，奪還者Aの「占有」（事実的支配）がまだ継続していると見るべきであるから，Bの「占有」状態は認められず，したがって，Bの占有訴権は否定されるべきである。そうしないと，相互侵奪においては，収拾がつないからである。しかし，Bから譲り受けた取得者C・Dは，たとえその占有が悪意であっても，認められることになる（前掲大判大11・11・27）。

この占有回収の訴えは，侵奪者の特定承継人に対しては，その承継人が侵奪の事実を知っていない限り（＝悪意でない限り），提起することができない（200条2項）。善意の承継人（第三者）を保護する趣旨である（我妻=有泉510頁は，善意の承継人の占有に移るときは，占有侵奪の攪乱状態は平静に帰したものとみるべきだとする）。

占有回収の訴えの提起できる期間は，侵奪の時より1年以内である（201条3項）。

【侵奪者からの賃借人や受寄者は？】　〔図②〕上記の「侵奪者の特定承継人」との関係で問題となるのは，侵奪者からの賃借人や受寄者である。これらの者は，侵奪者の占有代理人（直接占有者）であり，厳密には特定承継人ではない。そこで，真の所有者は，これらの者に占有回収の訴えにより，その物の返還請求ができるであろうか。

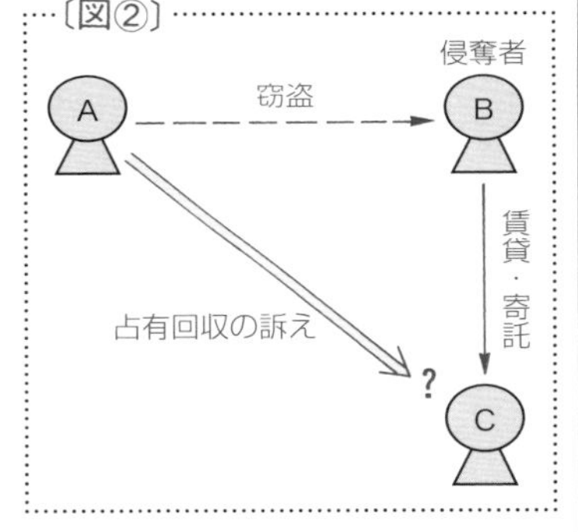

判例（大判昭19・2・18民集23巻64頁）・通説は，占有の関係では特定承継人であるとし，それらの者が悪意でない限り，占有回収の訴えを認めない（我妻=有泉511頁など）。したがって，善意の賃借人・受寄者であれば，従前の（侵奪者との）占有代理関係が真の所有者に移転するだけである。

「占有の関係では」という理由づけは，いまひとつはっきりしないが，結論的には妥当であろう。

(4)　占有訴権と本権の訴え

例えば，〔図③〕AがBに所有物を奪われた場合，Aは，本権に基づく訴えである所有権返還請求権と，占有訴権である占有回収の訴えの請求権を有することは，当然である。そこで，両訴えの関係だが，民法は，占有の訴えと本権の訴えとは互いに相妨げられないと規定する（202条1項）。

したがって，両訴えはまったく別々の訴えであるから，Aは，それらの訴えを同時に提起しても，別々に提起してもよい。また，一方が敗訴しても他方を提起することができる（このことの基礎として，民事訴訟法における既判力・一事不再理の原則を想起せよ。なお，「新訴訟物理論」は，このことを認めない）。

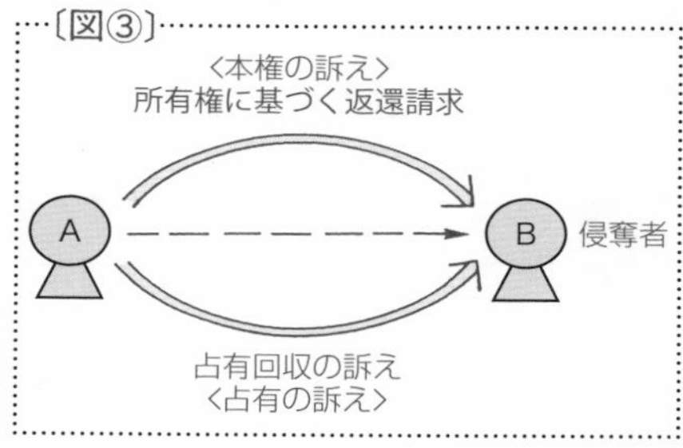

また，占有の訴えは，本権の訴えに関する理由に基づいて裁判をすることができないから（202条2項），占有の訴えの当否を判断するにあたっては，本権的理由を持ち出すことは禁じられている。

そこで，問題となるのは，例えば，Aが占有回収の訴えを提起している場合に，Bは，反訴として，所有権に基づく返還請求をすることができるか，である。判例（最判昭40・3・4民集19巻2号197頁）・多数説は，これを認める。反訴である以上，占有訴権に対する防禦方法ではなく，法文で禁止されているわけでもないので，肯定すべきである。

【占有訴権と反訴による本権の訴え】　〔図④〕前掲最判昭40・3・4。本件土地は，AからBに譲渡され，Bはその引渡しを受けてその上に建物の工事をしていた。他方，本件土地は，A→C→Dへと売買され，Dは，中間省略の方法でその登記を受けた。そして，Dが工事の施工を阻止し，土地使用を妨害したので，B（原告）は，D（被告）に対する立入禁止等の仮処分を申請して認められ，さらに，占有権に基づく妨害の停止を請求した（本訴）。これに対し，上記の方法で登記を受けたDは，所有権に基づく土地の明渡しを求めた（反訴）。

〔図④〕
A
B（本訴・原告）
C
登 D
（本訴・被告）
本訴
占有権に基づく妨害の停止の請求
反訴
所有権に基づく土地明渡請求

原審は，本訴請求を占有保全の訴えと解し，Dに妨害のおそれありとしてこれを認容したが，反訴も認容した。そこで，Bは，占有の訴えにつき本権に基づく反訴を提起することは202条2項に違背するとして，上告した。

上告棄却。「民法202条2項は，占有の訴において本権に関する理由に基づいて裁判することを禁ずるものであり，従って，占有の訴に対し防禦方法として本権の主張をなすことは許されないけれども，これに対し本権に基づく反訴を提起することは，上記法条の禁ずるところではない。そして，本件反訴請求を本訴たる占有の訴における請求と対比すれば，牽連性がないとはいえない。それゆえ，本件反訴を適法と認めてこれを審理認容した原審に所論の違法はない」。

3 本権徴表的効力 ──「権利の推定」

(1) 「占有」の権利存在の推定

占有権は，法理論上，本権とはまったく別個の存在として構成されている。しかし，占有は，現実には本権を伴っていることが多い。この蓋然性を基礎として，「占有」に本権の存在を推定させている。すなわち，占有者は，占有物の上に行使する権利を適法に有するものと推定される（188条）。

(2) 推定の内容

(a) 推定される権利 「占有」によって推定される権利は，通常は所有権であろうが，占有の態様によっては，地上権や質権，あるいは賃借権もあり得る（鈴木63頁）。

(b) 推定の期間 現在の占有者は，現に適法な権利を有するものと推定されるのはもちろんだが，過去のある時点での占有者は，その時点での本権の推定を受け，さらに，その間の期間についても権利存在の推定を受けうる（通説）。しかし，過去の時点で本権の不存在が立証されれば，現在の推定も破られるものと解すべきであろう。

(c) 登記の推定力との関係 不動産を占有する場合には，登記に推定力が認められるので（最判昭34・1・8民集13巻1号1頁），それとの関係が問題となる（第1編第2章第3節5(6)(b)ii（137頁）参照）。例えば，Aが登記名義を有する不動産をBが占有している場合である。Aは，登記の推定力により，権利適法の推定をうける。では，この推定が破られたときに，Bが所有者としての推定を受けるのかどうか。問題点は，不動産の場合にも占有に推定力を認めるのかどうかである。

〔A〕 否定説　既登記不動産については登記に推定力があるので，占有の推定力は排除されるとする（未登記不動産については占有に推定力を認める。我妻=有泉490頁，舟橋213頁）。したがって，Bは所有権者である推定は受けない。

〔B〕 肯定説　占有にも推定力を認め，第1次的には登記に推定力が与えられるが，それが破られたときは，第2次的に占有者が本権の推定を受けるとする（鈴木63頁，篠塚昭次「物権の変動と不動産の登記」法務総合研究所編『不動産登記をめぐる今日的課題』148頁）。したがって，Bが所有者としての推定を受けることになる。

不動産については，登記に推定力があるが，占有の推定力が排除される根拠はない（対抗力の問題とは別である）。現実においても，Bは実際に不動産を占有しているのだから，Aの登記の推定力が破られた場合には，Bの占有に本権の推定を認めることには意義がある。したがって，〔B〕説が妥当である。

なお，登記に代わる対抗要件 ── 建物保存登記による借地権（借地借家10条），農地の引渡し（農地16条），建物の引渡し（借地借家31条）など ── も，「登記」と同じく第1次的推定力が認められるものと解してよい。さらに，明認方法も，これと同じ扱いをすべきであろう。

(d) 前主に対する推定は？　例えば，賃借人が所有者との関係で賃借権の存否を争っている場合に，賃借人は自己の「占有」を根拠に賃借権の存在を推定されるのか，という問題であるが，このような推定は認めるべきではない（最判昭35・3・1民集14巻3号327頁）。また，既述したことだが（128頁），登記簿上の前所有者が現所有者に対して，当該所有権の移転を争う場合においても，現所有者の推定は働かない（最判昭38・10・15民集17巻11号1497頁）。

これら当事者間においては，権利の存在そのものを争っているのであるから，適法性の推定が働かないことはいうまでもない。「存在」それ自体の証明は立証の問題であり，当事者は権利取得を立証しなければならないのである。

(e) 推定は占有者の不利にもなる　占有者の本権存在の推定は，通常は，占有者の有利な防禦方法であるが，占有者にとって不利に働く場合もある。例えば，建物の賃貸人Aは，その建物に賃借人Bが備え付けた動産については先取特権を有するが（313条2項），Bがその動産につき所有権の不存在を争うには，みずから立証しなければならない。占有をしている以上，Bの所有物たる推定が働くからである。

(f) 推定は攻撃的にもなる　占有の推定は，通常は，防禦的に使われるのが一般である。しかし，攻撃的にも用いられることもある（田中整爾『注民(7)』57頁，鈴木64頁など）。例えば，未登記不動産の所有者が妨害排除を請求する場合，自己の所有権を立証する必要がないのは，その占有に本権の推定力があるからである。

4　本権取得的効力

「占有」は，ある場合には，占有者に本権を取得させる効力を有する。すなわち，善意占有者の果実収取権（189条1項），即時取得（192条），動物の取得（195条），取得時効（162条-163条），無主物先占（239条1項），遺失物拾得（240条），留置権・質権の取得（295条1項・342条）の各場合である。後4者は他の箇所で扱われるので，ここでは，前3者を取り上げる。この3つの場合は，いずれも，占有者が本権を有しないと判定されたときの，事後処理の規定であり，民法における善意者保護の制度として位置づけられるものである。──

(a) 善意占有者の果実収取権　善意の占有者は，占有物より生じる果実を取得する（189条1項）。この規定は，若干の問題を内包しており，「占有者と回復者との関係」の中で理解されるべき制度なので，次の**5**(1)で詳しく述べる。

(b) 即時取得制度　動産の善意占有者は，平穏・公然・無過失を要件として本権を取得できる（192条）。すでに「動産物権変動論」において詳述した（第1編第2章第4節**3**（149頁以下）参照）。

(c) 家畜外動物の取得　野性の動物は無主物であるから，それを捕獲した者は所有権を取得できる（無主物先占。239条1項）。しかし，いったん人に飼われた動物は所有者が決定するので，それが逃失したときに，遺失物となる。そこで，民法は，このような動物を捕獲した善意の占有者を保護するための規定を置いた。すなわち，他人の飼っていた家畜外の動物を占有している者は，占有の開始の時に「善意」であり，かつその動物が飼主の占有を離れた時から1か月以内に飼主から回復の請求を受けなかったときは，その動物の所有権を取得する（195条）。

家畜は，たとえ逃失したものであっても，取得することはできない。

5　占有者と回復者との関係

(1) 序　説 ── 規定（189条〜191条・196条）の位置づけ

《不当利得的思想》　民法は、真の権利者が占有者から権利を回復した場合の法律関係を処理する特別規定を置いている。《189条ないし191条および196条》がそれである。これらの規定は，占有者がそれまで占有・使用してきた物について本権がないとされた場合に，その間の果実の取得，滅失・損傷による損害賠償，支出した費用の償還につき，その返還関係を特別に定めるものである。これらの規定の根底に存するものは，占有者の占有権限が否定された結果として生じる返還準則なのであるから，不当利得的思想であることは疑いない。そうすると，当然のことながら，703条以下が定める不当利得の一般返還原則との関係いかんが問題となろう。それゆえ，この諸規定を，不当利得規定との関係でどのように位置づけるべきか。この問題は，不当利得制度をどのように理解するかによって，その位置づけも異なる（詳細は，【Ⅵ】46頁以下参照）。

〔A〕 統一論 ── 不当利得特則説　この説は，まず，わが国の不当利得法を，ローマ法以来の「給付不当利得」と近世法で拡張された「その他の場合」とが統一されたものであるからこれを統一的に理解すべきであるとした上で，回復者（所有権者）による返還請求の法的構成は，物の所有権が誰に帰属するかにかかわりなく，また契約関係のあるなしにかかわりなく，不当利得返還請求として構成すべきだとする。そして，189条ないし191条・196条は，不当利得（703条）の特則であるから，果実・損害賠償・費用償還等についてはこれらの規定が適用されるのだ，と説く（我妻榮『民法研究Ⅱ』167頁以下，我妻=有泉489頁・496頁）。

〔B〕 類型論 ── 侵害不当利得（付随的返還関係規定）説　この説は，まず，不当利得につき，大きく，「給付不当利得」と「侵害不当利得」とに類型化する。そして，給付不当利得においては，契約関係の清算（白紙還元）は，契約規範に基づいて行われることになるから，189条ないし191条・196条の返還関係規定は無縁となる。しかし，侵害不当利得においては，本来的に所有権に基づく原物返還（ないし原物に代わる利得の返還）がされるが，その際，それに伴って回復者と利得者との間に利害調整のための付随的な返還関係が生じる。それが，果実・損害賠償・費用償還等の問題であり，したがって，これを規定するのが189条ないし191条・196条の諸規定であると解する。

不当利得の法定構成の詳細についてはここでは触れないが，私は，基本的には〔B〕類型論的処理が妥当であると考える。それゆえ，189条ないし191条・196条の諸規定は，付随的返還関係規定と解する（【Ⅵ】50頁参照）。

以上のことを前提に，ここでは，不当利得法理の一制度として，189条ないし191条・196条の諸規定がいかなる内容をもっているのか，またその問題点を考察しよう。

(2) 占有者の果実の取得

(a) 善意占有者の果実の取得　善意の占有者は，占有物より生じる果実を取得する（189条1項）。ただし，善意の占有者が本権の訴えにおいて敗訴したときは，その訴えの提起の時より悪意の占有者とみなされる（189条2項）。

i　規定の趣旨　この規定は，「占有者」には本来果実収取権がないのだが，それを有していると誤信して物（元物）を占有し，その物が果実を生じた場合に，善意の占有者にはその取得を認めようとする趣旨である。果実は，通常は，元物を占有する者に収取権があるのが普通だからである（89条1項）。

ii 「果実」の範囲　「果実」は，元物から実際に得た〈収益〉であり，天然果実（自然的産物）と法定果実（客観的金銭評価）とがある（88条）。

このほか，〈使用〉利益が果実に含まれるのかどうか。「使用利益」とは，厳密には，占有者が権利者の物を「占有してきたことの利益」（実際に得た利益とは関係がない抽象的利益）と，それを自分の物と思って実際に「使用してきたことの利益」（実際に得た具体的利益）とに分けられるが，ここでの問題は，自分の物であると誤信して得た果実については返還する必要はないというのであるから，その両方の利益が含まれることは疑いない。そして，その限りにおいて，判例が使用利益は法定果実に吸収されると解したことは正しい（大判大14・1・20民集4巻1頁。ただし，用語的には問題があろう）。

> **【189条1項の問題と194条の問題との峻別】**　上記の問題と，194条の問題，すなわち，占有者（即時取得者）は原権利者から代価弁償を受けるまでの使用利益を返還すべきか否かの問題とは，区別されなければならない。後者の場合には，「占有」（物の留置）することを返還拒絶の抗弁とするものであるから，実際に「使用」して得た利益と峻別されるべき「占有」利益（したがって，「占有の不当利得」）が問題となるのである。判例（最判平12・6・27民集54巻5号1737頁）は，概念を混同しているといわなければならない（詳細は，前掲第1編第2章**3**(5)(b) ii（162頁）参照）。

iii 「果実を取得」とは　条文には「果実を取得する」とあるが，「取得してすでに消費した果実」の返還は必要なしというのは当然だが，「取得して現に持っている果実」についてもその返還の必要はないのであろうか。取得できるとする説（我妻=有泉494頁）と返還すべきだとする説（舟橋310頁）とに分かれるが，191条の善意占有者の現存利益返還義務の趣旨からいっても，後者の説が正当であろう。

iv 「善意」とは　「善意」とは，占有者が，果実収取権を内包する本権（所有権・地上権・永小作権・賃借権・不動産質権など）を有していると誤信することである。しかし，動産質権者，留置権者，受寄者などは ── 本来的に果実収取権を有しないのであるから ──，そのような誤信をしても，189条の適用外である（通説）。

また，善意とは占有者の主観的意思であるから，真の権利者から本権のないことを指摘されたとしても，本権を有することを確信している以上は善意である。だからこそ，裁判において敗訴したときは，訴えの提起の時から悪意とみなされるのである（189条2項）。

v　果実取得と不法行為　果実の取得は,「善意」占有者に認められるものであるが,189条1項では「無過失」を要求していない。したがって,「過失のある」善意占有者でも果実を取得する。そこで問題なのが，善意・有過失者は不法行為を構成するのか否かである。もし，これを肯定するならば，善意・有過失者は損害賠償を支払わなければならない。

〔A〕　否定説　189条が善意占有者に果実の取得を認めているのだから，その取得が不法行為を構成することはない，とする（於保201頁，川井121頁）。

〔B〕　肯定説　189条と709条とは競合的に適用され,「有過失者」は189条を援用して損害賠償責任を免れることはできない。その反面,本権の訴えで敗訴しても当然に不法行為上の責任が発生するわけではない，とする（我妻=有泉495頁）。

189条は，本来「果実」の収取権を有しない占有者に,「善意」であればその取得を認めようとする政策的規定であって（前掲i参照），この政策的判断が「過失」者にも拡張されているのである。したがって，損害賠償責任を発生させる不法行為とは規定の趣旨（目的・要件）が異なるのであるから,〔B〕肯定説が正当といわなければならない（旧版を改説する）。ただ，実際問題としては，取得した果実代価と損害賠償額とは相殺されよう。

(b) 悪意占有者の取扱い　悪意の占有者は，現存する果実を返還し，かつ，すでに消費し，過失によって損傷し，または収取を怠った（すなわち，本来は収取することができたであろう）果実の代価を返還しなければならない（190条1項）。暴行もしくは強迫または隠匿によって占有している者も，悪意占有者と同様に扱われる（190条2項）。また，善意占有者も，本権の訴えで敗訴したときには，訴えの提起の時から悪意占有者とみなされる（189条2項）。

本条は，悪意の占有者について，果実（ないしその代価）の返還を規定するものである。したがって，損害賠償を問うものではないから，不法行為責任を排除しない（大判大7・5・18民録24輯982頁，大判昭7・3・3民集11巻274頁）。ただ,「189条2項の悪意占有者」（訴えの提起の時から悪意とみなされる善意占有者）は，果実（ないしその代価）の償還に関して悪意者とみなされるわけだから，そのことが直ちに不法行為を構成することにはならない（最判昭32・1・31民集11巻1号170頁）。

(3) 占有物の滅失・損傷に対する責任

占有物が，占有者の「責に帰すべき事由」によって滅失または損傷したときは，占有者は，一定の責任を負わなければならない（191条）。その責任の態様は，2つに分けられる。――

i 「悪意」の占有者　悪意の占有者は，回復者に対して，その損害の全部を賠償しなければならない（191条前段）。

ii 「善意」の占有者　善意の占有者は，現に利益を受けている限度において賠償（現存利益の賠償）をすればよい（191条後段）。ただし，善意の占有者といえども，「所有の意思」を有しない者（＝他主占有者）（例えば，賃借人など）は，全部の賠償をしなければならない（191条ただし書）。

(4) 占有者の費用償還請求権

(a) 必要費の償還請求　占有者が占有物を返還する場合には，その物の保存のために支出した費用（＝必要費）を回復者から請求できる（196条1項本文）。ただし，占有者が，果実を取得したときは，通常の必要費は，占有者の負担となる（196条1項ただし書）。

(b) 有益費の償還請求　占有者が，占有物の改良のために支出した費用（＝有益費）については，その価格の増加が現存する場合に限って，回復者の選択に従い，その支出した金額または増価額を償還させることができる（196条2項本文）。ただし，悪意の占有者に対しては，裁判所は，回復者の請求により，その償還について相当の期限を許与することができる（196条2項ただし書）。悪意占有者が留置権を行使する場合（295条。必要費・有益費は占有物から生じた債権である）などに対する回復者の保護である。

第4節　占有権の消滅

占有権は,「占有」という事実関係を基礎として発生する権利であるから,混同(179条3項),消滅時効(166条以下)などによっては消滅せず,以下のような,占有そのものの特質に基づく原因によって消滅する。

1　自己占有(直接占有)の消滅原因

占有権は,「自己のためにする意思」(＝占有の意思)をもって,物を「所持」することによって取得されるのだから(180条),占有者が,占有の意思を放棄し,または占有物の所持を失うことによって消滅する(203条本文)。

(a) 占有の意思の放棄　占有の意思の放棄とは,占有者が「自己のためにする意思」を持たないことを積極的に表示することである。したがって,単にこのような意思を有しなくなったというだけでは,占有権は消滅しない。

(b) 所持の喪失　占有物の「所持」は占有継続の要件でもあるから,所持を失うと占有も消滅する。ただし,所持を喪失した場合であっても,占有者が占有回収の訴えを提起したときは,占有を失わなかったものとして扱われる(203条ただし書)。

ここで「訴えの提起」とは,占有回収の訴えに勝訴することだと解されている。判例は,勝訴のほかに,現実にその物を回復することが必要だとしている(最判昭44・12・2民集23巻12号2333頁)。

2　代理占有(間接占有)の消滅原因

占有代理人を通して占有をする場合に,本人たる占有者の占有権は,以下の事由によって消滅する(204条1項)。すなわち,──

i　本人が，代理人に占有をさせるという意思を放棄したこと

ii　占有代理人が，本人に対して，以後，自己または第三者のために占有物を所持すべき意思を表示したこと

iii　代理人が，占有物の所持を失ったこと

なお，204 条 2 項は，「占有権は，代理権の消滅のみによっては，消滅しない」と規定するが，この規定は，占有代理関係は外形的に存在すれば足り，法律上有効なことまでは必要としない，ということを注意的に定めたにすぎない。例えば，賃貸借契約が終了しても，賃借人が物を代理占有しているという事実的支配関係が継続する以上，代理占有は継続することになる。

第5節　準　占　有

1　準占有の意義

これまで見てきたように，民法は，「物」に対する事実的支配を，占有権として保護している。しかし，このような法的保護は，「物」以外の利益＝「財産権」についても，同じく必要とされよう。そこで，民法は，これを「準占有」（権利の占有）として規定した（沿革については，川島143頁以下参照）。

「準占有」とは，「自己のためにする意思」をもって，「財産権の行使」をすることである（205条）。そして，この「準占有」を通して，「準占有権」というべきものが成立する（我妻＝有泉522頁）。

「準占有権」は，多くの場合に，本権を伴うであろうが，しかし，それとは切り離されて考えられるべきことは，占有権の場合と同様である。例えば，特許権や著作権を「自己のためにする意思」をもって有している者（準占有者）は，第三者または前主がそれを侵害する場合には，本権の存在とは無関係に，妨害の排除（制作の差止）を請求できるのである。このように，すでに述べた「占有権」の概念・法効果がそのまま当てはまるものと考えてよい。

2　準占有の内容

(1)　準占有の要件

「占有」と同じく，下記の主観的要件・客観的要件が必要である（205条）。

i　「自己のためにする意思」　「占有」の場合に同じ（第1節**1**(2)(b)（181頁）参照）。

ii　「財産権の行使」　「占有」における「所持」に相応するものであって，一般社会通念上，財産権がその者の事実的支配のうちにあると認められる客観的事情があることである。

(2) 準占有の成立

(a) 準占有が成立する財産権 一般に，財産権であれば準占有が成立すると考えられるが，しかし，物の占有を内容とする財産権（所有権・地上権・永小作権・留置権・質権・賃借権）は，通常の「占有」を発生させるので，準占有を認める意味はない*。

これに対し，占有を媒体としない財産権（先取特権・抵当権）は，物の有する交換価値に対する支配であるから，準占有が認められる。地役権については若干問題となるが，判例（大判昭12・11・26民集16巻1665頁）・通説は，所有権・地上権などと比較し，土地の事実的支配が弱いことを理由に準占有の成立を認めている。しかし，準占有の対象となる最も重要な財産権は，特許権・著作権・商標権などの知的財産権である。

* **反対説**　これに反対する説もある。川島博士は，このような物の利用権にも準占有が成立し，その妨害に対しては，「準占有」訴権により排除されるとする（川島144頁以下）。

(b) 債権・取消権・解除権などの一回的権利は？ 財産権の行使が継続的ではなく，一回限りであり，それによって消滅する権利について，準占有は成立するであろうか。一般に債権は，債権の内容に相応しているものを事実上支配しているので，準占有が認められるが，通常の指名債権は，その債権の内容が一回の行使によって消滅するものである。判例（大判大10・5・30民録27輯983頁）・通説（我妻＝有泉521頁）は，この場合でも準占有が成立するとする。しかし，反対説（鈴木81頁）も有力である。

(3) 準占有の効果

(a) 占有に関する規定の準用 上記のような財産権の準占有については，占有に関する規定が準用される（205条）。したがって，さきに述べた占有権に関する3つの効力 ── 占有そのものを保護する効力，本権徴表的効力，本権取得的効力 ── が，原則としてすべて認められる（具体的には，権利の推定（188条），果実の取得（189条・190条），費用償還請求権（196条），占有訴権（197条以下）など）。

さらに，財産権の準占有者に対しては，取得時効が認められる（163条）ほか，債権の弁済者を保護するため，債権の準占有に公信的効力が与えられている（478条）。

(b) 即時取得の規定は準用されない　即時取得の制度（192条以下）は，頻繁に取引される動産の取引安全を図る必要があり，また，公示方法が占有以外にないため，占有に公信力が与えられたものである。しかし，準占有の対象となる財産権は，動産ほど頻繁に取引の対象とされないか，または，公簿への登録など他の公示方法が備わっているので，即時取得の適用はないものと解すべきである（通説）。

(4) いわゆる「債権の準占有者」に対する弁済者の保護

債務の弁済につき，受領権限がないけれども，取引上の社会通念に照らして「受領権者としての外観を有する者」（＝表見的受領権者）に対してした弁済は，弁済者が善意かつ無過失であったときに限り，有効である（478条）。この「表見的受領権者」を，2017年改正前は，「準占有者」と言ってきた（旧478条）。例えば，預金者でないBが，預金者Aの預金通帳と印鑑を持参してC銀行に支払を求めた場合，C銀行が，B（債権の「準占有者」）を真の預金者だと誤信し，善意かつ無過失で支払いをしたときは，有効となる。

この問題は，外観信頼者保護の問題であって，478条は，表見的権利者に対する善意弁済者を保護する規定であるから，205条の「準占有者」概念とは無縁である。このことから，改正478条では，「準占有者」の用語が消失した（詳細は，【Ⅳ】478条の項目参照）。

第2章 所　有　権

第1節 序　説

1 所有権の意義

所有者は，法令の制限内において，自由にその所有物を使用し，収益し，処分する権利を有する（206条）。その意味するところは，所有権は，物を全面的に支配する権利であるということであった。このような物支配関係の構造が，民法制度の基礎をなすものであることは，既に述べた（第1編第1章第1節2（3頁以下）参照）。

ところで，この強力な所有権は，近代社会の歴史的産物であるということを想起してほしい。身分的羈束関係から成り立つ封建制度下にあっては，身分的羈束がそのまま土地の支配態様（領有・保有・利用等）に結合していた。そこでは，自由なる所有権という観念自体が存在しないとともに，土地自体も単一の権利関係にあるのではなく，様々な拘束を伴っていたのである。

資本制社会（近代社会）は，このような身分的羈束を否定することと，土地を商品化させること ── すなわち，全面的支配権としての「所有権」の承認 ── によって始まった。そのことを表現する私的所有権の尊重（所有権の絶対）という思想は，資本主義社会の基軸であり，その出発点だったのである。これが，封建制を否定する思想として，近代法体系のなかに組み入れられた。憲法上，私有財産の不可侵として明定され（憲29条1項），それを承けて，民法では所有権絶対の原則として現れているのである。民法206条は，このようにして成立した「所有権」（近代的所有権）の内容 ── 使用・収益・処分という全面的支配権能 ── を規定している。

【近代的所有権前史】　近代社会以前における所有関係は，上記のように，身分の羈束を伴っており，農民を土地に緊縛する役割を果たしていた。そして，そこに見られる所有権は，全面的支配権としての「近代的所有権」とは異なり，物権的利用関係が ── 階層に応じて ── 分属するいわゆる「分割所有権」の様相を呈していた。さきに取り上げた「上土権」（8頁注＊＊＊）や後述の「永小作」（278頁【小作関係小史】）は，この分割所有権の一種である。

徳川時代においては，土地の永代売買は禁止され（1643年（寛永20）），また，そこに耕作する作物も限定されていた。完全な農民の土地緊縛である。明治に入って，商品経済（資本制経済）を発展させるため，政府は，まず，田畑勝手作の令を出し（1871年（明治4）），次いで，土地の永代売買を解禁する（1872年（明治5））とともに，土地所有権を「地券」に表象させることにした（明治5年）（近江『研究』42頁以下・55頁以下参照）。ここで問題となったのが，「地券」を誰に交付するか，である。地券の交付を受ける者が，単一の土地所有者となるからである。明治政府は，これを，いわゆる「上級所有権」者（地租負担者・小作料徴収者など）へ交付した（当然のことながら，下級所有権的権利者である小作人からの大反発があり，全国的な問題となった（278頁【小作関係小史】参照））。そして，この大規模な地券交付事業を通じて，分割所有権の関係は崩壊していった（詳細は，福島正夫『地租改正の研究』参照）。わが国の近代的所有権は，かく始まったのである。

2　所有権の性質

(1)　近代的所有権の性質

近代的所有権概念は，上で述べたように，封建的土地支配観念との対比の上に成り立つものである。以下に掲げる近代的所有権の諸性質は，その観点から考えなければならない。

(a)　観念性　近代以前の社会にあっては，土地の所有は現実の支配（占有）がなければならなかった。例えば，ゲルマン社会にあっては，支配権原の法的表現であるゲヴェーレは，現実の占有に対して認められるものであった。しかし，近代的「所有権」という支配権は，現実的支配（占有）とは無関係に存在するものであり，その意味から，「所有権」は観念的支配権として捉えられるのである。

(b) 絶対性 この言葉は多義的であるが，私法的側面から考えるならば，上記**1**から理解されるように，近代的所有権においては，所有権者は自己の所有権を誰に対しても主張できること，と捉えるのが一般である。したがって，この性質は，債権の相対性 ── 特定の人に対する権利 ── との対比概念である（第1編第1章第2節**2**(2)(c)（15頁）参照）。

(c) 私的性質 近代的所有権が，社会関係からまったく切り離され，純粋に，物に対する人の私的支配関係として構成されていることを指している。

(2) 制限物権との比較による所有権の性質

(a) 全面的支配権 前に叙したように（3頁以下），〈使用〉・〈収益〉・〈処分〉という支配権能のうち，制限物権（他物権）は1つないし2つの権能しか有しないが，所有権はそのすべての権能を有することである。

(b) 渾一性（こんいつ） 所有権は，目的物に対するあらゆる権能を流出させる渾一な内容を有している。すなわち，各種の権能が単に統合されたというのではなく，それらの源泉として観念されるものである。用益物権や担保物権の設定は渾一な内容の一部の具体化であり，また，所有権と制限物権が混同する（179条）のは，この性質のためだ，と説明される。

(c) 恒久性 所有権は，一定の存続期間内で成立するというものではなく，目的物が存在する限り永久に存続する。また，所有権は，これを行使しなくても，消滅時効によって消滅することはない（166条2項参照）。

(d) 弾力性 所有権に用益物権や担保物権が設定されると，その全面的支配権能がその範囲で縮減されることになるが，その用益物権や担保物権が消滅すれば，その縮減された支配権能は再び元の全面的支配権能に復元する。

第2節　所有権の内容

1　所有権の基本的原則

民法は，所有権の内容につき，「法令の制限内において，自由にその所有物の使用，収益及び処分をする権利」であると規定する（206条）。このことの意味についてはすでに前節で説明したが，ここに「使用」とは，客体（目的物*）を物質的に使用することであり，「収益」とは，目的物から生じる果実を収取することであり，「処分」とは，目的物の物質的変形・改造や，消費，破棄，あるいは，法律上の譲渡，担保権の設定などを含んでいる。

そして，所有権者は，自己の所有物（所有権の客体）を，このように「使用」・「収益」・「処分」をすることは〈自由〉だ，というのである。

しかし，所有権者は所有物の使用・収益・処分が自由だといっても，それが他人の権利を害するようなことがあれば，容認されるわけではない。社会に生活する以上当然のことであって，そこには，おのずと一定の制限があるのである。また，土地所有権はその上下に及ぶのが原則だけれども，しかし，実際を考えてみても，無限に及ぶというわけではない。所有権の及ぶ効力や所有権の行使については，必然的に，それ自体から，または社会的に制約があるのである。

このように，206条にいう自由なる使用・収益・処分とは，一定の制約が加わることに注意しなければならない。以下では，① 所有権の行使に対する制限，② 土地所有権の及ぶ範囲，③ 相隣関係の問題，を取り上げよう。

* **所有権の客体**　所有権の客体（目的物）となり得るものは，民法上の「物」（＝有体物）（85条）に限られる（第1編第1章第2節**3**(**1**)(**b**)（16頁））。それゆえ，債権の上に所有権観念は成立しない（「債権の帰属」という）。

また，有体物または債権以外の財産的価値のある財産権，例えば，著作権，特許権，実用新案権，商標権，意匠権などの「知的財産権」に対する全面的支配権は，民法上の所有権とは別個の法律により保護が与えられている。

2 所有権の行使に対する制限

(1) 法令による制限

(a) 制限規定　206条は，所有権の行使を，「法令の制限内において」とするが，ここにいう法令とは，法律および法律により委任された命令等も含まれる。法令による制限は多々あるが，その主なものを挙げよう。

i　民法上の制限　所有権相互間の調整を図る相隣関係の規定（209条以下）のほか，借地借家法・農地法などの特別法による，利用権を保護するための制限がある。民法1条は，このような制限の原則性を掲げている。

ii　公法上の制限　公権力により強制的に土地所有権を取り上げる土地収用法，都市計画法などのほか，土地の合理的開発・利用のために一定の制限を加える都市再開発法，都市計画法，土地区画整理法，宅地造成等規制法，土地改良法，農地法，河川法，森林法，建築基準法，古都保存法，自然公園法などがある。

iii　公害防止・環境保全に関する規制　それらの目的から，土地・建物・機械設備等の所有権を規制する大気汚染防止法，水質汚濁防止法，騒音規制法，自然環境保全法などがある。

iv　その他の制限　麻薬取締法，あへん法，覚せい剤取締法，銃砲刀剣類所持等取締法，火薬類取締法なども，各目的からの所有権の制限である。

(b) 制限の態様　以上の法令による制限は，次の3つの態様に分けることができる。――

i　認容義務　第1は，他人の侵害を認容すべき義務を伴う制限である。主として相隣関係にその制限が多い。

ii　不作為義務　第2は，所有権者が所有権を行使してはならない義務を伴う制限である。相隣関係，建築基準法などに見られる。

iii　作為義務　第3は，所有権者が一定の積極的な行為をすべき義務を伴う制限である。相隣関係のほか，建築基準法にも見られる。

なお，法令による制限の場合に問題となるのが，制限に対する「補償」である。相隣関係では，相手方が補償または償金を払うべき場合がある（209条2項，212条，221条2項，222条）。公法による規制では，一般に補償に関する規定を置いているが（例えば，土地収用68条以下，自然公園64条，文化財52条，森林35条など），置いていない場合（鉱業法，都市計画法，建築基準法など）には困難な問題が生じよう。

⑵　判例による制限

法令による制限が存在しない場合でも，裁判所は，早くから，権利濫用の禁止法理によって所有権行使を制限してきた。この法理は，第2次大戦後，「権利の濫用は，これを許さない」（1条3項）として明文化された。

判例は，権利濫用法理の適用によって所有権を制限するにあたり，最初，権利行使者の加害意思（主観的要件）と両当事者間の利益の衡量（所有権の侵害による損失と侵害除去のために要する費用との比較衡量）から判断していた（大判昭10・10・5民集14巻1965頁（宇奈月温泉事件））。

その後，判例は，後者（両当事者の利益衡量）を重視するようになり（大判昭11・7・10民集15巻1481頁（発電用トンネル掘削事件），大判昭13・10・26民集17巻2057頁（高知鉄道埋立工事事件）），さらに，大戦後，私権の公共性が法文化されるにいたっては（憲29条2項，民1条1項），所有権制限の根拠を権利の公共性に求めることが多くなった。この明文規定は，いわば，当事者の利益衡量の判断基準（客観的指標）として機能するようになったのである。

現在の判例は，この延長上にあり，私権の社会性・公共性から所有権が制限を受けるものとしている（最判昭40・3・9民集19巻2号233頁（板付飛行場事件 ── 米軍に提供されている土地につき，借地期間満了を理由として明渡を請求することは，社会性・公共性を無視した過当な要求であり，権利濫用にあたるとする））。なお，権利濫用法理については，『民法総則』で説明される〔▶→【Ⅰ】「権利濫用の禁止」（24頁）〕。

3　土地所有権の及ぶ範囲

(1)　土地の上下

土地所有権は，法令の制限内において，土地の上下に及ぶ（207条）。地表のみならず，地上の空間と地下まで排他的支配権があるという趣旨である。しかし，法令の制限内という限定が加わるとともに，支配の自然的ないし法律的な限界があることは当然である。

まず，法令による制限であるが，法令によれば無限定に所有権の制限が認められるというものではなく，それ自体，憲法29条2項の「公共の福祉に適合」を前提とすべきものである。

次に，「支配の自然的ないし法律的な限界」といったが，物理的なそれではなく，法律的な支配可能性とその意味を考えるべきである。支配権（支配可能性）というからには，対象を支配することによるなにがしかの利益に培われているはずである。この観点から，当該土地を所有（支配）する利益の存する限度で上下に及ぶ*，と解すべきだろう（スイス民法・ドイツ民法などの所有権制限思想が参酌されるべきである）。

＊　**大深度地下利用法**　道路や地下鉄，上下水道など，公共性の高い事業を進めるため，地下40メートル以上の空間を「大深度地下」とし，この地下空間の利用を図るものである（2001年4月施行）。この空間については，原則として，土地所有者の同意や補償を必要としない。対象となるのは，首都圏，中部圏，近畿圏の三大都市圏である。国土交通省は，東京外郭環状道路（外環道）の都内区間16キロをこの方式で建設するという（2003年）。

(2)　地中の鉱物

土地を構成する土や石などに土地所有権が及ぶことはいうまでもないが，地中に含まれる鉱物（鉱業3条に列挙する鉱物）については，国が，その掘採および取得する権利を鉱業権（同5条）または租鉱権（同6条）を有する者に賦与する権能を留保しているので（同2条），土地所有権は及ばない。

(3)　地　下　水

地表の流水については，相隣関係の中に規定があるが（214条-222条），地下水については，何ら規定がない。判例は，地下水を，原則として土地の構成部分と見ているようである。

まず，自然湧出の地下水は，原則として，土地所有者がこれを自由に使用でき，何ら制限を受けないが（大判大4・6・3民録21輯886頁），地下水が他人の土地に流出する場合は，その他人が，慣習法上，流水利用権（水利権）を取得することがある。このような場合には，湧出地の所有者は，それを侵害することはできない（大判大6・2・6民録23輯202頁。7頁注＊所掲）。

次に，土地掘削による地下水（井戸や温泉を掘って引き出す地下水）は，最初，土地所有権者が自由にこれを使用することができ，その使用について他人を害してもやむをえないとしていたが（大判明29・3・27民録2輯111頁），その後，反対の慣習が存在しない限り，地下水の利用は自由であるという態度を経て（大判明38・12・20民録11輯1702頁），他人がすでに有する利用権（温泉権・水利権など）を害しない限度で，土地を掘削して地下水を使用することができるとした（大判昭7・8・10新聞3453号15頁）。土地掘削による場合は，他人の利用している流水が涸渇したり，流水被害等が生じるからである。

(4)　海面下の土地

海水の常時侵入する海面下の土地（「海」と「陸地」とは，海水の表面が最高高潮面に達した時の水際線をもって区別される。したがって，海面の地所は「海」である）は，国の公法的支配管理に服する公共用物（国財3条2号参照）であって私人の所有権の対象とはなりえないが，国がその公共の用を廃止し，払い下げることによって，私人は有効にその所有権を取得できる（最判昭52・12・12判時878号65頁（羽田空港事件），最判昭61・12・16民集40巻7号1236頁（田原湾事件。ただし，本件では否定）。詳細は，阿部泰隆「海面下に没する干潟の所有権の有無」法セミ388号15頁，幾代通「海面下の土地と所有権」ジュリ882号86頁参照）。海面下の土地に私人の所有権が成立し得ることを前提とする法規も存在している（海岸3条，港湾4条2項，漁業13条1項4号など）。

なお，自然に海没（津波等で海没）した土地でも，その支配可能性および経済的価値を備える限り，滅失に当たらないことは，既述した（第1編第2章第6節3(a)（174頁）参照）。

4　相隣関係

(1)　相隣関係の意義

所有権の客体としての一筆の土地は，人為的に区分されたものであって，他の土地とは相互に隣接し合っている。それゆえ，自分の土地の利用は，隣接する土地に対して影響を及ぼすことが少なくない。そこで，隣接する土地所有者相互間の土地利用を調整することが必要となる。民法は，これを「相隣関係」として規定した。

このような相隣関係に関する民法上の規制は，一面では，隣接する土地の利用を調整するための土地所有権の制限であるが，他面においては，土地所有者が自己の所有権を隣接地にまで及ぼし，または他人の協力を要求できるとしており，この意味からは所有権の内容の拡張でも*ある。それゆえ，相隣関係は，所有権の制限と拡張という二面性を有している。

* **相隣関係に対する妨害**　例えば，後掲の囲繞地通行権は，袋地所有者権の拡張として，その内容となる。したがって，その通行権に対する妨害は，袋地所有権に対する妨害となる。このように，相隣関係の各権能に対する妨害は，所有権に対する妨害となることに注意せよ。

相隣関係
- 隣地使用に関するもの
  - 隣地使用権（209条）
  - 隣地通行権（210条―213条）
- 水に関するもの
  - 排　水　権（214条―220条）
  - 流水利用権（221条―222条）
- 境界に関するもの
  - 界標設置権（223条―224条）
  - 囲障設置権（225条―228条）
  - 境界線上の工作物に関する規定（229条―231条）
- 竹木剪除に関するもの（233条）
- 境界線付近の工作物に関するもの
  - 距離を保つべき義務（234条・236条―239条）
  - 観望を制限すべき義務（235条―236条）

(2) 隣地使用請求に関する相隣関係

(a) 隣地使用請求権　土地所有者は，境界またはその付近において，障壁もしくは建物を築造し，またはこれを修繕するため，必要な範囲内で，隣地の使用を請求することができる（209条1項本文。なお，414条2項ただし書参照）。その相手方は，隣地の所有者，地上権者または借地人など，現に隣地を利用している者である。

ただし，隣家（住家）に立ち入るには，その隣人（隣地の所有者，地上権者または賃借人など）の承諾を得なければならない（209条1項ただし書）。この場合は，任意の「承諾」を前提とするのだから，それを判決をもって代えることはできない。

上記いずれの場合も，その隣人が損害を受けたときは，その償金を請求することができる（209条2項）。

(b) 隣地通行権（囲繞地通行権）　自己の土地が他の土地に囲繞（いにょう）されている場合の，他の土地（囲繞地）の通行権であるが，2つの場合がある。──

i　袋地・準袋地の場合　自己の土地が他の土地に囲まれていて公道に通じないとき（袋地），または，池沼（ちしょう），河川，水路もしくは海を通らなければ公道に至ることができないか，崖（がけ）があって土地と公道とに著しい高低差があるときは（準袋地），土地所有者は，公道に出るため，その隣地（囲繞地）を通行することができる（210条1項・2項）。

いくつかの問題が存する（沢井裕『隣地通行権』（叢書民法総合判例研究⑩），沢井裕・東畠敏明・宮崎裕二編『道路・通路の裁判例』72頁以下参照）。

①　袋地の成立　当該土地の利用上，その土地から生じる自然の産出物を搬出することができない場合も，袋地に準じる（大判昭13・6・7民集17巻1331頁）。また，「私道」が廃止された場合でも，袋地が生じる（高松高判昭32・6・8下民8巻6号1080頁）。

> **【石材搬出のための囲繞地通行権】**　前掲大判昭和13･6･7である。公道への通路はあるが，石材の搬出が不能な急斜面である場合，「民法が袋地の所有者に囲繞地を通行する権利を認めたる所以は，一般公益上土地の利用を全たからしめんが為めにして，仮令公道に通ずる径路ありと雖も，自然の産出物を搬出

することを不能なる地勢なるに於ては，其の搬出に必要なる限度に於て囲繞地を通行することを得るものと謂はざるべからず。若し然らずとせば，其の土地の利用は不能に帰するものと謂ふを妨げざればなり」。

② **囲繞地通行権者**　袋地所有者は，その土地につき登記を備えなくてもよい（最判昭47・4・14民集26巻3号483頁）。また，袋地の賃借人（最判昭36・3・24民集15巻3号542頁），袋地上の家屋の借家人（米子簡裁昭42・12・25判時523号72頁）も，この通行権を有する。

【未登記袋地所有者の場合】　前掲最判昭和47・4・14。未登記の袋地を相続した者からそれを買い受けたAは，囲繞地所有者Bが溝を掘って通行を妨害しているとして，Bに対し，妨害排除を訴求した（原審はこれを認容）。Bは，Aが登記を有していないので，囲繞地通行権を主張できないとして，上告。

上告棄却。「袋地の所有者が囲繞地の所有者らに対して囲繞地通行権を主張する場合は，不動産取引の安全をはかるための公示制度とは関係がないと解するのが相当であり，したがって，実体上袋地の所有権を取得した者は，対抗要件を具備することなく，囲繞地所有者らに対し囲繞地通行権を主張しうる」。

③ **囲繞地通行の場所と方法**　囲繞地の通行は，通行権者のために必要にして，かつ囲繞地のために損害の最も少ない場合と方法を選ばなければならない（211条1項）。なお，通行権者の営業などからして，自動車通行のための通行権が認められる場合もある（福岡高判昭47・2・28判時663号71頁，高松高判平26・4・23判時2251号60頁。ただし，認められない例も多い。詳細は，前掲『道路・通路の裁判例』100頁参照）。

④ **通路の開設**　通行権者は，必要があれば，通路を開設することができる（211条2項）。

⑤ **償金の支払**　囲繞地の通行権者は，通行地の損害に対して，償金を支払わなければならない（212条本文）。この償金は，1年毎に支払うことができる。しかし，通路開設によって生じた損害については，一時に支払わなければならない（212条ただし書）。

ii　分割または譲渡によって生じた袋地の場合　元来は袋地でなかった土地が，分割または一部譲渡によって公道に通じなくなったときは，その土地（袋地）の所有者は，公道に至るため，分割または譲渡された他方の土地（＝残余地）のみを通行することができる（213条1項前段，同2項）。分割または譲渡する場合は，このような状況が生じることは予期できるからである[*]。この場合は，その袋地所有者は，償金を支払う必要はない（213条1項後段，同2項）。

問題となるのは，残余地が第三者に譲渡された場合である。第三者はこの囲繞地通行権を負担すべきか否か。囲繞地通行権が人的要素によって発生するというなら，これに無関係な第三者は負担しなくてよいことになる。しかし，民法の規定する囲繞地通行権は，相隣関係として相克する所有権機能の調整である以上，物権的な権利であって，その負担は物的負担と解さなければならない。したがって，残余地を譲り受けた第三者は，その土地の属性として囲繞地通行権を負担しなければならない。このように解しないと，袋地所有者は，自己の関知しない偶然の事情により法的保護を奪われることになるからである（最判平2・11・20民集44巻8号1037頁）。

＊　全部譲渡による袋地の場合は？　213条2項は，「一部譲渡」によって袋地を生じた場合を規定するが，この規定は，一筆の土地を分筆し，それらが同時に全部譲渡されて袋地を生じた場合にも類推適用されるべきである（最判昭和37・10・30民集16巻10号2182頁）。袋地の発生保護の状況は同じだからである。

(3)　水に関する相隣関係

(a) 排水に関する相隣関係　隣地との排水関係については，2通りの規制がある。

i　自然的排水　土地所有者は，隣地から水が自然に流れてくるのを妨げることはできない（214条）。自然的な流水は受忍しなければならないのである（承水義務）。したがって，隣地が地盛りされた結果として水が流れてくるような場合には，承水義務がないことは当然である。

事変によって水流が低地で閉塞したときは，高地の所有者は，自己の費用で，水流の障害を除去するために必要な工事を行うことができる（215条）。この場合の費用負担について，別段の慣習があれば，それに従う（217条）。

ii　人工的排水　人工的に排水を行う場合には，原則として，このために他人の土地を使用することは許されない。すなわち，第1に，土地所有者は，直接に雨水を隣地に注ぐ構造の屋根その他の工作物を設置することはできない(218条)。第2に，他の土地に貯水，排水または引水のために設置された工作物の破壊または閉塞により，自己の土地に損害が及び，または及ぶおそれがある場合には，その土地の所有者は，他の土地の所有者に，工作物の修繕もしくは障害の除去をさせ，または，必要があれば予防工事をさせることができる(216条)。この場合，費用負担について別段の慣習があれば，それに従う(217条)。

ただし，人工的な排水であっても，高地の所有者は，その高地が浸水した場合にこれを乾かすため，または自家用もしくは農工業用の余水を排出するためであれば，公の水流または下水道に至るまでの間，低地に水を通過させることができる(220条前段)。そして，この場合には，第1に，低地のために損害の最も少ない場所および方法を選ばなければならない(220条後段)。第2に，排水をする者は，高地または低地の所有者が設置した工作物を使用することができる(221条1項)。この際は，利益を受ける割合に応じて，工作物の設置および保存の費用を分担しなければならない(221条2項)。

(b) 流水に関する相隣関係　流水関係については，その変更権と堰の設置・利用の規制がある。

i　水流変更権　溝，堀その他の水流地(河床ないし敷地)の所有者は，対岸の土地が他人の所有に属するときは，その水路または幅員を変更することはできないが(219条1項)，両岸の土地が水流地(河床ないし敷地)の所有者に属するときはそれを変更することができる(219条2項本文)。ただし，この場合は，水流が隣地と交わる地点において，自然の水路に戻さなければならない(219条2項ただし書)。そのいずれの場合も，異なる慣習があれば，それに従う(219条3項)。

ii　堰(せき)の設置および利用権　水流地(河床ないし敷地)の所有者は，堰を設ける必要があれば，その堰を対岸に付着させて設けることができる(222条1項本文)が，これによって生じた損害については，その償金を払わなければならない(同条1項ただし書)。

対岸の土地の所有者は，水流地(河床ないし敷地)の一部がその所有に属するときは，上記の堰を使用することができる(222条2項本文)(その反対解釈として，水流地を所有しない対岸の所有者は，堰の使用権を有しない)。この場合は，利益を受ける割合に応じて，堰の設置および保存の費用を分担しなければならない（222条2項ただし書）。

(4) 境界に関する相隣関係

(a) 界標設置権　土地の所有者は，隣地の所有者と共同の費用で，境界標を設けることができる（界標設置権）（223条）。これは，両者の合意で境界を決定するというものではなく，すでに確定している境界の上に界標を設置することである（したがって，境界自体に争いがあるときは，境界確定の訴えによる）。また，これは土地所有者の権利であるから，隣地の所有者がこれに協力しないときは，裁判によって設置することができる（もとより，裁判によって界標を設置できたとしても，それによって境界自体が決定されたことにはならない）。

界標の種類は，協議または慣習によって決定すべきであるが，近時は，コンクリート製で頭に✚印が掘られたものが一般的である。界標の設置および保存の費用は，相隣者が等しい割合で負担する（224条本文）。ただし，測量の費用は，その土地の広狭に応じて分担する（224条ただし書）。

(b)「筆界特定」制度の創設　隣接する甲土地と乙土地との境界がはっきりしない場合，それを確定するには裁判（境界確定訴訟）によらざるを得ない。しかし，甲土地が登記された時に，乙土地など隣接する他の土地との間で，その境を構成するものとされた2以上の点およびこれらを結ぶ直線（これを「筆界」という）が存在することがある。この「筆界」を裁判外の機関によって公的に特定してもらい，甲・乙土地間の境界として合意することを「筆界特定」制度という（不登123条以下。2005年創設）。

i 「筆界特定」　筆界特定とは，筆界特定登記官が，現地において過去に定められた筆界の位置を確認し「特定」することである（法123条2号）。

ii 申請者　所有権登記名義人（所有権登記がない土地にあっては表題部所有者）等である（法131条1項）。

iii 筆界特定機関　筆界特定は，対象土地を管轄する法務局・地方法務局がつかさどり（法124条1項），筆界特定登記官が行う（法125条，143条）。筆界特定の申請があったときは，筆界特定登記官は，筆界調査委員に対して必要な事実の調査をさせ（法127条，134条以下，142条），その意見等を徴収して，筆界特定書を作成する（法143条）。

iv　公告・通知　筆界特定の申請がされたときは，筆界特定登記官は，その旨を公告し，関係人にその旨を通知する（法133条1項）。また，筆界特定書は公開され，誰でもその写しを請求できる（法149条）。

v　筆界特定の効力　筆界特定は，過去に定められた筆界の位置を特定するだけであり，新たな筆界（ないし境界）を設けるものではない。また，申請人や関係人に対する法的拘束力はないから，これに不満がある場合には，筆界確定訴訟を提起することができる（ただ，その際には，裁判所は，筆界特定手続の結果や資料を相当程度参考にするであろう）。もとより，筆界特定と筆界確定訴訟判決が異なった場合には，前者は，当該判決と抵触する範囲で効力を失う（法148条）。

(c) 囲障設置権　２棟の建物がその所有者を異にし，かつその間に空地があるときは，各所有者は，他の所有者と共同の費用で，その境界に囲障を設けることができる（囲障設置権）（225条1項）。相手方が協力しないときは，その協力を訴求できることは，前掲の界標設置権と同じである。なお，これは，土地所有者の権利ではなく，建物所有者の権利であることに注意せよ。

囲障の種類は，協議によつて決めるべきだが，協議が調わないときは，板塀または竹垣等にして高さ２メートルとし（225条2項），その設置および保存の費用は，相隣者が等しい割合で負担する（226条）。ただし，相隣者の１人は，自己の費用負担で，その材料よりも良好なものを使用し，またはその高さを増やすことができる（227条）。なお，この設置ないし費用に関して，右と異なる慣習があるときは，それに従う（228条）。

(d) 境界線上の工作物の所有関係　境界線上に設置された境界標，囲障，障壁，溝および堀は，相隣者の「共有」に属するものと推定される（229条）。しかし，各共有者は，これらの共有物につき分割請求ができないので（257条），通常の「共有」（第４節（242頁以下））と区別し，このような共有関係を「互有」と呼んでいる。

＜例　外＞　ただし，下記のものについては，共有は推定されない。

i　1棟の建物の一部を構成する境界線上にある障壁（230条1項）

ii　高さの異なる2棟の建物を隔てる障壁の，低い建物を超える部分（ただし，それが防火障壁である場合を除く）（230条2項）

共有障壁については，相隣者の1人はその高さを増すことができ（231条1項本文），その増した部分は，共有ではなく，その工事をした者の専有に属することになる（231条2項）。この工事をする場合，その障壁が工事に耐えないときは，自費で，工作を加え，またはその障壁を改築しなければならない（231条1項ただし書）。この工事で隣人が損害を受けたときは，その償金を請求できる（232条）。

(e) 竹木剪除（せんじよ）に関する相隣関係　隣地の竹木が延びてきた場合の規定である。隣地の竹木の「根」が境界線を越えてきたときは，それを切り取ることができるが（233条2項），それが「枝」であるときは，竹木の所有者にその切除させることを請求できるだけである（233条1項）。竹木の景観等を重んじてのことであり，その所有者に植え替えの機会を与えるためである。

(f) 境界線付近の工作物に関する相隣関係　境界線付近で工作物を建造する場合には，次の義務が課せられる。

i　境界線から一定の距離を保つべき義務　建物を建造するには，境界線から50センチメートル以上の距離を保たなければならない（234条1項）。これに違反して建築をしようとする者に対しては，隣地の所有者は，その建築を中止させ，または変更させることができる（234条2項本文）。ただし，建築着手の時より1年を経過し，またはその建築が完成した後は，損害賠償を請求できるだけである（234条2項ただし書）。以上の制限と異なる慣習があれば，それに従う（236条）。東京などでは，50センチメートルを離す必要がない慣習があるといわれる。

ii　建築基準法63条との関係　建築基準法は，「防火地域又は準防火地域内にある建築物で，外壁が耐火構造のものについては，その外壁を隣地境界線に接して設けることができる」とする（法63条）。

この規定は，「耐火構造の外壁を設けることが防火上望ましいという見地や，防火地域又は準防火地域における土地の合理的ないし効率的な利用を図るという見地に基づき，相隣関係を規律する趣旨で，右各地域内にある建物で外壁が耐火構造のものについては，その外壁を隣地境界線に接して設けることができることを規定したものと解すべき」であり，したがって，単に防火の観点からのみならず，土地の合理的・効率的な利用を図るということをも考慮に入れた相隣関係を規律するもので，民法234条1項の特則を定めたもの，と解されている（最判平元・9・19民集43巻8号955頁）。

iii　境界線付近の掘削の制限　井戸，用水だめ，下水だめまたは肥料だめを掘るには，境界線から2メートル以上，池，穴蔵またはし尿だめを掘るには，境界線から1メートル以上の距離を保たなければならない（237条1項）。導水管を埋め，または溝もしくは堀を掘るには，境界線からその深さの2分の1以上の距離を保たなければならないが，1メートルを越える必要はない（237条2項）。境界線の付近において，それらの工事をするときは，土砂の崩壊，または水もしくは汚液の漏出を防ぐために必要な注意をしなければならない（238条）。

iv　観望の制限義務　境界線から1メートル未満の距離において，他人の宅地を見通すことのできる窓または縁側（ベランダを含む）を設ける者は，目隠しを付けなければならない（235条1項）。この場合の距離は，窓または縁側の最も隣地に近い点から，垂直線で境界線までを測定して算出する（235条2項）。ただし，この制限義務につき，これと異なる慣習があれば，それに従う（236条）。

第3節　所有権の取得

所有権の取得には，承継的な取得（移転的取得）と原始的な取得とがある（第1編第2章第1節1(2)(a)（38頁））。ここでは，後者のうち，所有権に特殊的な原始取得である，無主物先占，遺失物拾得，埋蔵物発見および添付を取り上げよう。

1　無主物先占

「無主物」とは現に所有者のない物であるが，そのうち，「無主の動産」は所有の意思を持って占有することにより，その所有権を取得する（239条1項）。これを，「無主物先占」という。現在無主の動産が過去において誰かの所有に属していた場合，その者が所有権を放棄していれば無主物となるが，現在でもその者の相続人に帰属していると考えられるときは，無主物とはならない（後述3（234頁）の埋蔵物などで問題となるにすぎない）。これに対し，「無主の不動産」は，国庫の所有に属し，無主物とはならない（239条2項）。

先占によって所有権を取得するには，上記のように，所有の意思（主観的要件）と占有＝所持（客観的要件）とを必要とする。ただし，所有権を取得しようとする積極的意思は必要ではないし，また，その物が無主物であることを知らなくてもよい。

2　遺失物拾得

(1)　遺失物拾得の取扱い

(a)「遺失物」　「遺失物」とは，占有者の意思に基づかずに，その所持を離れた物であって，盗品でないものをいう（遺失物拾得については，基本的に「遺失物法*」が適用される（240条））。誤って占有した他人の物，他人の置き去った物，および逸走した家畜もまた，「準遺失物」として，同様に扱われる（法2条1項，同3条）。なお，漂流物および沈没品は，水難救護法の適用を受けるため（水難24条以下），遺失物としては取り扱われない。

＊ **「改正遺失物法」の趣旨**　「遺失物法」は明治32年（1899年）に制定されたものであるが，その前身である明治9年太政官布告56号の系を承け，警察的な性格を有していた。平成18年（2006年）改正の新遺失物法は，それを全面的に改正したもので，改正の趣旨は，① 拾得物の早期発見・容易な返還（インターネットによる公表等），② 保管期間の短縮（3か月）と所有権取得の制限（個人情報の文書・電磁的記録は取得不可），③ 特殊物の売却・処分（傘・自転車，動物等の特則），④ 施設占有者（鉄道事業者など）の負担軽減，であった。

(b)「拾得」　遺失物の「拾得」とは，物件の占有を始めること（他人の置き去った物については，これを発見すること）をいう（法2条2項）。所有の意思または所有権取得の意思のあることまでは，必要でない。

(2)　拾得者の返還義務と警察署の処置

(a) 返還義務　拾得者は，速やかに，拾得した物件を遺失者に返還し，または警察署長に提出しなければならない。ただし，法令によりその所持が禁止されている物件，および犯罪の犯人が占有していたと認められる物件は，速やかに，これを警察署長に提出しなければならない（法4条1項）。

なお，施設において埋蔵物を除く物件を拾得した者は，前項の規定にかかわらず，速やかに，当該物件を施設占有者に交付しなければならない（同条2項）。

(b) 警察署の処置 ── 返還・公告等　警察署長は，提出を受けた物件を遺失者に返還するものとする（法6条）。ただし，物件の遺失者またはその所在を知ることができないときは，「公告」をしなければならない（法7条）。一定の物件については，公告後2週間以内に遺失者が判明しないときは，売却または廃棄その他の処分をすることができる（法9条・10条）。

(3)　拾得者の所有権の取得

上記「公告」後，3か月以内に所有者が判明しないときは，拾得者がその所有権を取得する（240条。なお，法35条に掲げる一定の物件については，所有権を取得することができない）。

ただし，所有権を取得した日から2か月以内にその物件を引き取らないときは，その所有権を失う（法36条）。この場合は，物件の所有権は，都道府県等に帰属する（法37条）。

遺失者・所有者が判明したときは，その物件をこれらの者に返還すべきことになり，拾得者がその所有権を取得することはない。しかし，それらの者が権利を放棄した場合は，拾得者が物件の所有権を取得する（法32条）。

(4) 報労金

物件の返還を受ける遺失者は，当該物件の価格の「100分の5以上100分の20以下」に相当する額の「報労金」を，拾得者に支払わなければならない（法28条1項）。

この報労金は，拾得者の請求権であることは疑いない。問題となるのはその請求額であるが，額の決定は，原則として，上記の範囲内で，返還を受けるべき者の任意に委ねられることを妥当としよう。そして，その提示された額に拾得者が不服であれば，裁判所に訴求できる。その場合は，拾得・届出の難易，遺失物の種類など，諸般の事情を考慮して決定されよう（我妻＝有泉302頁参照）。

なお，報労金は，物件が遺失者に返還された後1箇月を経過したときは，請求することができない（法29条）。

3　埋蔵物発見

(1) 埋蔵物の所有権取得

「埋蔵物」とは，土地その他の物（包蔵物）の中に埋蔵されていて，その所有権が誰に帰属するか判別しにくい物をいう。埋蔵物は，無主物とは異なり，現在でも誰かの所有に属していることが前提である（前掲1（232頁）参照）。

埋蔵物を発見した場合，特別法（遺失物法）の定めるところに従い，「公告」をした後6か月以内にその所有者が判明しないときは，発見者がその所有権を取得する（241条本文）。その発見は，計画的であると，偶然的であるとを問わず，埋蔵物の存在を認識すれば足り，占有を取得することまでは必要ではない。埋蔵物を他人の物の中から発見した場合は，発見者とその他人が等しい割合で所有権を取得することになる（241条ただし書）。

なお，公告，所有権取得手続，報労金の支給等については，遺失物法の規定による（遺失13条）（前掲2「遺失物拾得」の場合に準じる）。

(2)　埋蔵文化財の特則

埋蔵物が「文化財」（文化財2条）であるときは，文化財保護法の適用を受け，埋蔵文化財包蔵地の所有者は，発掘等が制限され，現状を変更することなく，遅滞なく届け出なければならない（法96条）。教育委員会の調査・監査等を経た上で，当該文化財は，その所有者に返還される（法100条）。所有者が判明しないものは国庫に帰属し，当該文化財が発見された土地の所有者に，その価格の2分の1に相当する額の報奨金を支給する（法104条）。

4　添　　付

(1)　添付の意義

数個の物が結合して1個の新たな物が生じた場合，または，ある物に他人の労力が加わって新たな物ができた場合は，その「新たな物」につき所有権の帰属を決定する必要があろう。このような事象による所有権帰属の決定を，民法は，所有権の取得原因「添付」として規定した。添付とは，このような事象の総称であるが，法律的には，「付合」，「混和」，および「加工」の3つがある（添付の態様と結合する物については，〔表〕参照）。

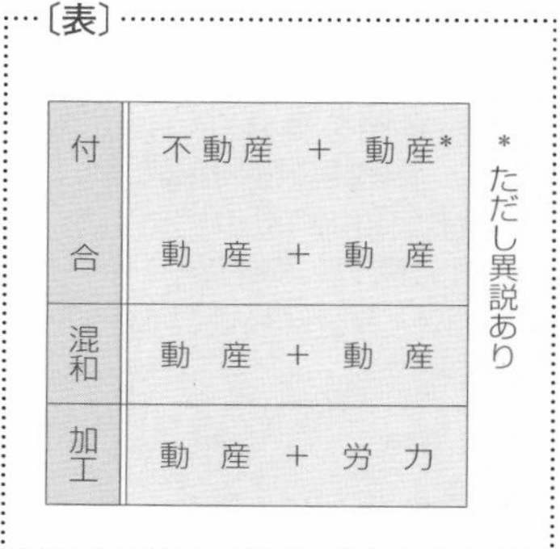

〔表〕

付合	不動産 ＋ 動産*
	動産 ＋ 動産
混和	動産 ＋ 動産
加工	動産 ＋ 労力

*ただし異説あり

添付について，注意すべき点が２つある。第１は，添付は，「新たな物」の存在のみを認め，その所有権の帰属を決定するというところにその意味があるのだが，そのことは，法律が，以前の状態に復旧するのを阻止することを意味する。したがって，関係当事者の復旧請求は必然的に認められないことになる。復旧自体が社会経済上不利益であり（公益的理由），また，それが一般取引観念でもあるからである（詳細は，瀬川信久『不動産附合法の研究』７頁以下参照）。

第２は，旧状態への復旧阻止は，社会経済上の不利益に基づくものであるから，強行規定と解されるが，所有権の帰属自体は，任意規定だということである。ちなみに，通常添付が生じるのは，関係当事者間に何らかの契約関係 ── 雇用関係，製造物供給契約など ── がある場合であろう。そして，普通は，このような契約関係によって所有権の帰属が決定される。例えば，被用者が労力を加えて物を作った場合に，その所有権が使用者に帰属するのは，加工の規定からではなく，雇用関係からなのである（鈴木22頁，我妻＝有泉 305 頁参照）。

(2)　付　　合

付合には，不動産に動産が付合する場合と，動産に他の動産が付合する場合とがある（前掲〔表〕参照）。前者を不動産の付合として扱い，後者を動産の付合として扱う。

(a)　不動産の付合　不動産の所有者は，その不動産の従としてこれに付合した物の所有権を取得する（242条本文）。これは，例えば，建物の増改築部分は建物所有権に吸収され，土地上の樹木や農作物は土地所有権に吸収されることを意味する。このように，付合は，物が不動産に付着合体して独立性を失い，[*] 一般に不動産そのものとみられ，その分離復旧が社会経済的に不利益となる場合をいう（我妻＝有泉 306 頁）。

＊　**従物は含まれない**　付合は，このように付着した物が独立性を失う場合をいうから，付着しても独立性を失わない「従物」は，これに含まれないと解すべきである。したがって，建物の「造作」（＝従物）の問題（【Ⅲ】29 頁，【Ⅴ】222 頁参照）ではないことに注意すべきである。

付合の効果は，付合した物（動産）の所有権が不動産の所有権に吸収されることである(242条本文)。ただし，その付着が権原によってされた場合 ── 例えば，地上権者，永小作権者，賃借人などが自己の利用権に基づいて付着させた場合 ── には，付合は生じず，付着した物の所有権は権原者に留保される(242条ただし書)。この関係で，次の2つの問題を考えなければならない。

i　建物の増改築部分の附合　**(α)　家主の「承諾がある」場合**　借家人が，家主の「承諾」を得て，賃借建物に増改築（建増し）をした場合に，その増改築部分の所有権は誰に帰属するのか。家主の「承諾」は，借家人の附属行為の法的根拠であるから，242条ただし書にいう「権原」と解してよく(通説)，したがって，原理的には，その部分の所有権は借家人に帰属することになる。しかし，注意すべきことは，その増改築部分が物として〈独立性〉を有していなければならないことである。そもそも，独立した物でなければ，権利の対象とはならないからである（→独立していないとは，主建物の構成部分をなすことであり，その場合には主建物の所有権に吸収されることは当然である)。それゆえ，ここでいう「独立性」とは，付合した物が別個の建物部分となることを意味する(従物として存在することではない。前頁＊参照)。つまり，具体的には，増改築部分が独立した建物部分とみなされるのかどうかの問題となるのである。なお，この「独立性」とは，構造上（したがってその利用上）の独立性を意味すると解してよい(後掲最判昭43･6･13など)。

①　そこで，第1に，増改築部分が別個の建物部分として独立性が認められれば，242条ただし書により借家人の所有権が成立する。判例は，2階建木造建物の階下の賃借人が，賃借部分を取り壊して店舗を作った場合に，店舗の一部に原家屋の二階が重なり，既存の2本の通し柱と天井のはりを利用していても，店舗部分は独立性を有し，賃借人の区分所有権が成立するとする(最判昭38･10･29民集17巻9号1236頁)。

②　第2に，増改築部分が本体建物と構造上独立性を有しないで，その構成部分となっているときは，同条ただし書は適用されず，その部分の所有権は建物所有権に吸収される(最判昭38・5・31民集17巻4号588頁，最判昭43・6・13民集22巻6号1183頁，最判昭44・7・25民集23巻8号1627頁（賃借建物上に2階部分を増築して独立の登記をしても，外部への出入りが賃借建物内の梯子段を使用するよりほかないときは，区分所有権は成立しない）)。

(β)　家主の「承諾」がない場合　借家人が，家主の承諾を得ないで上記の増改築をした場合はどうか。この場合は，借家人に，そもそも242条ただし書の「権原」が認められないのだから，同条ただし書の規定の適用はなく，同条本文の適用となる。したがって，賃借物本体の所有権に吸収されると考えるべきである。

ii　農作物・樹木の附合　他人の土地に農作物（稲や麦などの立毛）が播種（はしゅ）されたり，樹木が植栽された場合にも，原則として，上記 **i** と同様に解してよい。ただ，「権原」によって所有権を留保できるとしても，その対象は「独立」した物でなければならないから，「独立性」の概念については注意を要する。

そこで，借地人が，「権原」によって播種・植栽した場合において，第1に，それが生育する以前の段階では所有権を留保できず，播種した種苗（しゅびょう）・苗木（なえぎ）については，原則として土地所有権に付合する（242条本文）。ただし，この段階でも，明認方法によって独立性を獲得し，所有権を留保することは可能であろう。

第2に，農作物・樹木が生育して土地とは独立して取引の対象となったときは，その所有権は，借地人に帰属すると解される（242条ただし書）。ただし，その所有権を第三者に対抗するには，明認方法などの公示を必要とする（最判昭34・8・7民集13巻10号1223頁（立木），最判昭35・3・1民集14巻3号307頁（立木））。

以上とは反対に，無権原者が播種・植栽した場合はどうか。**i** と同様に，権原を有しない以上は，242条ただし書の適用はないから，同条本文の適用となり，その農作物は土地に付合すると解すべきである（最判昭31・6・19民集10巻6号678頁）。ただ，無権原者といっても，小作争議のなかで小作料不払いや承諾なき転借を理由に無権原となった場合もあり（大判大10・6・1民録27輯1032頁，大判昭6・10・30民集10巻982頁），これらの場合を同類に扱うことができない面もある。

(b) 動産の付合　所有者を異にする数個の動産が付合して，損傷しなければ分離することができなくなったとき，または分離のために過分の費用を要するときは，その合成物の所有権は，主たる動産の所有者に属する（243条）。いずれも，付合した動産につき，その主従の区別がつかないときは，各動産の所有者は，その付合の時における価格の割合に応じて，その合成物を共有する（244条）。社会的経済的な利益を重視して分離を認めず，単独所有か共同所有にしようとする。

(3) 混　　和

「混和」とは，動産と動産とが添付することであるが，穀物や金銭などの固形物が混合する場合と，酒や油などの流動物が融和する場合とがある。そして，このように各別の所有者に属する物が混和して識別することができなくなった場合，損傷しなければ分離できないか，分離のために過分の費用を要するときは，混和物の所有権は主たる物の所有者に属する（245条→243条）。この場合，その混和物につき主従の区別がつかないときは，混和した時の価格の割合で，混和物を共有することになる（245条→244条）。

(4) 加　　工

「加工」とは，他人の動産に工作（労力）を加えて，新たな物を作り出すことをいう。この場合，加工物の所有権は，原則として材料の所有者に属するが（246条1項本文），工作によって生じた価格が材料の価格を著しく超えるときは，加工者に属する（246条1項ただし書）。

また，加工者が材料の一部を供した場合において，その材料の価格に工作によって生じた価格を加えたものが，他人の材料の価格を超えるときに限り，加工者が加工物の所有権を取得する（246条2項）。

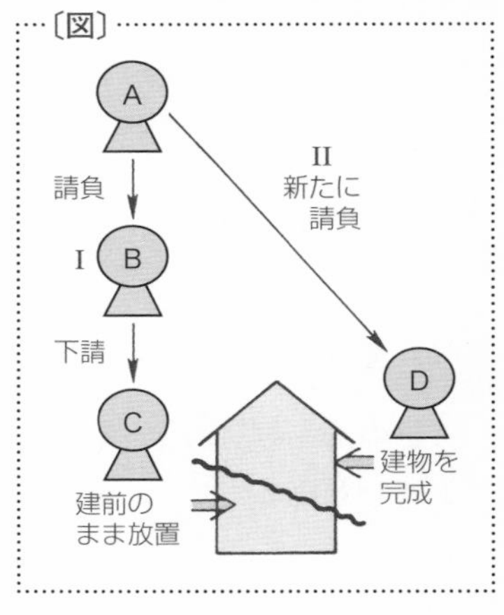

【建築中の建物に第三者が工事を加えて完成させた場合】　建築中の建物に第三者が工事を加えて完成させた場合，その所有権帰属は，243条によって決定されるのか，それとも246条2項によるのか。上掲〔図〕最判昭54・1・25（民集33巻1号26頁）。Aは建物の建築をBに請け負わせ，Bはそれを Cに下請けさせた。Cは，自己の材料で工事を行ったが，Bが請負代金をCに支払わなかったため，工事を中止し，建前のまま中途で放置した。そこで，Aは，Bとの請負

契約を合意解約し，あらたにDに工事の続行を請け負わせた。Dは，自己の材料でもって建物を完成させ，Aに引き渡した。

C（原告）は，当該建物の主たる部分は自己の物であるから，243条（動産の付合）により，建物の所有権はCに属するとして訴求した。1審・2審ともCの敗訴。Cからの上告。

上告棄却。「建物の建築工事請負人が建築途上において未だ独立の不動産に至らない建前を築造したままの状態で放置していたのに，第三者がこれに材料を供して工事を施し，独立の不動産である建物に仕上げた場合においての上記建物の所有権が何びとに帰属するかは，民法243条の規定によるのではなく，むしろ，同法246条2項の規定に基づいて決定すべきものと解する。けだし，このような場合には，動産に動産を単純に附合させるだけでそこに施される工作の価値を無視してもよい場合とは異なり，上記建物の建築のように，材料に付して施される工作が特段の価値を有し，仕上げられた建物の価格が原材料のそれよりも相当程度増加するような場合には，むしろ民法の加工の規定に基づいて所有権の帰属を決定するのが相当である」とし，246条2項によるならば，Dが施した工事および材料の価格とCが建築した建前の価格とを比較すれば，前者の価格が後者のそれを遥かに超えるのであるから，建物の所有権は，加工者であるDに帰属するもの，とした。

(5) 添付の効果 ── 第三者の利益の保護

添付の基本的効果である所有権の帰属と分離復旧請求の拒否については(1)で既述した。ここでは添付によって消滅する第三者の利益の保護を考える。

(a) 第三者の権利関係　添付の結果，物の所有権が消滅したときは，その物の上に存した他の権利（担保物権や用益物権）も消滅する（247条1項）。例えば，A物がB物に添付し，A物の所有権が消滅した場合には，A物の上に存した第三者Cの権利は消滅する。物権法の原則である。

ただし，例外として，上の場合に，添付物の所有者Aが，合成物，混和物，または加工物の単独所有者となったときは，第三者Cの上記権利は，その新物の上に存続し（247条2項前段），またBとの共有者となったときは，Aの持分の上に存続する*（247条1項後段）。

【建物が合体した場合の抵当権は？】　甲建物と乙建物とが障壁の除去等により合体して1棟の丙建物となった場合に，甲建物あるいは乙建物上に存した抵当権についても，247条2項を類推して考えるべきである。すなわち，その「抵当権が消滅することはなく，右抵当権は，丙建物のうちの甲建物又は乙建物の価格に応じた持分を目的とするものとして存続する」(最判平6·1·25民集48巻1号18頁)。

*　**Aが新物の所有者とならない場合は？**　Aがいずれの所有者にもならない場合は，Aは次に述べる償金を受けることができるので，第三者Cは，Aの受けるべき償金の上に，物上代位(304条，305条)によって権利を行使できることは当然である。

(b) 償金の請求　添付の結果，損失を受けた者は，不当利得に関する703条・704条の規定に従い，償金を請求することができる(248条)。分離復旧の請求が認められないことの手当てである。

第4節　共　　有(共同所有)

1　共有の社会的意義

(1)　共有の構造

民法は単独所有を原則としており，民法上の各制度は，それを前提として構成されている。これは，民法が，個人的所有の権利関係の確定を本則としているからである。しかし，1つの「物」を2人以上の者が共同で所有することは，人が社会という集団のなかで生活・活動する以上，必須の接触関係として生じてくる。そこで，民法は，このような所有関係を，「共有」（共同所有 Miteigentum）とし，例外的に規定を置いた。

共有の構造をどのように考えるかであるが，2つの考え方がある。第1は，1つの物につき1個の所有権が成立し，それが各共有者に分属するというものであり（末川308頁），第2は，各共有者は各自1個の所有権を有するが，一定の割合によって制限を受け，その内容的な総和が1個の所有権と等しくなっているのだ，とするものである（舟橋375頁，我妻=有泉320頁）。説明の差であって結果的には異ならないけれども（鈴木〔2訂版〕27頁参照），考え方としては，前者が正当である。

(2)　共有理論と共有の形態

共有関係において問題となるのは，大きく分けて，① 各共有者は，共有物の上にどのような権利を有し，義務を負担するのか，② 各共有者は，共有関係から脱退し，またはそれを解消する権利を有するのか，である。これらの問題は，その団体（共有関係を発生させている共同体）の性格・形態によって異なるものである。しかし，民法は，共有を個人主義的色彩の濃いものとして捉え，その法律関係を単一的に規定した。そのため，団体的性格の強い場合には，民法の共有理論では不都合なことが少なくない。そこで，学説は，団体を歴史的および社会学的観点から類型化し，個人主義的性格が強く団体的結合関係が弱い場合を「共有」とし，個人主義的性格が弱く団体的拘束の強い場合を「総有」ないし「合有」という名称を与えて，民法上の共有理論の解釈を支えてきた。これらの分類に問題がなくはないが，共有関係を生じさせる共同体の基本的形態の理解として捉えておこう。

【共有の3形態】　共同所有の法律関係は，次の3つの形態に分類され，理解されてきた。――

(*1*)　**共有**(Miteigentum)　個人主義的性格の強い共同所有形態である。各共有者は偶然的なつながりを持つにすぎず，その各持分権は相互に独立しており，その処分も自由であり，また，分割請求によって共同所有関係を解消することもできる。ローマ社会の共同所有形態にその典型を認めることができる。

(*2*)　**総有**(Gesamteigentum)　団体的性格が強く，各個人の権利は団体的拘束を受ける共同所有関係である。したがって，総有物の使用・利用も団体的規則から制限される一方，各人は，持分権を持たず，分割請求はもちろん，共同所有関係の解消などは認められず，ただ，そこからの脱退が認められるにすぎない。ゲルマン社会の共同所有形態がその典型である。わが国では，入会権(第3編第5章（296頁）)などがそれに当たる。

(*3*)　**合有**（Eigentum zur gesamten Hand）　合手的共有ともいわれ，共有と総有との中間的共同所有の形態であるとされる。各共有者は，「共同の目的」という団体的拘束に服するけれども，各人は，共有財産につき持分権を有し，「共同の目的」が終了すれば，持分の譲渡や分割請求もできる。また，団体的地位と共にする持分の譲渡も一般に認められる。わが民法の共有はこれに当たるとされている。また，信託法は，「受託者が2人以上ある信託においては，信託財産は，その合有とする」と規定する(79条)。

しかし，総有と合有との異別には問題がなくはない。これらは，ドイツでも歴史的発展の段階における差異にすぎず(末川307頁)，必ずしも定着した概念ではない。ただ，本文で述べたように，個人主義的性格の濃い共有と団体的性格の濃い共同所有形態があるのは事実で，上記の総有ないし合有は，かような意義のものとして理解すべきであろう。

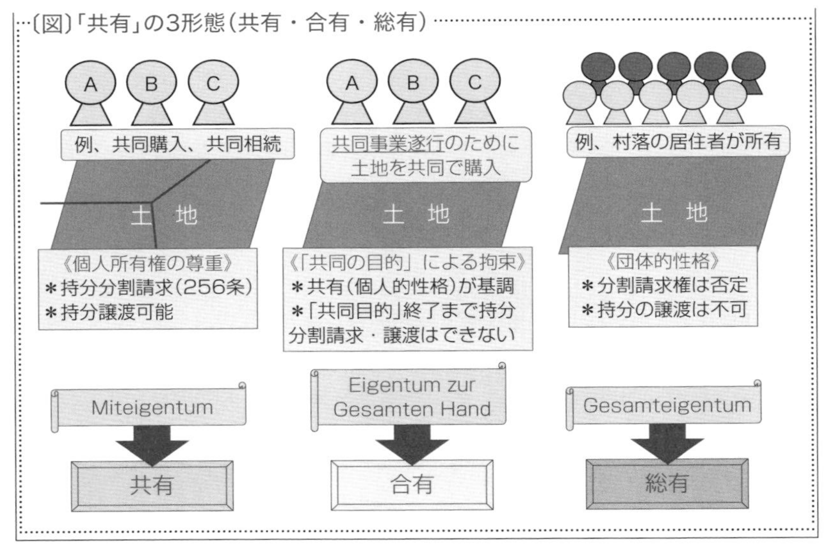

(3) 共有の成立

共有は，当事者の意思に基づいて成立する場合と，当事者の意思に基づかないで成立する場合とがある。前者は，当事者間で共有関係を成立させようとする場合であるから，説明はいるまい。後者の例としては，複数人による無主物先占（239条）・遺失物拾得（240条）・埋蔵物発見（241条）や，主従を区別できない動産の付合（244条）・混和（245条），境界線上の設置物（229条），建物区分所有における共用部分（建物区分11条1項）などがある。

2　共有者の権利

各共有者が共有物に対して権利（所有権）を有していることは，単独所有の場合と異ならないが，共有の場合にはこれを「持分」という。ただし，「持分」という用語は，その権利を表す場合＝「持分権」と，その有する権利の割合を表す場合＝「持分の割合」（持分率）とがある。

⑴　持分権

持分権は，共有関係から一定の制約を受けているものの，独立の所有権であることは，上記したとおりである。それゆえ，所有権としての権能 ―― 使用・収益・処分権能 ―― を有している。すなわち，各共有者は，共有物の全部につき，その持分に応じた使用をすることができる（249条）。収益権能についても同様に解されている。また，持分権を自由に処分することができる。

共有者の1人が，持分権を放棄したとき，または死亡して相続人がないときは，その持分権は他の共有者に帰属することになる（255条）。

各共有者は，単独で，自己の持分権を他の共有者や第三者に主張することができる。具体的には，① 他の共有者に対する持分権確認請求や登記請求，② 物権的請求権としての，持分権に基づく妨害排除請求（最判昭31・5・10民集10巻5号487頁），目的物返還請求（大判大10·6·13民録27輯1155頁），損害賠償請求，③ 時効中断のための「請求」（請求による時効中断の効果が他の共有者に及ぶということだが，鈴木28頁は反対），などである。

⑵　持分の割合（持分率）

持分の割合は，法律の規定によって定まる場合と（241条ただし書（埋蔵物），244条（動産の付合），245条（混和）など），当事者間の合意によって決定する場合とがあるが，それが定まらない場合は，各共有者の持分の割合は相等しいものと推定される（250条）。

なお，不動産を共有する場合，持分の割合を第三者に対抗するには，その登記が必要である（不登59条4号）。したがって，共有者間で異なった割合を定めていても，その登記がなければ，250条の推定規定が働くことになる。

3　共有物の管理

⑴　共有物の変更・処分

共有物に「変更」を加えるには，他の共有者の同意を得なければならない（251条）。変更には，物理的な変更のみならず，法律的「処分」も含まれる。

(2) 共有物の管理方法

上記の共有物変更の場合を除き，共有物の管理に関する事項は，各共有者の持分価格に従い，その過半数で決定する（252条本文）。ここにいう管理とは，共有物の利用・改良行為を意味する（共有物についての賃貸借契約の解除は「管理」にあたり，544条1項の適用はない（最判昭39・2・25民集18巻2号329頁））。したがって，保存行為は，各共有者は単独ですることができる（252条ただし書。大判昭15・5・14民集19巻840頁，前掲最判昭31・5・10（妨害排除請求））。

【共有物の保存行為】　前掲大判昭15・5・14。第2抵当権が準共有である場合に，そのうちの1人が，第1抵当権の無効（債権不存在による登記抹消）を主張した事案である。

「かかる第2抵当権者が，……第1抵当権者に対し，債権消滅の確認並抵当権登記の抹消を求むる訴を提起するは，自己の権利に付不当に不利益なる状態を除去し，其の正当なる価値並順位を確保せんとするに外ならず。しかも自己の債権並に抵当権其のものを訴訟物とするものに非ざるが故に，此れ等権利が数人の共有に属する場合に於ても，かかる行為は民法第252条但書に所謂保存行為に属するものとして，亦所謂必要的共同訴訟の問題をも生ずることなく，共有者各自に之を為し得るものと解せらるべからず」。

各共有者は，その持分に応じて，共有物の管理の費用を支払い，その他共有物に関する負担を負う（253条1項）。共有物の変更，利用，改良，保存など，それらのために要するすべての費用が含まれる。そして，共有者が1年以内にこの義務を履行しないときは，他の共有者は，相当の償金を支払って，その者の持分を取得することができる（253条2項）。

(3) 共有物に関する債権の取扱い

共有者の1人Aが，他の共有者Bに対して，共有物に関する債権（例えば，管理費用の立替など）を有するときは，① Bの特定承継人に対しても，これを行使することができる（254条）。② 共有物の分割に際して，Aは，B（債務者）に帰属すべき部分をもって，この債権の弁済に充てることができる（259条1項）。この場合，Aは，弁済を受けるために必要であれば，Bに帰属すべき部分の売却を請求することができる（259条2項）。

4　共有物の分割

(1)　分割請求

各共有者は，いつでも共有物の分割を請求することができる（256条1項本文）。この分割請求は，共有関係の解消と財産の分割を一方的に申し出るものであって，他の共有者の行為を要求するものではないから，形成権的性質を有すると解される（末川317頁。ただし，請求権とする説も有力である（川井184頁））。なお，特約で一定期間内（5年内）の分割請求を禁止することはできる（256条1項ただし書）。共有物が不動産の場合，この特約は登記事項となる（不登59条6号）。禁止特約は更新することができるが，その期間は，更新の時から5年内とする（256条2項）。この分割請求権は，持分権（所有権）の属性と考えられるから，消滅時効にかからない。

なお，境界線上の設置物（229条）については，分割請求は認められない（257条。第2節4(4)(c)（229頁）参照）。

(2)　分割の方法

(a) 協議による分割　分割は，協議によることを原則とする（258条1項）。したがって，分割の方法も，当事者間でいかようにも決められる。現物分割が普通であろうが，共有物を売却して売却代金を分ける代金分割や，共有者の1人が共有物の単独所有者となり，他の共有者には金銭を支払う価格賠償（この場合，不動産のときは，自己の持分を譲渡した者はその登記移転義務を負う）などもある。

(b) 裁判所による分割　当事者間の協議が調わないときは，裁判所に分割請求をすることができる（258条1項）。この場合，協議による分割とは違って，以下の点に注意すべきである。

i　分割の方法　分割は，「現物分割」を原則とし，現物分割が不可能なとき，または分割によってその価格を著しく減少させるおそれがあるときは，裁判所は共有物の「競売」を命じることができる（258条2項）。現物分割は，原物の上に持分を有していることから当然に考えられる方法であるが，競売の方法は，共有者間の公平を図るためである。

ii　「価格賠償」の方法は認められるか　「価格賠償」とは，上記(a)で述べたように，共有物を共有者の１人の単独所有（または数人の共有）とし，他の共有者に対して持分の価格を賠償させる方法である。この方法が，上記ｉの方法に原理的には悖るものであることは明らかである。共有者は，異なる種類の利益を取得することになるからである。しかし，現物分割が不可能であり（物理的に，または経済的に），他の共有者との公平性を阻害しない場合には，価格賠償を認めてもよいであろう。

そこで，判例は，まず，現物分割につき，「持分の価格に応じた分割をするとしても，なお共有者の取得する現物の価格に過不足を来す事態の生じることは避け難いところであり，このような場合には，持分の価格以上の現物を取得する共有者に当該超過分の対価を支払わせ，過不足の調整をする」ために，「現物分割の一態様」として，価格賠償（現物分割の調整的価格賠償）が認められるとした（最大判昭62・4・22民集41巻3号408頁）。

次いで，「当該共有物を共有者のうち特定の者に取得させるのが相当であると認められ，かつ，その価格が適正に評価され，当該共有物を取得する者に支払能力があって，他の共有者にはその持分の価格を取得させることとしても共有者間の実質的公平を害しない」ときは，価格賠償（全面的価格賠償）も認められるとした（最判平8・10・31民集50巻9号2563頁）。

iii　共同相続人から持分譲渡を受けた第三者の分割請求　共同相続人の１人から持分の譲渡を受けた第三者が，その持分に基づいて遺産の分割を請求する場合は，遺産分割審判（907条）ではなく，258条に基づく共有物分割訴訟による。けだし，「共同相続人の１人が特定不動産について有する共有持分権を第三者に譲渡した場合，当該譲渡部分は遺産分割の対象から逸出する」からである（最判昭50・11・7民集29巻10号1525頁。詳細は，【Ⅶ】290頁参照）。

(c) 利害関係人の参加　共有物につき権利を有する者（用益物権者，担保物権者，賃借権者など），および各共有者の債権者は，自己の費用をもって，上記分割に参加することができる（260条1項）。共有者は，これらの者に対して分割の通知をする必要はないが，参加の請求があったにもかかわらず，その参加をまたずに分割をした場合は，その分割は参加請求者に対抗することができない（260条2項）。

(3)　分割の効果

(a) 共有関係の解消と担保責任の発生　分割により，共有関係は解消する。そして，各共有者は，他の共有者が分割によって得た物につき，売主と同じく，持分に応じた担保責任を負う（261条）。

(b) 担保物権の帰趨　共有持分上に存在する担保物権は，分割によってその利益を害されてはならない。したがって，──

i　現物分割の場合　持分割合に応じて共有物全部の上に存続する。

ii　代金分割の場合　共有物の所有権が担保物権設定者以外の者に帰属したときは，その取得者が担保物権を引き受けなければならない（担保物権は，その物の上に存続する）。なお，担保物権者は，設定者が受けるべき金銭その他の物に対して，物上代位権（304条）を行使することもできる。

iii　価格賠償の場合　共有物が単独所有となった場合であるが，担保物権は，その物の上に，持分の範囲で存続する。

(c) 証書の保存　分割が完了したときは，各分割者は，その受けた物に関する証書を保存しなければならない（262条1項）。そして，共有者全員，またはそのうちの数人に分割した物に関する証書は，その物の最大部分を取得した者が保存しなければならない（262条2項）。この場合，最大部分を受けた者がいないときは，分割者の協議によって証書の保存者を定め，もし協議が調わないときは，裁判所が保存者を指定する（262条3項）。

証書の保存者は，他の分割者の請求があれば，その証書を使用させなければならない（262条4項）。

5　準　共　有

所有権以外の財産権を，複数の者が共同して有することを，「準共有」という。法令に別段の定めがある場合*を除いて，共有の規定が準用される（264条）。

準共有が認められる財産権としては，用益物権，担保物権，賃借権，著作権，特許権，鉱業権などがある。

＊　**法令による別段の定め**　282条（地役権の分割等に関する不可分性），284条・292条（地役権の時効に関する不可分性），398条の14（根抵当権の共有関係），427条（分割債権関係），544条（解除権の不可分性），670条～676条（組合の業務執行等）などである。

第5節　建物区分所有権（マンション法）

1　序　　説

(1)　区分所有権の意義

建物は,1棟を1個とし，その上に1個の所有権が成立するのを原則とする（一物一権主義)。しかし，わが国では，古くから，いわゆる棟割長屋（＝縦割式区分所有形態）が多く存在してきた。そこで，民法は，このような区分所有関係を相隣関係として捉え，その処理規準として208条を置いたのである。

その後，分譲マンションや高層ビルが激増するにつれ，民法208条の簡単な規定では対応がしきれなくなったため，昭和37年に，いわゆる箱型の横割縦割式区分所有形態を念頭においた,「建物の区分所有等に関する法律」(1962年（昭和37))が制定され，民法208条は廃止された。この「区分所有」（建物所有権）は，地上から離れて存在し得る観念であり，画期的な構想であった。

今日，とりわけ土地が僅少で高騰しているわが国の都市部においては，分譲マンションが一般的住宅とさえいえる。しかし，マンションは集合住宅であって，そこから，区分所有者間の利用上の利害の対立など，特に利用関係をめぐるトラブルの発生することを避けられない。そこで，1983年(昭和58)に，管理・運営の適正化の目的から，強力な団体（管理組合）性と集会による意思決定主義を基本とした法律の全面改正がなされた。利用上の義務違反者の締め出し，建物の復旧・建替えは，集会の特別の決議により可能となった。また，登記処理の便宜から，専用部分と敷地利用権の一体化が図られた。

ところで今日，建物の管理等をめぐる紛争が増加し，その管理の適正化を図る必要性が叫ばれており，他方，阪神・淡路大震災を契機に，建替え決議の効力をめぐって所有者間に深刻な対立が生じ，現行制度の見直しの必要に迫られた。そこで，この観点 ── 区分所有建物の建替え実施の円滑化と管理の充実 ── から，2002年（平成14）12月に，「マンションの建替えの円滑化等に関する法律」（2002年）の制定と共に，大幅な改正がなされたのである（2003年6月1日施行）。後者は，マンション建替組合の設立など，マンションの建替えの円滑化を図るものだが，本書では触れない。

(2)　建物区分所有と団地

本法は，基本的に，「所有」権の一形態としての，1棟の建物についての「区分所有」を中心に規定されている。他方，「団地」とは，その敷地内に数棟の建物が存在し，それらの土地または附属施設が，その建物の所有者（ないし区分所有者）の共有に属する場合をいう。したがって，両者は，概念的には異なるが，しかし法律的しくみは違わないので，本法は，「建物区分所有」に関する規定を「団地」に準用している。本書でも，特に断りがない限りは，同一に扱う。それゆえ，「区分所有者」には「団地建物所有者」が，「区分所有権」には「土地等に関する権利，建物または区分所有権」が，「管理組合法人」には「団地管理組合法人」が等々，それぞれ含まれるものとする（この読替えは，法66条参照）。

2　建物の区分所有

(1)　建物の区分所有権

1棟の建物に，構造上区分された数個の部分で，独立して住居，店舗，事務所または倉庫その他建物としての用途に供することができるものがあるときは，その各部分は，それぞれの所有権の目的とすることができる（法1条）。この所有形態を，「区分所有」という。そして，その各建物の部分に成立する所有権を，「区分所有権」という（法2条1項）。区分所有が成立する建物部分は，構造上の独立性と利用上の独立性が認められる場合であると考えてよい（したがって，廊下・階段室など，構造上の共用部分には区分所有は成立しない。法4条）。

(2) 専有部分と共用部分

区分所有権の成立・存在する建物は，専有部分と共用部分とから成る。具体的にどのような部分がそれに当たるかは，通常，マンション等の「規約」に規定されているが，それらは，以下の基準に依拠して決められたものである。

(a) 専有部分　「専有部分」とは，区分所有権の目的たる建物の部分をいう（法2条3項）。

(b) 共用部分　「共用部分」には，① 専有部分以外の建物の部分（建物の躯体部分，廊下，階段室など），② 専有部分に属しない建物の附属物（各種の設備・配管，避難通路を兼ねたバルコニーなど），③ 本法4条2項（規約による共用部分の設定）によって共用部分とされた，本法1条に規定する建物の部分および附属の建物（前者は，集会室・ゲストルーム・管理室など。後者は，別棟のごみ捨て場，駐車場など），の3つがある（法2条4項）。①・②のものを「法定共用部分」といい，概ね，建物の構造上共用に供されるべき建物の部分である。③のものは，規約によって共用部分とされるものであるから，これを「規約共用部分」といい（法4条2項），第三者に対してはその旨の登記が対抗要件となる。

> **【一部共用部分】**　上記の共用部分につき，一部の区分所有者のみの共用に供されるべきことが明らかなものを，「一部共用部分」という（法3条後段）。それに対して，通常の共用部分を「全体共用部分」と呼んでいる。しかし，構造上・性質上の共用部分である場合に，それが一部共用部分なのか，全体共用部分なのか，区別の困難なことが少なくない（玉田弘毅『注解建物区分所有法1』181頁）。ただ，建築計画などから見て，構造・機能上特に一部区分所有者の用に供することが明白でなければ，原則として全体共用部分と扱うべきである（東京高判昭59·11·29判時1139号44頁。そうしないと，エレベーターなどの管理費を1階の居住者は支払う必要がないなどの不都合が生じよう）。

i　「共用部分」は，区分所有者全員の「共有」に属する（法11条1項）。ただし，上記の「一部共用部分」は，それを共有すべき区分所有者の共有となる（法11条1項ただし書）。そして，これら各共有者は，その共用部分をその用方に従って使用できる（法13条）。専用庭，駐車場，前掲のバルコニーなどでは，一定の者に専用使用権が認められている。

ii 共用部分の「持分」について，その「割合」は専有部分の床面積の割合によるが（法14条1項），専有部分と分離してその持分を処分することはできない（専有部分の処分に従う）（法15条）。共用部分の費用負担（管理費，公租公課など）・共用部分から生じる利益（駐車場の賃料など）は，規約に別段の定めがない限り，持分の割合に応じて配分する（法19条）。

iii 共用部分の「変更」（例えば，階段をエレベーターに変更するなど）は，区分所有者および議決権の4分の3以上の多数（ただし，この数は，規約で過半数まで減ずることができる）による集会の決議で決する（法17条1項）。

iv 共用部分の「管理」に関する事項は，各共有者がすることができる保存行為を除き，原則として集会の決議で決する（規約で別段の定めをすることは可能。法18条1・2項）。

(3) 敷地利用権

(a) 敷地の2態様 専有部分を所有するための建物の敷地に関する権利を「敷地利用権」というが（法2条6項），「建物の敷地」には，① 建物が所在する土地，② 本法5条1項により規約上建物の敷地とされた土地，の2種がある（法2条5項）。前者は，建物の底地である1筆または数筆の土地で，法律上当然に建物の敷地である（法定敷地）。後者は，建物および法定敷地と1体として管理・使用をするところの，庭，通路，駐車場，広場などで，規約によって建物の敷地とされた土地である（規約敷地）。

(b) 分離処分の禁止 区分所有者は，規約に別段の定めのない限り，専有部分とその敷地利用権とを分離して処分することができない（法22条1項）。それゆえ，敷地利用権は，登記簿上は，「権利の表示」として表され，専有部分の表示の登記事項となる（不登44条1項9号）。マンションの場合の登記簿は，表題部上「1棟の建物の表示」と「専有部分の建物の表示」とが別になっており，前者に「敷地権の目的たる土地の表示」が，後者に「敷地権の表示」が，それぞれ権利の表示として登記される。その「権利部（甲区）」・「権利部（乙区）」は，通常の場合と同じである。

3　区分所有者の権利・義務

(1)　団体の構成

(a) 区分所有者の団体構成権　区分所有者は，全員で，建物ならびにその敷地および附属施設の管理を行うための団体（管理組合）を構成し，本法に従って，集会を開き，規約を定め，および管理者を置くことができる（法3条）。集会･規約･管理者等については，後述する（5参照（260頁））。

(b) 団体の法人化　上記の団体は，区分所有者および議決権の4分の3以上の多数による決議（特別多数議決）で「法人」（管理組合法人）となることができる（法47条1･2項）。

管理組合法人は，理事および監事を置き，集会の開催が義務づけられる（法49条，50条）ほか，事務に関して区分所有者を代理し（法47条6項。ただし，この代理権に加えた制限は，善意の第三者に対抗できない（同7項）），また区分所有者のために原告･被告となることができる（同8項）。その他，法47条ないし56条の規制がある。

(2)　団体的規制

(a) 他の専有部分等の使用権　区分所有者は，自己の専有部分または共用部分を保存・改良するために必要な範囲で，他の区分所有者の専有部分または自己の所有に属しない共用部分の使用を請求することができる（法6条2項前段）。この場合に，他の区分所有者が損害を受けたときは，償金を払わなければならない（同項後段）。

(b)「共同の利益」相反行為の禁止　区分所有者は，建物の保存に有害な行為，その他建物の管理または使用に関し区分所有者の共同の利益に反する行為をしてはならない（法6条1項）。この義務に違反した場合，またはそのおそれのある場合は，以下のような措置がとられる。──

i　義務違反行為の停止等の請求　他の区分所有者の全員または管理組合法人は，区分所有者の共同の利益のために，その行為を停止し，その行為の結果を除去し，またはその行為を予防するために必要な措置を執ることを請求できる（法57条1項）。

ii　使用禁止の請求　上記 i の請求では，その障害を除去して共用部分の利用の確保その他の区分所有者の共法生活の維持を図ることが困難なときは，他の区分所有者の全員または管理組合法人は，4分の3以上の多数の決議（特別多数決議）により，当該区分所有者の相当期間の専有部分の使用禁止を請求することができる（法58条1・2項）。

iii　区分所有権の競売の請求　上記 i の場合に，その行為による区分所有者の共同生活上の障害が著しく，他の方法ではその障害を除去して共用部分の利用の確保その他の区分所有者の共同生活の維持が困難なときは，4分の3以上の多数の決議により，当該区分所有者の区分所有権および敷地利用権の競売を請求することができる（法59条1・2項）。

なお，区分所有者以外の専有部分の占有者（例えば，区分所有者からの賃借人など）に対しても，上記 i の拘束（法6条3項・57条4項）のほか，引渡請求（法60条）が認められる。

4　復旧および建替え

(1)　滅失による復旧

(a) 区分所有者の復旧権　建物の価格の2分の1以下に相当する部分が滅失した場合，各区分所有者は，滅失した共用部分および自己の専有部分を復旧することができる（法61条1項本文）。ただし，共用部分については，復旧の工事に着手するまでに，集会において復旧の決議（同3項），建替え決議（法62条1項），または団地内建物の一括決議（法70条1項）があったときは，この限りでない（法61条1項ただし書）。共用部分を復旧した場合は，その金額を，他の区分所有者に対し，その持分の割合に応じて，償還請求できる（法61条2項）。

(b) 復旧決議　建物の価格の2分の1を超える部分の滅失は，集会において4分の3以上の多数（特別多数決議）で，復旧の決議をすることができる（法61条5項）。ただし，――

i　決議非賛成者の買取請求権とその扱い　この決議があった場合，決議から2週間を経過したときは，法61条8項の場合を除き，復旧に賛成しない区分所有者は，その決議に賛成した区分所有者（決議賛成者）に対し，建物およびその敷地に関する権利を時価で買い取るべきことを請求できる（法61条7項前段）。この場合において，その請求を受けた決議賛成者は，その請求の日から2か月以内に，他の決議賛成者の全部または一部に対し，決議賛成者以外の区分所有者を除いて算定した法14条に定める割合に応じて，当該建物およびその敷地に関する権利を時価で買い取るべきことを請求できる（同項後段）。

ii　買取指定者に対する買取請求　復旧決議の日から2週間以内に，決議賛成者が，その全員の合意により建物およびその敷地に関する権利を買い取ることができる者（買取指定者）を指定し，かつ，その買取指定者が，その旨を決議非賛成者に対して書面で通知したときは，その通知を受けた区分所有者は，買取指定者に対してのみ，前記**i**所掲の買取請求をすることができる（法61条8項）。

iii　決議賛成者の連帯責任　買取指定者が，前記**i**所掲の買取請求による売買代金債務の全部または一部を弁済しないときは，決議賛成者は，連帯してその債務弁済の責任を負わなければならない。ただし，決議賛成者が，買取指定者に資力があり，かつ，執行が容易であることを証明したときは，この限りでない（法61条9項）。

iv　決議非賛成者に対する催告　復旧決議の招集者（または買取指定者）は，決議非賛成者に対し，4か月以上の期間を定めて，前記**i**所掲の買取請求をするか否かを確答すべき旨を書面で催告することができる（法61条10項）。この催告を受けた区分所有者は，その期間を経過したときは，買取請求権を行使できない（同条11項）。

(2)　建替え決議

(a) 建替え決議　集会においては，区分所有者および議決権の各5分の4以上の多数で，建物を取り壊し，かつ，当該建物の敷地もしくはその一部の土地に，または当該建物の敷地の全部もしくは一部を含む土地に，新たに建物を建築する旨の決議をすることができる（法62条1項）。

建替え決議においては，① 新たに建築する建物（再建建物）の設計の概要，② 建物の取壊しおよび再建建物の建築に要する費用の概算額，③ ②の費用の分担に関する事項，④ 再建建物の区分所有権の帰属に関する事項，を定めなければならない（法62条2項）。

(b) 招集手続　建替え決議に関する集会の招集は，法35条1項の通知は，同項の規定にかかわらず，集会日より少なくとも2か月前に発しなければならない（この期間は，規約で伸張できる。法62条4項）。

この通知においては，法35条5項に規定する議案の要領のほか，① 建替えを必要とする理由，② 建物の建替えをしないとした場合における，当該建物の効用の維持または回復をするのに要する費用の額，およびその内訳，③ 建物の修繕に関する計画が定められているときは，当該計画の内容，④ 建物につき修繕積立金として積み立てられている金額，の各項を通知しなければならない（法62条5項）。

(c) 説明会の開催　建替え決議の集会の招集者は，集会の日より少なくとも1か月前までに，当該招集の際に通知すべき事項につき，区分所有者に対する説明会を開催しなければならない（法62条6項）。

(d) 区分所有権等の売渡請求　建替え決議があったときは，招集者は，決議非賛成者に対し，建替えに参加するか否かを回答すべき旨を書面で催告しなければならず（法63条1項），決議非賛成者は，その催告を受けた日から2か月以内に回答しなければならない（同2項）。この期間が経過したときは，決議賛成者は，建替えに参加しない区分所有者に対し，区分所有権および敷地利用権を時価で売り渡すべきことを請求できる（同4項）。

(3)　団地内の建物の建替え承認決議

(a) 団地内特定建物の建替え承認決議　団地内にある数棟の建物（団地内建物）のうち，**特定の建物**（**特定建物**）**のみを建て替える場合**には，他の棟の団地建物所有者による「承認」を得なければならないという趣旨である。

すなわち，団地内建物の全部または一部が専有部分のある建物であり，かつ，その団地内の特定建物の所在する土地が，65条所定の団地建物所有者の共有に属する場合において，以下に掲げる要件に該当する場合で，団地建物所有者集会または団地管理組合法人の集会で議決権の４分の３以上の多数による承認の決議を得たときは，当該特定建物の団地建物所有者は，当該特定建物を取り壊し，かつ，当該土地またはこれと一体として管理・使用する団地内の土地に，新たに建物を建築することができる（法69条1項）。その要件とは，――

i　当該特定建物が専有部分のある建物である場合，その建替え決議またはその区分所有者の全員の同意があること

ii　当該特定建物が専有部分のある建物以外の建物である場合，その所有者の同意があること

なお，この集会での各団地建物所有者の議決権は，当該特定建物の所在する土地の持分の割合によるものとする（法69条2項）。

(b) 招集手続　前掲(a)の集会を招集するときは，法35条１項の通知は，集会日より少なくとも２か月前に，議案の要領のほか，新たに建築する建物の設計の概要をも示して発しなければならない（この期間は，規約で伸長できる。法69条4項）。

(c) 建替えの制限　上記の建替えが，当該特定建物以外の建物（当該他の建物）の建替えに特別の影響を及ぼすべきときは，次の各号に掲げる者が，当該建替え承認決議に賛成しているときに限り，当該特定建物の建替えをすることができる（法69条5項）。

i　当該他の建物が専有部分のある建物である場合，当該他の建物の区分所有者全員の議決権の４分の３以上の議決権を有する区分所有者

ii　当該他の建物が専有部分のある建物以外の建物である場合，当該他の建物の所有者

(4)　団地内の建物の一括建替え決議

(a) 団地内建物の一括建替え決議　団地内建物を一括して建て替える場合の決議手続である。すなわち，団地内建物の全部が専有部分のある建物であり，かつ，当該団地内建物の敷地がその区分所有者の共有に属する場

合において，団地内建物の区分所有者集会または団地管理組合法人の集会で，区分所有者および議決権の5分の4以上の多数をもって，当該団地内建物につき一括して，その全部を取り壊し，かつ，当該団地内建物の敷地もしくはその一部の土地に，または当該団地内建物の敷地の全部もしくは一部を含む土地に(再建団地内敷地)，新たに建物を建築する旨の決議をすることができる(法70条1項本文)。ただし，当該各団地内建物ごとに，各区分所有者の3分の2以上の者であって38条に規定する議決権（持分割合による）の合計の3分の2以上の議決権を有するものが，その一括建替え決議に賛成した場合でなければならない(法70条1項ただし書)。

この一括建替え決議においては，① 再建団地内敷地の一体的な利用についての計画の概要，② 新たに建築する建物（再建団地内建物）の設計の概要，③ 団地内建物の全部の取壊しおよび再建団地内建物の建築に要する費用の概算額，④ ③の費用の分担に関する事項，⑤ 再建団地内建物の区分所有権の帰属に関する事項，を定めなければならない(法70条3項)。

(b) 建物区分所有規定の準用　この一括建替え決議については，建物の区分所有に関する規定が準用される。その主なものは，① 招集手続の厳格性（前掲(2)(b)），② 説明会の開催義務（前掲(2)(c)），③ 区分所有権等の売渡し請求（前掲(2)(d)）などである。前記した。

5　管理・規約・集会

(1) 管理組合と管理者

(a) 管理組合　既述したように(3(1)(255頁))，区分所有者は，全員で，建物ならびにその敷地および附属建物の管理を行う「団体」を構成する(法3条)。この「団体」がマンションの「管理組合」であり，区分所有者が複数いれば，法律上当然に成立するものである。したがって，マンションの管理は構成員全員で行うことが原則である。

管理組合が「法人格」を取得した場合については，既述した(前掲3(1)(b)(255頁))。

(b) 管理者　区分所有者（管理組合）は，後述する集会の決議によって，「管理者」を置くことができる（法25条）。管理を集中的に行うためである。この「管理者」は，通常，管理組合「理事ないし理事会」と呼ばれていよう（管理組合法人の場合ではない）。管理者は，共用部分等を保存し，集会の決議を実行し，ならびに規約で定めた行為をする権限を有し，義務を負う（法26条1項）。

管理者は，その職務に関しては，区分所有者を代理する（法26条2項前段）。損害保険契約に基づく保険金額，ならびに共用部分等について生じた損害賠償金・不当利得返還金の請求・受領についても同様である（法26条2項後段）。また，規約または集会の決議により，その職務に関して，区分所有者のために訴訟行為を遂行する（法26条4項）。

(2) 規約・集会

(a) 規　約　建物またはその敷地もしくは附属施設の管理または使用に関する事項は，本法に定めるもののほか，「規約」で定めることができる（法30条1項）。ただし，専有部分・共用部分または建物の敷地・附属施設につき，これらの形状，面積，位置関係，使用目的および利用状況ならびに区分所有者が支払った対価その他の事情を総合的に考慮して，区分所有者間の利害の衡平が図られるよう定めなければならない（法30条3項）。

規約の設定，変更または廃止は，区分所有者および議決権の各4分の3以上の多数による集会での決議によって行うが，それが一部の区分所有者の権利に特別の影響を及ぼすときは，その承諾を得なければならない（法31条1項）。

規約は，書面または電磁的記録により作成し（法30条5項），管理者がこれを保管する（法33条1項）。また，利害関係人の請求があった場合には，原則として閲覧を拒んではならない（法33条2項）。

なお，売主（分譲業者）など，最初に建物の専有部分の全部を所有する者は，公正証書により，① 規約共用部分（法4条2項。前掲2(2)(b)（253頁）），② 規約敷地（法5条1項。前掲2(3)（254頁）），③ 敷地利用権の処分と持分割合（法22条1項ただし書・2項ただし書），に関する規約を設定することができる（法32条）。

(b) 集 会 「集会」とは，一般に管理組合の「総会」と呼ばれ，区分所有者の最高の意思決定機関である。管理に関する重要事項は，集会での決議事項である（法18条1・2項）。

i 招 集 集会は，管理者が招集し，少なくとも毎年1回開催されねばならない（法34条1・2項）。招集通知は，会日より少なくとも1週間前に，会議の目的たる事項を示して，発しなければならない（法35条1項）。

ii 議 事 集会の議事は，通常は，区分所有者および議決権の過半数で決するが（普通決議）（法39条1項），特に重大な事項（例，共用部分の変更（法7条），法人化決議（法47条），団地内特定建物の建替え承認決議（法69条）など）は，その4分の3の多数で決する（特別多数決議）。なお，建替えに関する決議は，5分の4の多数をもって行う（前掲**4**(2)(a)（257頁）（区分所有建物の建替え），**4**(4)(a)（259頁）（団地内建物の一括建替え））。

議長は，書面または電磁的記録により，議事録を作成しなければならない（法42条1項）。

第3編　用　益　物　権

第1章　用 益 物 権 論

1　「用益」物権の意義

物権は，物の「支配権」であって，その支配の態様は，〈使用〉〈収益〉〈処分〉の各権能（206条参照）に分析できるものであることは，すでに詳述した（それらの意味については，第１編第１章第１節2(1)(3頁)，第２編第２章第１節1（214頁）参照）。そして，所有権は，これらすべての支配権能を有するものであった（したがって，所有権は全面的支配権である）。これに対し，「用益」物権は，上記の支配権能が，〈使用〉権能と〈収益〉権能に制限された物権（制限物権）である。「用益」の名の由来はそこにある。

このように，「用益」物権とは，物を使用・収益するための権利（物権）である。しかも，これは，「物」の所有権を有する者（＝所有者）が使用・収益するわけではないから，他人の物を使用・収益する権利（＝他物権）なのである。このように，用益物権の設定とは，物的支配権能である〈使用〉権能と〈収益〉権能の物権者への移譲である。

このような用益物権（＝他人の物（土地）を利用する物権）として，民法は，建物を建築したり竹木を所有する目的で他人の土地を利用する「地上権」，農作物を生育するために他人の土地を利用する「永小作権」，自分の土地の便益のために他人の土地を利用する「地役権」，一定の村落民が山林や河川に入(い)り会う（＝共同用益をする）権利である「入会(いりあい)権」，の４種を認めた。第２章以下で順次説明する。

2　用益権（利用権）の二重構造 ──物権的構成と債権的構成

(1)　物権的構成と債権的構成の由来

以上のような，「他人の物を用益する権利（利用権）」は，民法上，物権として構成された。そして，それが，用益権の原則的形態とされたのである。

ところが，「他人の物を用益する」という目的は，賃貸借契約（601条）または使用貸借契約（593条）によっても達成が可能である。この契約上の賃借権・使用借権は債権である*。ここにおいて，用益権（利用権）は，わが民法上，物権的構成としての用益物権と，債権的構成としての賃借権・使用借権という，2つの形態をとって現れることになった（用益権（利用権）の二重構造）（⇒【Ⅳ】182頁以下，【Ⅴ】209頁以下）。

このような民法の取扱いについては，若干の歴史的説明を必要としよう。もともと，用益権（利用権）とは，民法理論からすれば，物権的構成が理想であるし（排他的支配性），民法起草者もそのように考えていた。しかし，土地所有者からすれば，所有権は絶対であって，強力な効力を持つ物権（とりわけ，地上権や永小作権）が自分の土地上に半永久的に存続することは好ましくないし，以下で説明するように，地代の徴収，譲渡の禁止など，利用権を様々な形で制限できる債権的構成の方が有利であることはいうまでもないのである（次(2)参照）。それゆえ，民法典の起草にあたって，当時，優越的地位にあった大土地所有者⇒議会・立法への圧力という構図のなかで，「賃貸借による利用権」設定が一般化されるにいたった。その結果，不動産賃借人の地位は脆弱となり，わが国の歴史上，社会問題の大きな原因となった。それに対する法律的対応については，3で後述しよう。

＊　**賃貸借と使用貸借**　「他人の物を使用する」債権として，民法では，賃借権（賃貸借）（601条以下）と使用借権（使用貸借）（593条以下）とがある。両者の差異は，有償か無償かであり，賃貸借は有償，使用貸借は無償の用益債権である。後者は，次の(2)で述

べる5つの特質についても，用益する権利としては最も弱いものであるが，それは，その「無償」性という契約自体の性格から導かれるものである。また，このような用益関係は，通常，何らかの人的関係（親族関係とか義理・恩義関係など）などに基づいて行われるのが一般であろう。このようなことから，以下では，債権的構成の典型としては「賃貸借」契約を中心に考えていくことにする。

(2) 物権的構成と債権的構成の法律的差異

用益権を物権と構成するか，債権と構成するかでは，その法律効果につき，大きな差異がある。ここでは，まず，両者の原則的差異を把握しておこう。

(a) 対抗力　物権の排他的支配性は，公示することによって第三者に対する対抗力を生じ，強力に保護されることになる。その公示手段（→対抗要件）が，不動産では登記，動産では占有である。

これに対して，債権は，ある人に対する請求権であるから，公示する方法もなく，第三者に対抗できない。ただ，民法は，例外的に，不動産を用益する賃借権については登記を備えることを可能とし，それによって対抗力が生じることを認める（605条）。しかし，物権の場合と違って，賃貸人には登記協力義務はないので，登記がなされる保障はなく，現実にはこのような登記は機能していない。

(b) 存続期間　物権の場合，その存続期間は長期であるのが原則である（地上権や永小作権は50年を予定するし（268条，278条参照），地役権は要役関係の存続する間，入会権では入会関係が存続する間）。賃借権（債権）の場合は，契約なので当事者の合意によるゆえに，長期的存続は予定されていない。

(c) 譲渡性　物権には譲渡性があるのが原則であるが（272条（永小作権の譲渡性）参照），賃借権（債権）は，賃貸人の同意がない限り，これを譲渡することはできない（612条）。

(d) 利用の内容　物権は，排他的支配権としての〈使用〉権能および〈収益〉権能が，いわば割譲され，物権者に移譲されるのである。したがって，〈使用〉〈収益〉に関しては，物権者のみがこれを有し，所有者は，〈処分〉権能しか持たない。

これに対し，債権（賃借権）は，所有権者の有する〈使用〉〈収益〉権能につき，それを借り受けるという構成になる（物的支配権能としての〈使用〉〈収益〉権能は，依然所有権者にある）。そして，賃貸人との契約によるから，物権本来の〈使用〉〈収益〉権能が賃借人に与えられるとは限らないのである。物権のような権能が賃借人に与えられるとは限らない。

(e) 対　価　物権では，対価は必ずしもその要素ではない（266条(地上権),388条ただし書(法定地上権)参照）。このことの意味は，対価の約定がなくても物権は成立するということである。ただ，対価が約定され，それが登記された場合には対抗力を有することになるが，この取扱いは物権によって異なる（地上権では可能だが（266条,不登78条2号），地役権では登記すらできない（地役権の対価の問題は，後掲第4章**3**(4)(293頁)参照））。なお，永小作権は例外であり，対価の約定をその要素とする（270条）。これに対し，賃借権は対価を当然の要素とする（601条）。

3　特別法による修正

物権的構成と債権的構成とでは,以上のような法律的差異がある。そして，用益を与える者（目的物の所有者）にとっては，賃貸借（債権的構成）の方がはるかに有利であることはいうまでもない。賃借権（債権）が契約であり，合意によってその契約内容自体をいかようにも決められること（契約自由の原則）に由因するのだが，その際に，必然的に**経済力の原理**（経済的強者による内容決定）が働くからである。このことは，その反射として，用益権者（利用権者）の地位を著しく不安定なものとさせることも必然なのである。

果たして，わが国の不動産用益権（利用権）は，そのほとんどが賃貸借契約に依ってきた。その結果として，不動産，ことに農地や宅地，住居家屋の賃貸借では，賃貸人（所有者）はその地位と権利を恣にしてきた。逆に，賃借人は，その地位を脅かされ，高い賃料の請求に応じなければならなかったのである。この問題性は，幾度となく重なった戦争や経済不況のなかで，社会問題として如実に現れてきた。そこで，所有権者の恣意と権利の濫用的行使に対し，賃借人の権利を法政策として保護する必要が生じてきたのである。次に述べるいくつかの特別立法は，このような問題の解決を志向するものであって，技術的には，前掲**2**で述べた法律的差異（二重構造）の縮小・修正を行っているものであるが，理論的には，民法理論の修正でもある。

(1) 地上権関係

≪地上権から借地権へ≫　地上権は，登記によって対抗力を有する強力な土地利用権である。しかし，しかし，土地所有者の優位性の下では，建物所有を目的とする地上権が設定されることはほとんどなく，現実には賃借権で行われている。しかし，賃借権では賃借人が十分に保護されない。そこで，借地法（1921年（大正10）。現行借地借家法）は「借地権」概念を導入し，この借地権は，土地利用権の登記（地上権登記ないし賃借権登記）でなくても，賃借人が単独でできる建築した建物の保存登記でも対抗力を有するものとされた（建物保護1条→借地借家10条）。

「借地権」とは，建物所有を目的とする地上権と賃借権とを総括した土地利用権で，借地法によって創設された概念である。この法律的性質は，基本的には「債権」であるが，実質的には，対抗力の具備，長期の存続期間，更新事由の法定など，限りなく「物権」に近づいた利用権であるということができる（この現象を，「賃借権の物権化」という）。それゆえ，「建物所有を目的とする土地利用権」は，借地権に移行し，多くの場合，地上権はほとんど機能していないのである。

なお，「罹災都市借地借家臨時処理法」（1946年（昭和21））も，特別の災害地においては（適用地は災害ごとに政令で定める），借地権者は，登記した建物が焼失・滅失しても，政令施行の日から5年以内に土地の権利を取得した第三者に対して対抗できる（同法10条，25条の2）として，民法原則を修正している。

(2) 永小作権関係

農業は，旧来よりわが国の経済の根幹をなすものとして位置づけられてきたが，その耕作（営農）の実体は，大土地所有と零細・広範な小作関係の存在であった。そして，民法の小作関係を規律する構造が，上記のように二重構造を採っていたため，小作争議が絶えなかった。そこで，戦後に至って，自作農の推進政策を基本的骨格とする「農地法」(1952年(昭和27))が制定され，耕作者の地位の安定が積極的に図られることになった。したがって，民法典上の永小作に関する規定は，実際上の機能を失っているのである(278頁【小作関係小史】)。

(3) 入会権関係

入会権は，団体的生活のなかでの団体的権利であり，個人所有を本則とする「民法」では異質のものである。それゆえ，民法では入会権を慣習法に委ねることにしたが(263条,294条)，このような権利は，前近代的性質を含んでおり，近代化を阻む要因であることも否めない。そこで，農林業の近代化のために，入会権を消滅させる政策として，「入会林野等に係る権利関係の近代化の助長に関する法律」(1966年(昭和41))が制定された。

*　　　*　　　*

以上のように，実際の生活関係において，民法典上の用益物権が機能する面は，必ずしも多くはない。しかし，上記のような新たな現象の展開は，民法の基本的構造を把握して初めて理解しうるものと思われるので，本編第2章以下では，そのような点を中心に述べる。

第2章　地　上　権

1　地上権の意義

(1)　地上権とは何か

地上権とは，他人の土地において工作物または竹木を所有するため，その土地を使用する権利である（265条）。「工作物」とは，建物，橋梁，水路，池，ゴルフ場，電柱，銅像，井戸，トンネル，地下鉄施設など，地上および地下の一切の建造物を指す。また，「竹木」とは，植林の目的で所有する竹や立木であって，農業耕作のための場合（果樹や桑など）はこれに含まれない（永小作権による）。

なお，この利用権は，債権たる「賃借権」によってもまったく可能なことは，第1章で既述した。そして，建物などでは賃借権が使われるのが普通である。地上権が使われる最も主たる場合が地下鉄やトンネルなどの敷設である（区分地上権）（5（276頁）で後述する）。

> **【地上権利用の現状】**　既述したように，建物や竹木の所有を目的としては，地上権はあまり使われない。賃借権が存在するからである。現在，地上権が最も使われるのが，地下鉄・トンネルなどを敷設する場合である。例えば，地下鉄の敷設は原則として道路の下を通すが，地下鉄は，交差点など直角に曲がった道路に対応することができず，どうしても民間の土地の下を通さなければならない。そのために，数多くの地上権設定契約がなされることになる。

(2)　地上権の法律的性質

地上権は，物権であるから，工作物や竹木が滅失しても，消滅することはない。地上権の目的は，「土地」である。

また，物権であることから当然に引き出される譲渡性，相続性，対抗力

(ただし，登記を要する)を有し，存続期間も長期である(第1章**2**(2)(265頁)所掲)。

2　地上権の成立

(1)　地上権設定契約（約定地上権）

一般的な当事者の合意による地上権の設定である。これは，地上権の設定自体を直接の目的とする，諾成・不要式の物権契約である。意思表示だけで成立することは，物権一般の原則どおりである(176条)。

当事者間で設定された他人の土地の利用権が，地上権か賃借権か不明である場合は，契約の諸要素(後の**3**で述べる，存続期間，地代，譲渡性など)を勘案した意思解釈の問題となろう。なお，1900年(明治33)の「地上権に関する法律」は，同法施行前に他人の土地において工作物または竹木を所有するためにその土地を使用する者を地上権者と推定したが(法1条)，約定による地上権設定が例外的な今日，この法律の思想がそのまま妥当するかは疑問である。原則としては，賃借権を推定すべきであろう(仮担10条などを参照)。

(2)　法律の規定による地上権の取得

(a)　法定地上権　同一人の所有する土地と建物とが，抵当権の実行（競売）等によってその所有者を異にするにいたった場合は，建物所有者のために，法律上当然に地上権が成立する(388条)。これを「法定地上権」という。強制執行や租税滞納による公売処分などの場合にも発生する(詳細は，【Ⅲ】187頁以下)。内容的には，普通の地上権と変わるところはない。

(b)　時効による取得　地上権は，時効によって取得することもできる(163条)。なお，不動産賃借権も時効によって取得できるから，両者の区別が困難な場合も生じよう。この場合は，さきの(1)の賃借権推定とは異なり，時効取得なのだから，当事者意思とは無関係であり，原則として地上権と解すべきである。

3　地上権の効力

(1)　土地使用権

地上権者は，設定行為によって定められた目的の範囲内で，その土地を使用することができる（265条）。その意味は，物権の排他的支配権としての〈使用〉および〈収益〉権能を有するということである。したがって，物権的請求権を有することはもちろん，その用益権能を第三者に賃貸することも原則として認められる。

(2)　地上権の存続期間

(a)　存続期間の定めのある場合　地上権の存続期間は，約定地上権の場合，通常はその約定によって定められよう。問題なのは，最長期間と最短期間である。存続期間を永久としている場合に，判例は「永久地上権」としてこれを承認した（大判明36・11・16民録9輯244頁）。民法理論に悖るわけでもないので，承認できよう。ただ，「無期限」という約定の場合は，期間の定めのない地上権として扱うのが判例である（大判昭15・5・26民集19巻1033頁）。

(b)　存続期間の定めのない場合や法定地上権など　設定行為で存続期間を定めなかった場合は，第1に，当事者の協議によるが，そのときは慣習を参酌して決定すべきである（268条1項参照）。この場合に，慣習に悖るような地上権放棄は許されない（268条1項本文）。

第2に，当事者の請求により，20年以上50年以下の範囲内で，裁判所が決定する。この場合は，工作物・竹木の種類や状況，地上権設定当時の事情を考慮して決定される（268条2項）。なお，民法施行前に設定した地上権は，民法施行法44条による特別扱いを受けるが，このような地上権は現在ではあまり存続してはいないだろう。

(c)　借地借家法による修正　「建物の所有を目的とする地上権及び土地の賃借権」の存続期間は，借地借家法によって以下

のように修正されている。すなわち ──

i　借地権の存続期間　借地権（建物の所有を目的とする地上権および土地の賃借権）の存続期間は30年とし（借地借家3条本文。旧法では，堅固建物は60年，非堅固建物は30年とされた），契約でこれより長い期間を定めたときは，その期間とする（同3条ただし書）。したがって，契約で期間を定めなかった場合には，一律に30年となる。

ii　更新後の期間　借地契約更新後の借地権期間は10年（最初の更新にあっては20年）とする。ただし，当事者がそれより長い期間を定めたときは，その期間とする（同4条）。更新には以下の場合がある。──

①　更新請求　借地権の期間満了の場合に，借地権者が契約の更新を請求したときは，建物がある場合に限り，従前の契約と同一条件で契約を更新したものとみなす。ただし，借地権設定者が遅滞なく異議を述べたときは，この限りでない（同5条1項）。

②　法定更新　借地権者が，借地権の期間満了後，土地の使用を継続するときも，建物がある場合に限り，①と同様とする（同5条2項）。なお，借地権設定者の更新拒絶の「異議」要件は，「借地権設定者及び借地権者が土地の使用を必要とする事情のほか，借地に関する従前の経過及び土地の利用状況並びに借地権設定者が土地の明渡しの条件として又は土地の明渡しと引き換えに借地権者に対して財産上の給付をする旨の申出をした場合におけるその申出を考慮して，正当の事由があると認められる」ことである（同6条）。

iii　建物滅失後の再築の場合　借地権の期間満了前に建物が消滅した場合には借地権も消滅するのが原則であるが，借地権者が残存期間を超えて存続すべき建物を築造したときは，借地権設定者の承諾がある場合に限り，借地権はその時から20年存続する（同7条）。

(3)　対抗力

(a) 地上権の対抗要件

地上権は，他の不動産物権と同じく，登記をもってその対抗要件とする（177条，不登3条2号・78条）。登記の問題については，既述した（第1編第2章第3節5（122頁）参照）。

(b) 特別法による修正 「建物の所有を目的とする地上権及び土地の賃借権」は，地上権または賃借権の登記がなくても，土地上に借地権者が登記（保存登記）されている建物を所有するときは，その地上権または賃借権を第三者に対抗することができる（借地借家10条）。その場合に，建物が滅失しても，明認方法等により，その建物を特定するために必要な事項，滅失があった日，および建物を新たに築造する旨を，土地上の見やすい場所に掲示したときは，原則として２年間は対抗力を有する（同10条2項）。

なお，罹災都市借地借家臨時処理法の適用のある場合には，建物が罹災して焼失しても，５年間は対抗力が認められる（罹災都市10条）。既述した（第1章3(1)（267頁）参照）。

(4) 地上権の譲渡・工作物等の処分

(a) 地上権の譲渡・抵当権設定 地上権者は，地上権を譲渡し，またはこれに抵当権を設定することができる（369条2項）。「譲渡」性は，物権であることから，当然に導かれるものである。当事者間でこれを禁止する特約をしても，債権的効力を持つだけで，第三者に対抗することはできない（禁止特約を登記する方法はない）。

(b) 工作物・竹木の処分 問題となるのは，工作物または竹木の譲渡・処分であるが，この場合，原則として，その存立基盤たる地上権をも伴うものと解すべきであろう（我妻=有泉369頁）。もちろん，取り壊すことを予定して建物を材木として処分する場合や，伐採を目的として竹木を処分する場合などは別である。

(5) 地代支払義務

地代は，地上権の要素ではないから，当事者間で地代に関する約定のある場合にのみ，その支払義務が発生する。法定地上権では，裁判所が決定する場合がある（388条後段）。地代は，一時払でも定期払でもよい。

(a) 地代に関する法規定 定期の地代の支払が約定された場合には，永小作権に関する274条ないし276条の規定が準用され（266条1項），① 不可抗力により収益について損失を受けたときでも，地代の免除または減額を請求することができない。② 地上権者は，275条に従って地上権を放棄することができる。③ 地主は，地上権者が引続き2年以上地代の支払を怠ったときは，地上権の消滅を請求することができる。

このほか，地代に関しては，賃貸借に関する規定を準用する（266条2項）。

(b) 地代の対抗力　地代を第三者に対抗するためには，その登記をすることを要する（不登78条2号）。不動産に関する物権の内容だからである。なお，地代債権は土地所有者に従属し，地代債務は地上権者に従属する。

> **【地代に関する物権関係】**　このように，地代は登記によって対抗力を有する。したがって，地上権がB→Cへと移転した場合，土地所有者Aが新地上権者Cに地代を請求するには，その地代があらかじめ登記されているものでなければならない。
>
> 他方，土地所有権がA→Dへと移転すると，将来の地代債権もDに移転する。この場合，新所有者Dは，土地所有権の移転登記さえあれば，地代の登記がなくても，地上権者Bに対し地代を請求することができる。

(c) 地代の増減額請求権　地代は，合意または裁判所によって定められるが，地価の上昇など著しい事情の変更があり，不相当となった場合は，その増減額の請求が認められよう。借地借家法ではその請求を認める（借地借家11条）。

(6) 地上物の収去権

地上権者は，その権利が消滅した時，土地を原状に復して，工作物または竹木を収去することができる（269条1項本文）。ただし，土地所有者が，時価相当額を提供してこれを買い取る旨を通知したときは，地上権者は，正当の理由がなければ，これを拒むことができない（269条1項ただし書）。ただし，それと異なった慣習があるときは，その慣習に従う（269条2項）。

(7) 有益費償還請求権

地上権には，地上権者が費用（必要費・有益費）を支出した場合の償還に関する規定はない。しかし，賃借権の場合には，賃借人が土地に必要費を出したときは直ちに，有益費を出したときは契約終了時に，それぞれその償還を請求できる（608条）。賃貸人は，賃貸物の使用・収益に必要な修繕義務を負うから（606条1項），その必要費については賃貸人の負担となる。したがって，賃借人の必要費の償還請求は当然ということになる。しかし，地上権はこのような構造ではないから，地上権者の必要費の償還請求は認められないことになろう。

しかし，有益費については，賃借人の出捐による賃借物の価値の増加であり，これを賃貸人が無償で収めることは不当利得にあたる。それゆえ，有益費についてはこの理由から償還請求が認められるのであり，このことは地上権においても変わりがないから，有益費の償還請求を認めるべきだというのが学説の態度である（我妻=有泉373頁，川井201頁）。

(8) 相隣関係の規定の準用

地上権者間，または地上権者と土地所有者間における相隣関係については，所有権の相隣関係に関する209条～238条の規定が準用される（267条本文）。ただし，境界線上の工作物共有推定に関する規定（229条）は，地上権設定後にした工事についてのみ，地上権者に準用する（267条ただし書）。

4 地上権の消滅

地上権は，物権であるから，物権一般の消滅原因である，土地（目的物）の滅失，存続期間の満了，混同，消滅時効などによって消滅する（第1編第2章第6節（170頁））ほか，以下の地上権に特殊な消滅原因がある。

(1) 地上権者の地上権放棄

地代を伴わない地上権は，期間の定めの有無を問わず，地上権者は自由にこれを放棄することができる。上記のとおり，物権の一般原則である。

しかし，地代を伴う地上権は，――

i　設定行為で存続期間を定めないときは，別段の慣習のない限り，いつでもこれを放棄することができる（268条1項本文）。ただし，地代については，1年前に予告をし，または期限の到来していない1年分の地代を支払わなければならない（268条1項ただし書）。

ii　不可抗力により，引続き3年以上まったく収益を得ず，または5年以上にわたって地代より少ない収益しかあげることができなかったときは，地上権を放棄することができる（266条→275条）。この場合は，予告も地代支払いも必要はない。

なお，地上権の放棄が第三者の権利を害するときは，その放棄をその第三者に対抗できない（地上権が抵当権の目的となっているときの放棄につき，398条。なお，第1編第2章第6節5(175頁)参照）。

(2)　土地所有者の消滅請求

定期に地代を払うべき地上権者が，引続き2年以上地代の支払いを怠ったときは，土地所有者は地上権の消滅を請求することができる（266条→276条）。

(3)　約定消滅事由

当事者間で，地上権の消滅事由を取り決めることができるのは，当然である。しかし，地代の滞納を理由とする場合には，地上権者にとって276条よりも不利な約定を結ぶことはできないと解すべきである（通説）。なお，借地借家法の適用のある地上権については，同法の規定に反して借地権者に不利な約定をしても，無効である（借地借家16条）。

5　区分地上権

(1)　区分地上権とは何か

区分地上権とは，「地下または空間の上下の範囲を区切って工作物を所有する」ための，地上権である（269条の2第1項前段）。地下鉄・モノレールやトンネルの敷設，地下街の開発などの目的のためには地上権では不都合な場合が多い。そこで，1966年（昭和41）に，土地の立体的利用，すなわち多数権利者による同一の地下・空間の階層的利用を確保する目的で新設されたものである。現在では，地上権のなかで，最も多用されているものである（269頁【地上権利用の現状】参照）。

区分地上権は，物支配の客体が，空中または地下の一部である点を除けば，普通の地上権の性質とまったく同一である。

(2) 区分地上権設定による制限

区分地上権は，必然的に地表面の利用を伴うから，設定行為をもって，地上権の行使のために，土地の使用に制限を加えることができる（269条の2第1項後段）。

さらに，すでに第三者の利用権（地上権・永小作権・賃借権など）またはこれを目的とする権利（地上権上の抵当権など）が存する場合でも，これらの者全員の承諾があれば，区分地上権を設定することができる（269条の2第2項前段）。そして，この場合は，上記の利用権を有する者は，区分地上権の行使を妨げることはできない（269条の2第2項後段）。

第3章　永小作権

1　永小作権の意義

(1) 永小作権(えいこさくけん)の社会的意義

永小作権とは，小作料を支払って，他人の土地上で耕作または牧畜をする権利である（270条）。俗に,「小作」権といわれるものである。永小作権は，民法上，用益物権として構成されている。しかし，同一内容の小作権は，債権である賃借権（賃借小作権）によっても達成されることは，第1章で説明したとおりである。そして，わが国の小作関係は，その圧倒的多数が賃借小作であって，永小作権はほとんど存在しないという事実に注意しなければならない。

【小作関係小史】　江戸時代には，永代小作とか永代作の名で呼ばれる永小作関係が広範に存在し，「一地両主」（所有権者が2人）の土地所有関係（封建的所有関係）を呈していることが少なくなかった。そこでの永小作とは，いわゆる「分割所有権」的性格を有するものである。1871年（明治4）から始まる地租改正事業は，このような旧来の封建的土地関係を整理し，「一地一主」の近代的所有関係を作り出すのであるが（216頁【近代的所有権前史】参照），この過程で，明治政府は，地主・小作人のいずれに地券（単一の所有権）を与えるべきかの決定に迫られたのである。そして，小作関係土地については，小作料徴収権者（地主）に地券が渡されることになった。

この結果，小作料徴収権者が唯一所有権者（近代的所有権者）となり，他方，小作人は単なる用益権者（用益物権者または賃借権者）に転落させられたのである。さらに，民法は，永小作権を制限的に承認したため，小作人は大きな圧迫を受けることになった。すなわち，永小作権の存続期間を50年とする（278条）とともに，民法施行前から存在していた永小作権の存続すべき期間も民法施行後50年間に制限した（民施47条）。この施策に対しては不満が強かったため，民法施行法47条3項が追加されたが，なお不十分であった。そして，この法制度の下では，新たに永小作権が設定されることはまずなく，小作関係のほとんどが賃借小作であった。

このように，小作権者の地位が弱く，その法的保護の方途がないため，第1次大戦以降，小作争議が頻発した（【V】86頁【小作争議と信頼関係理論の成立】参照）。これに対処するため，争議の調停という目的から，1924年（大正13）に「小作調停法」が制定された。また，その後の1938（昭和13）年には，同じく調停目的から農地の使用・収益・処分についての特例を定めた「農地調整法」が制定されたが，この年は，民法施行前の永小作権が消滅するとされた年（50年）まであと10年という年であり，大きな小作争議の勃発が予測されていたため，この法律はそれを回避すべく意図されたものだったのである。しかし，いずれも，小作関係の実体関係に変更を加えるものではなかった。

小作権の総合的・実体的な保護は，第2次大戦後のGHQによる農地改革・解放（大土地所有・寄生地主の排除）に始まり，その後の1952年（昭和27）の「農地法」によって実現された。ここでは，寄生地主の復活を阻止するとともに，自作農を近代農業の基本として捉え，それを推進するという政策の下で，永小作が整理され，永小作地の強制買収と耕作者への売渡しなどの処置が施されたのである。このような変革の結果，民法上の永小作権はほとんど機能していないのである。

(2) 永小作権の法的性質

民法上の永小作権は，物権である。そして，他人の土地の〈使用〉〈収益〉をする権能であって，地上物の所有そのものを目的とする権利ではないから，地上物の存在や消滅によって影響は受けない。

法的性質については，地上権とほとんど同一であるが（第2章1(2)(269頁)），異なる点は，① 譲渡性が設定行為によって制限されること，② 対価（小作料）の支払を要素としていること，である。

2 永小作権の成立

永小作権は，地上権の場合と同様に，設定行為によるのが普通であるが，取得時効によっても取得される。また，譲渡性があることから，譲渡（ただし，設定行為で制限することはできる），遺言，相続などによっても取得できる。

農地法の適用される「農地または採草放牧地」上に永小作権や賃借権を設定し，またはこれを移転するには，都道府県知事または農業委員会の許可を得なければならない（農地3条1項。これに反する場合は無効）。

設定された権利が永小作権か賃借権か不明な場合は，設定契約の内容・当該地方の慣習などを勘案して決定されるが，地上権の場合（「地上権に関する法律」）と異なり（第2章**2**(1)（270頁）），不明な場合に永小作権と推定する規定はない。

3　永小作権の効力

(1)　土地使用権

(a) 使用・収益権能　永小作権者は，設定行為によって定められた目的の範囲内で，土地を使用することができる。その「使用」とは，排他的支配権である〈使用〉〈収益〉権能である。

なお，農地法が適用される場合，永小作権者は，知事の許可を得なければ，その土地を農地・採草放牧地以外の目的に供することができない（農地5条）。

(b) 土地使用の制限　永小作人は，土地に回復することのできない損害が生ずべき変更を加えることはできない（271条）。ただし，これと異なる慣習があるときはそれに従う（277条）。

(2)　永小作権の存続期間

(a) 設定行為で期間を定める場合　永小作権の存続期間は，20年以上50年以下とし，50年以上の期間を定めた場合はこれを50年に短縮する（278条1項）。約定存続期間は更新することができるが，更新の時より50年を超えることができない（278条2項）。

約定した期間が20年より短い場合は，永小作権ではなく，賃借権となる。

なお，農地法は，「農地または採草放牧地」の賃貸借の更新につき，一定期間内に更新拒絶の通知をしないと自動的に更新されるとしているが（農地17条），この「通知」には知事の許可を要する（同18条）。しかし，これらの規定は，永小作権には準用されない（最判昭34・12・18民集13巻13号1647頁）。

(b) 設定行為で期間を定めない場合　設定行為で期間を定めない場合の存続期間は，別段の慣習のない限り，30年とする（278条3項）。

(3) 対抗力

(a) 永小作権の対抗要件　小作権は物権であるから,「登記」が対抗要件である（177条，不登3条3号･79条）。

(b) 農地法による修正　農地法の適用される「農地および採草放牧地」の賃貸借については，その土地の「引渡し」をもって対抗要件となる（農地16条）。これが,永小作権について準用されるかについては見解が分かれるが，通説は準用を否定する。しかし，借地借家法との関係（法的保護政策）を考えるならば，肯定すべきであろう。

(4) 永小作権の処分

(a) 永小作権の譲渡・土地の賃貸　永小作人は，永小作権を他人に譲渡し，またはその存続期間内において永小作権の目的である土地を賃貸することができる（272条本文）。ただし，設定行為によってそれを禁止することができる（272条ただし書）ほか，別段の慣習があればそれに従う（277条）。農地法上の「農地または採草放牧地」については，農業委員会の許可がなければ，これらの処分は無効となる（農地3条）。

(b) 抵当権設定　永小作権は，地上権と同様，これに抵当権を設定することもできる（369条2項）。

(5) 小作料支払義務

(a) 永小作権の小作料　小作料の支払は,永小作権の要素である（270条）。それゆえ，小作料請求権は土地所有権に従属し，小作料支払義務は永小作権に従属する。これらは,不動産上の物権関係であるから,第三者への対抗要件としては「登記」を要する（地上権の場合と同様である。第2章**3**(5)(b)（274頁）参照）。

賃借小作権では，不可抗力によって賃料より少ない収益しか得られなかったときは，その収益の額に至るまで賃料の減額を請求することができるが（609条），永小作権では，不可抗力により収益が減少したときでも，別段の慣習のない限り，小作料の免除または減額を請求できない（274条，277条）。ただし，永小作地の一部が永小作人の過失によらないで滅失したときは，永小作人は，別段の慣習のない限り，その滅失した部分の割合に応じて減額を請求できる（273条→611条1項，277条）。

(b) 農地法上の小作料の取扱い　農地の借賃等（賃借権の「借賃」又は地上権の「地代」及び永小作権の「小作料」をいう）について，その額が「農産物の価格若しくは生産費の上昇若しくは低下その他の経済事情の変動により又は近傍類似の農地の借賃等の額に比較して不相当となったときは，契約の条件にかかわらず，当事者は，将来に向かって借賃等の額の増減を請求することができる。ただし，一定の期間借賃等の額を増加しない旨の特約があるときは，その定めに従う」（農地20条1項）。なお，借賃等の増減請求につき，当事者間に協議が調わないときは，裁判に移行することになるが，その場合には，双方にそれぞれ一定の制約がある（同条2項・3項）。

4　永小作権の消滅

(1)　永小作権に特殊な消滅事由

永小作権は，物権の一般的消滅原因である，土地の滅失，存続期間の満了，混同，消滅時効などによって消滅するほか，次の原因によって消滅する。

(a) 永小作権の放棄　永小作権者は，不可抗力によって引き続き3年以上まったく収益がないか，または5年以上小作料より少ない収益しか得られなかったときは，永小作権を放棄することができる（275条）。ただし，別段の慣習があれば，それに従う（277条）。

(b) 土地所有者の解除　定期の小作料を支払うべき永小作権者が，引き続き2年以上小作料の支払いを怠ったときは，土地所有者は，永小作権の消滅を請求することができる（276条）。ただし，別段の慣習があれば，それに従う（277条）。

なお，永小作権者が土地に回復不可能な損害を加えたり（271条），その他土地の使用方法に違反する場合においては，地主は，土地の使用の停止を求め，なお従わないときは，541条の規定に従って永小作権消滅の通知をすることができる（大判大9・5・8民録26輯636頁）。

(2) 永小作権消滅の効果

永小作権が消滅した場合，永小作権者は，土地を返還すべき義務を負う。この場合に，永小作権者は，土地を原状に復して地上物を収去できること，および地上物については地主が時価を提供して買いとるべきことを請求できることについては，地上権と同様である（ただし，習慣に従う。279条→269条。第2章3(6)（274頁）参照）。また，有益費の償還請求権についても，地上権の場合と同様に解すべきである（前提第2章3(7)（274頁）参照）。

第4章　地　役　権

1　地役権の意義

(1) 地役権とは何か

(a)「便益」性　「地役権」とは，設定行為で定められた目的に従い，自己の土地の便益のために，他人の土地を使用する権利である（280条）。例えば，A地への通路が狭小で自動車が入れないときに，B地の一部を通行する権利を設定する場合（通行地役権）などがそれである。便益を受けるA土地を「要役地」，便益に供するB土地を「承役地」という。このように，地役権は，承役地を使用することによって，要役地の使用価値を高めるものでなければならない。

(b) 地役権の態様　上記の「便益」目的は，通常，設定行為で定められる（280条。地役権の「設定の目的及び範囲」は登記事項である（不登80条1項2号））。ただ，何が便益かは，地役権の種類・態様によって異なることはいうまでもない。地役権には，上記のような承役地の一部を道路として用いる「通行地役権」のほか，高圧送電線敷設のために設定される「送電線地役権」，要役地の眺望を確保するために設定される「観望地役権」，引水のために設定される「用水地役権」（引水地役権），湧水池を設置するための「湧水池地役権」などがある。これらは，現実の法律問題として生起する場合に，それぞれ固有の特徴をもった問題として生じることは，以下で見るとおりである。

(c) 債権的地役権との差異　地役権の目的は，債権である賃借権によっても達成することができる。両者は，① 地役権では，後に述べるように，承役地の受ける拘束は地役権の目的を達することができる必要最小限に限られるから，それと両立する承役地の他の利用は可能となるが，賃借権による場合は，賃借人だけがその土地を利用するのが普通である，② 未登記地役権では，両者間の区別がつかないことが多い，などの問題が生じる。

(d) 相隣規定との関係　上記のような地役関係，すなわち要役地の便益ための承役地の利用とは，土地の利用上の調整という意味では，相隣関係の規定（209条ないし238条）と相通じている。しかし，相隣関係は，所有権同士の衝突（権能の衝突）に際して，民法上当然に（特別に）認められる所有権の権能の制限・拡張である（第2編第2章第2節4(1)（223頁）参照）のに対し，地役権は，当事者の契約（合意）によつて設定される土地利用権（用益物権）である。

(2) 地役権の法律的性質

(a) 従たる権利　地役権は，用益物権であり，権利としては独立した権利である（所有権の内容である相隣規定と異なる）。しかし，要役地の便益のために設定される権利であるから，地役権は要役地の所有権に従属し，それに随伴する（地上権や永小作権と異なる）。すなわち，──

i　地役権は，要役地の所有権の従として，要役地の所有権と共に移転する（281条1項本文前段）。したがって，地役権の移転を目的とする特別の意思表示を必要としない。また，地役権は，要役地の上に存する他の権利の目的となる（281条1項本文後段）。例えば，要役地上に地上権・永小作権の設定を受け，または賃借権を有する者は，当然に地役権を行使することができるし，要役地が質権・抵当権の目的となる場合には，地役権もその目的となるのである。ただし，以上の随伴性（ないし付従性）は，設定行為をもって排除することもできる（281条1項ただし書）。

ii　地役権は，要役地より分離して譲渡したり，他の権利の目的とすることはできない（281条2項）。

(b) 不可分性　共有関係にある土地では，その分割・譲渡などの際に，地役権の扱いが問題となる。この問題を，民法は，地役権の「不可分性」として処理した。すなわち，──

i　消滅の禁止　地役権は，要役地全体の便益のために，承役地の負担の上に存在するのであるから，要役地・承役地の共有者の1人は，地役権全体を消滅させることができないのは当然だが（251条），その持分に相当する地役権の部分を消滅させるようなこともできない（282条1項）。

ii　土地の分割・譲渡の場合　共有である要役地・承役地が分割または一部譲渡された場合には，地役権は，その各部のために（要役地の場合），またはその各部の上に（承役地の場合）存在する（282条2項）。

iii　取得時効の特則　時効の効力は相対的効力であるのが原則であるが，地役権の場合には特殊的扱いを受ける。すなわち，共有者の１人が時効によって地役権を取得したときは，他の共有者も地役権を取得する（絶対的効力）（284条1項）。共有者の１人に対する時効の更新は，地役権を行使する各共有者全員に対してしなければ，その効力を生じない（284条2項）。また，共有者の１人に時効の完成猶予事由があっても，時効は各共有者のために進行する（284条3項）。

2　地役権の成立

(1)　地役権設定契約

地役権は，通常，要役地の所有者と承役地の所有者との間の，地役権設定契約（物権契約）によって行われる（176条）。地上権者や永小作者が，その土地のために，またはその土地の上に地役権を設定できるか否かは問題であるが，学説は一般に肯定する（末川354頁）。賃借人については，判例は否定している（大判昭2・4・22民集6巻199頁）。

(2)　時効による取得

地役権は，「継続的に行使され，かつ，外形上認識できるもの」に限り，時効によって取得することができる（283条）。「継続」とは，地役権の内容たる土地の利用が間断なく続いていることをいい，「外形上認識」とは，そのことを外部から認識できる事実状態をいう。したがって，不継続の地役権（季節的な引水地役権，通路を開設しない通行地役権など）や，外形上認識できない地役権（観望地役権など）は，時効取得が認められない。問題は，「継続」性の意味であり，特に通行地役権で問題となる。

〔A〕 要役地所有者開設説　判例は,「継続」の要件を満たすには，承役地たる土地の上に通路の開設を要し（単に土地上を通行するという事実では足りない（大判昭2・9・19民集6巻510頁)），しかもその開設が要役地所有者によってされたことを要する，とする（最判昭30・12・26民集9巻14号2097頁，最判昭33・2・14民集12巻2号268頁。なお，沢井裕・東畠敏明・宮崎裕二『道路・通路の裁判例』138頁以下参照）。これは，みずから開設した通路を通行する者のみが「継続」的に土地を利用するに値し，他人の開設した通路を単に通行する者は，通行のつど断続的にその土地を利用しているにすぎないとする考え方に基づいている（宮崎孝次郎「地役権の時効取得」法協46巻7号171-172頁，川添・法曹時報10巻4号80頁）。

〔B〕 開設不要説　上記〔A〕開設必要説に対しては，反対が多い。例えば，末川博士は，他人の土地を通行・利用している状態が道路のごときによって客観化されていればよいのだから，その通路を何人が開設したかは問題とすべきではない，とする（末川356頁）。また，前掲最判昭33・2・14の裁判官補足意見は,「要役地所有者が自己のためにする意思をもって自ら当該道路の維持管理を為し（自らの労力または自らの費用をもって）来り，且つ引続き通行して来た場合」には，要役地所有者が開設したことを要しないとする。

〔B〕開設不要説に立つ限り，容易に（要役地が転々譲渡された場合には特に）その通行権は時効取得されることになろう。しかし，隣人の土地の通行は，多くの場合，その好意による無償通路開設に基づくものであろう。このような隣人間の好意による無償通行権が,「地役権」という物権に転換することは，その「好意」性に悖ることにもなるのである。他方，時効によって不利益を受ける側は，その時効完成を阻止する対抗手段が与えられなければならない（【I】376頁参照）。通行地役権の場合，もし開設行為がないとなると，承役地所有者は，現実にどのような事由をもって中断させることができるのか（一々，念書でも出させるというのであろうか）。通行地役権は，物権としてもきわめて特殊なものであって，目的物の占有による目的物自体の取得というのとは，わけがちがうのである。そのような事情を考えれば，判例の結論は妥当である。

3 地役権の効力

(1) 土地利用権

(a) 地役関係の物権性 地役権は要役地の便益に供することを目的とするから，地役関係（利用関係）は，要役地所有者と承役地所有者間だけではなく，それぞれの土地の権利者にも及ぶ。すなわち，要役地の地上権者，永小作人，賃借人なども地役権を行使することができる（前掲1(2)(a) i（285頁））とともに，承役地の地上権者，永小作人，賃借人などは，次に述べる地役権による拘束・義務を受ける。要するに，「物的負担」である。

(b) 承役地の地役義務 地役権の設定により，承役地の利用者（所有者・地上権者・永小作人・賃借人など）には，その目的に規定される義務（地役義務）が発生する。この義務の内容は，地役権の態様に応じた設定行為の解釈によって定まり，時効取得による場合には，その基礎となった承役地の利用形態によって定まる。この義務を大別すれば，——

i 忍容義務 地役権者の行為を忍容すべき義務であり，通行地役権・用水地役権など，作為の地役権の場合で問題となる。

ii 不作為義務 一定の行為をしない義務であり，観望地役権・高圧送電線地役権など，不作為の地役権の場合に問題となる。

(c) 承役地の利用に関する調整 承役地の利用関係について，民法は，以下のような調整的規定を置いている。——

i 用水地役権に関して 用水地役権（引水地役権）の承役地において，「水」が要役地および承役地の需要を満たすことができない場合は，要役地と承役地の需要に応じて，まずこれを生活用に供し，その残余を他の用途に供するものとする（285条1項本文）。ただし，設定行為に別段の定めがあるときは，この限りでない（285条1項ただし書）。また，同一の承役地上に数個の地役権が存在するときは，後の地役権者は，前の地役権者の「水」の使用を妨げることができない（285条2項）。この前・後とは，登記の前後に依ることはもちろんである（不登4条1項）。

ii　積極的義務の承継　設定行為または設定後の契約により，承役地の所有者が，自己の費用で地役権行使のために工作物を設け，またはその修繕をする義務を負担したときは，その義務は，承役地の特定承継人も負担しなければならない（286条。登記が必要（不登80条1項3号））。ただし，承役地の所有者は，いつでも地役権に必要な土地の部分の所有権を放棄して地役権者に移転し，その義務負担を免れることができる（287条）。

iii　工作物の共同使用権　承役地の所有者は，地役権の行使を妨げない範囲内で，承役地上に設けられた地役工作物を使用することができる（288条1項）。この場合には，承役地の所有者は，その利益を受ける割合に応じて，工作物の設置および保存の費用を分担しなければならない（288条2項）。

(2)　存続期間

地役権の存続期間については，民法上，規定はない。不動産登記法上も，「登記事項」とされていない（学説は，不動産登記法80条1項の趣旨からこの登記を認めるべきだとするが（我妻=有泉417頁，末川357頁など），立法論にとどまるだろう）。存続期間を永久とする地役権も，所有権に及ぼす影響も少ないことを理由に，学説は一般に有効と解している（我妻=有泉416頁，末川357頁など）。

問題は，2つあり，1つは，当事者間での問題である。これは約定の問題であるから，長期の期間を設定することは可能である。もう1つは，「期間」の第三者に対する対抗の問題である。「期間」が登記に現れないといっても，地役権自体が登記されていれば，第三者にもその存在が明らかであるから，「要役」関係が存続する限り地役権が存在すると考えてよい。

(3)　対　抗　力

(a) 地役権設定「登記」　地役権は，物権であるから，「登記」をもって対抗要件とする（177条）。時効によって取得された場合も同様である。ただし，地役権の内容（目的物に対する支配）からして，他の用益物権の登記とは大きく異なる。

i　「承役地」への登記　地役権の登記は，原則として「承役地」に対する登記となる(不登80条1項)。ただし，要役地に所有権の登記がないときは，承役地に地役権の設定登記をすることができない(同3項)。

ii　地役権者　要役地の所有権者，地上権者，登記がされている賃借権者。

iii　登記事項　その登記事項は，一般事項（権利に関する登記）(不登59条)のほか，①「要役地」，②「地役権設定の目的及び範囲」，が必要となる(同80条1項)。その「目的」については，「通行」，「水道管埋設」，「用水使用」，「観望」，「送電線の障害となる工作物を設置しない」，「日照の確保のため高さ何メートル以上の工作物を設置しない」などが認められている。

また，「目的及び範囲」の関係で，不動産の一部を目的とした登記をすることもできる。

iv　多重的設定　地役権の内容によっては，多重的に設定することが可能である。すなわち，1つの要役地のために地役権が設定された承役地につき，別の要役地のために同じ目的の地役権を設定することができる。用水地役権については明文があるが(285条2項)，他の地役権も同様に考えてよい。

v　「要役地」への登記　承役地に地役権設定登記がされたときは，登記官は，要役地につき，職権で，必要事項（要役地の地役権登記である旨，承役地の不動産事項，地役権設定の目的及び範囲等）を登記しなければならない(不登80条4項)。

(b) 未登記地役権の「対抗関係」　問題は，未登記の「通行地役権」について，承役地が譲渡された場合に，それを新所有者に対抗できるか否かである。判例は，以下のような準則を立てている。

i　「登記の欠缺を主張する正当な利益」判断　最判平10・2・13(民集52巻1号65頁)。通行地役権が設定されて通路として使用されていた通路部分を含む承役地が譲渡された場合に，その買主は，売主との間で通行地役権の設定者の地位を承継する合意はなかったが，要役地所有者らが通路として利用していることは認識していたという事案において，判例は，〔①〕「譲渡の時に，右承役地が要役地の所有者によって継続的に通路として使用されていることがその位置，形状，構造等の物理的状況から客観的に明らかであり，かつ，譲受人がそのことを認識していたか又は認識することが可能であったときは，譲受人は，通行地役権が設定されていることを知らなかったとしても，特段の事情がない限り，地役権設定登記の欠缺を主張するについて正当な利益を有する第三者には当たらない」とした。

その理由を，このような場合には，〔②〕「譲受人は，要役地の所有者が承役地について通行地役権その他の何らかの通行権を有していることを容易に推認することができ，また，要役地の所有者に照会するなどして通行権の有無，内容を容易に調査することができる」から，Yは，通行権の設定を知らなかったとしても,「何らかの通行権の負担のあるものとしてこれ〔＝承役地〕を譲り受けたものというべき」だからであるとする。また，〔③〕「このように解するのは，右の譲受人がいわゆる背信的悪意者であることを理由とするものではないから，右の譲受人が承役地を譲り受けた時に地役権の設定されていることを知っていたことを要するものではない。」という。

この判例は，177条の「第三者」につき，あたかも「事情を知らなくても」(悪意の否定)「登記の欠缺を主張し得ない第三者」が存在するという，いわば“第三の概念”を認める様相を呈している。しかし,既に述べたように(第1編第2章第3節**3**(3)(c)(85頁))，「登記の欠缺を主張し得ない第三者」と「信義則違反」との関係，及び「背信的悪意者理論」と「信義則違反」との相関関係をまったく理解していないといわざるを得ない。したがって，本件において，承役地の譲受人が「登記の欠缺を主張し得ない第三者」だというのであれば,「悪意又は重過失」が前提となると解すべきこと，既述したとおりである。事実，上記〔②〕において通行権が容易に推認でき，その有無・内容を容易に調査することができたというのであるから，本件では，事実認定として「悪意又は重過失」を引き出すことは可能であったのである。

ii　「対抗問題」的処理　　最判平25・2・26(民集67巻2号297頁。解説は，柴田義明「判解」法曹時報67巻6号40頁)。本件通路は，A社所有の甲・乙・丙土地とB（A社代表取締役）所有の丁土地から成る承役地の一部であり，昭和55年頃までに，要役地所有者X1とAとの間で開設された。その後，本件通路については，平成19年までの間数回にわたり，X1ら複数の要役地所有者と承役地所有者との間で，通行地役権設定の合意がされた。ただし，これらの通行地役権の設定登記はない。他方，昭和 56 年 11 月，甲土地にCのために根抵当権が設定され，平成 10 年 9 月には，甲〜丁全部につきDのために根抵当権が設定された。平成 18 年 7 月，Dから根抵当権の移転を受けたEの申立により，甲〜丁土地につき抵当権が実行され，平成 20 年 4 月，Yがこれを買い受けた。Yが本件通路にコンクリートブロックなどを置いて通行を不能にしたため，要役地所有者Xらは，承役地の買受人Yに対して，道路通行権の確認を求めた。

原審は，前掲最判平 10・2・13 に依拠して，「Y所有地の担保不動産競売による売却時に，本件通路は，外形上通路として使用されていることが明らかであり，Yは，Xらが所有し，又は賃借する土地上の工場に出入りする車両等が本件通路を使用することを認識していたか又は容易に認識し得る状況にあった。そうすると，Yが，Xらに対し，通行地役権の登記の欠缺を主張することは信義に反し，Yは，Xらに対して地役権設定登記の欠缺を主張するについて正当な利益を有する第三者には当たらないから，Xらは，Yに対し，通行地役権等を主張することができる」として，Xらの請求を認めた。

これに対して，本判決は，「通行地役権の承役地が担保不動産競売により売却された場合において，最先順位の抵当権の設定時に，既に設定されている通行地役権に係る承役地が要役地の所有者によって継続的に通路として使用されていることがその位置，形状，構造等の物理的状況から客観的に明らかであり，かつ，上記抵当権の抵当権者がそのことを認識していたか又は認識することが可能であったときは，特段の事情がない限り，登記がなくとも，通行地役権は上記の売却によっては消滅せず，通行地役権者は，買受人に対し，当該通行地役権を主張することができると解するのが相当である」とした。

これは，未登記地役権の「対抗力」（すなわち，177 条の例外的処置である「登記の欠缺を主張できる第三者か否か」の問題）については，前掲最判平 10・2・13 の判断を踏襲したが，抵当権の「対抗力」（設定登記）については，多重的に設定される抵当権は最先順位の抵当権が基準となるとする抵当法理論を採用した。抵当権の実行はすべての抵当権を消除するものであり，そこで，第

1順位の抵当権者が承役地の負担を窺知していない場合には，多大な損失を被るからである（その事実関係は，抵当評価額から判断できよう）。この取扱いは，妥当といえよう。

(4) 地　　代

地代（対価）についても，民法は何も規定せず，不動産登記法も，地代を登記事項とはしていない（不登80条1項参照）。そこで，問題となるのは，「地代」が約定された（または，されない）場合に，それを承役地や要役地の譲受人などの第三者に対抗できるか否かである。「地代」（対価）の支払いは，物権の要素ではないが（第3編 第1章 2(2)(c)(265頁)），地上権のように，地代が登記簿に反映される場合には対抗力を有する。だが，これを公示する手段がない以上，「地代」の存否ないしその額は，第三者に対抗できないことになろう。しかし，いくつかの場合を考えなければならない。

i　地代「額」の対抗　対価一括払いの地役権の場合には，承役地の譲受人は，地役権者に新たにその地代（対価）を要求できないというべきである（地役権付着による土地の減価分は，通常は売買代金に反映されているであろう）。その「額」が不当だというのであれば，後掲**iii**で争うべきことである。

ii　地代の存否の争い　次に，要役地が譲渡され，本来有償の地役権が，無償の地役権として譲渡された場合に，譲受人は地代の存在を否定できるか否か。判例は，地代支払義務は地役権の内容ではないから，有償の地役権を第三者に対抗できないとする（大判大12・3・10民集1巻255頁）。

しかし，「地代が地役権の要素ではない」ということは，地役権自体の性質が無償性であることを意味しない。それは，地役権の成立には，地代が約定されてもされなくてもかまわないということをいうにすぎず，地代の存在自体を否定するものではないのである。そして，対抗要件主義（177条）が問題とするところの「対抗」とは，二人が権利（ここでは地代の領収権）の帰属を相争う関係であるが，ここでは，その問題は生じていない。地代の存在自体の問題ではなく，その額を対抗できるかどうかが問題となっているにすぎないのである。そこで，要役地の譲受人は，地役権の存在を窺知しているならば，当然にその内容や地代額を知りうる立場にあるというべきであって，前掲(3)に記したように，地役権の特殊にかんがみ，「登記の欠缺を主張しうる正当な利益を有する第三者」に当たらないとする判断枠組みを類推して，信義則上，地代の存在ないしその額を否定できないと解すべきであろう。現代の社会において，およそ地役権が無償であるとは考えられず，もし無償である場合には，それくらいの注意を払ってしかるべきだからである。

iii　地代額の争い　なお，地役権の存続は長期であるため，当事者の交替などの場合を含めて，その「額」を争うことが少なくない。その場合には，永小作権の規定（274条）ないし借地借家法11条の類推，あるいはより一般的な事情変更の原則により，その増減額の請求が検討されるべきである。

(5)　物権的請求権

地役権は，一定の範囲で承役地を使用（支配）する物権であるから，その支配権が妨げられた場合は，物権的請求権が発生する。しかし，承役地を占有すべき権利を伴うわけではないから，承役地の返還請求はできず，妨害排除の請求および妨害予防の請求ができるにとどまる。

4　地役権の消滅

地役権は，存続期間の満了，物権の一般的消滅原因である混同・放棄（第1編第2章第6節（170頁）参照），前述した承役地の委棄（287条。前掲3(1)(c)ii（289頁）参照）のほか，時効（承役地の時効取得による消滅，地役権の消滅時効）によっても消滅する。最後のものにつき，民法は特別規定を置いた。

(1)　承役地の時効取得による消滅

第三者が承役地を時効取得した場合には，地役権は，これによって消滅する（289条）。もっとも，第三者が地役権の存在を容認しているときはもちろん，地役権者がその権利を行使しているときは，消滅しない（290条）。後者の場合を民法は「消滅時効の中断」としているが，権利自体の時効消滅ではないので，本来的な消滅時効の場合とは区別すべきである。

(2)　地役権の消滅時効

地役権も一般原則（166条2項）に従って20年の消滅時効にかかる。ただし，その**期間**は，一般原則（166条）によるのではなく，不継続地役権については最後の行使の時から，継続地役権についてはその行使を妨げる事実が生じた時から，起算する（291条）。なお，地役権は，常にその全部が時効消滅するというわけではなく，不行使の部分だけ消滅する（293条）。

要役地が共有の場合において，その１人に時効の完成猶予または更新事由が生じたときは，その効力は他の共有者にも及ぶ（絶対的効力）（292条）。

第5章　入　会　権

1　入会権の意義

(1)　入会権の社会的意義

入会権とは，一定の村落民が山林や河川に入り会う団体的権利（用益物権）である。村落民は，共同して，木材の伐採や採草，漁労などを行うのである。

封建時代においては，このような団体的用益権は，極めて重要な一つの団体的生活権であった。これまでの入会権の歴史から理解されるように，入会は，村落での生活において大きな意義を有していた。しかし，個人的所有を中心に構成される商品経済社会（資本主義社会）にあっては，このような団体的権利は，しばしば，その発展を閉塞させる要因でもある。最後の4（299頁）で叙するが，林野関係では，入会権は近代化を阻害することも事実なので，1966（昭和41）年に「入会林野等に係る権利関係の近代化の助長に関する法律」が制定され，入会権を消滅させる方向で近代化が図られている。ただ，河川における漁労関係などでは依然慣習的権利として存在している。

なお，入会権は，以上のように各地の団体的な生活慣習を基礎として成立・存在することから，法現象を解明するための法社会学的な研究対象となり，昭和30年を頂点として大きな成果を上げてきたのである（なお，入会権の裁判例も夥しい数にのぼるが，これについては，中尾英俊『入会権(1)・(2)』（叢書民法総合判例研究⑫）に詳しい）。

(2)　入会権の法律的性質

このような権利は，各地方の慣習的な性格が強く，民法理論で割り切れるものではない。そこで，民法は，立法に際して入会に関する慣習が入念に調査されなかった事情もあって，村落が土地を所有する形態を「共有の性質を有する入会権」として捉え，この場合は，各地の慣習に従うほか，「共有」の規定を適用することとし(263条)，他方，村落以外の主体が土地を所有する形態を「共有の性質を有しない入会権」として捉え，この場合は，各地の慣習に従うほか，「地役権」の規定を適用することとした(294条)。

しかし，これらの区分は，入会団体の実体に適合したものではなく，したがって，あまり意味のある取扱いではない。そこで，現在では，入会権とは，「村落共同体もしくはこれに準ずる共同体が主として山林原野に対して総有的に支配するところの慣習法上の物権である」(川島武宜)と定義され，もっぱら慣習法によって規律しようとしている。なお，この「総有」とは，団体的性格の極めて薄い共有と対置される概念であることは，既述した(243頁【共有の3形態】参照)。

2　入会権の内容

(1)　入会権の主体

入会権を有するのは，通常，一定の村落民であり，入会集団の構成員となる資格は，慣習によって異なろう。一般には，家長ないし世帯主である場合が多いが，それ以外の者が新たに資格を取得するためには，長期にわたる村落での居住や相当の代償支払いを要件とする場合もある。

他方，この資格は，他地へ転出した際には失うとされることもあり，また，持分権として村落内での譲渡が認められる場合もある。

(2)　管理・処分

入会地の管理・処分は，入会集団の構成員の構成する寄合いにおいて決定されよう。その形態を，裁判例などから見ると，次のように分類されよう（もちろん複合的な形態も存在する)。──

(a) 分割利用　入会地を区分し，これを各個人に割り当てて利用させるもので，「分け地」・「割山」などと呼ばれる。なお，「分け地」については，すでに個人に分配された以上，村民が入り会う権利は消滅したとする議論があったが，判例は，当該慣習上，入会権的性格を失ったとはいえないとしている（最判昭40・5・20民集19巻4号822頁）。

(b) 直轄利用　各構成員の個人的利用を禁止して，入会集団が入会地を直接管理・運用し，その収益を各構成員に分配するというものである。「留め山」などと呼ばれる。

(c) 契約利用　入会集団が，村落外の者と入会地の利用契約を結び，代価を徴収して集団の収益とする形態である。

3　入会権の変動

(1)　入会権の成立

入会権は慣行上の権利であるから，設定という概念は適当ではない。しかし，今日では，入会地をめぐる紛争解決上，地役的入会権者が入会地を買い取った場合には，地役的入会権の消滅と共有の性質を有する入会権の発生を認めてもよいとする学説もある。

(2)　入会権の対抗要件は

入会権は，用益物権であるが，登記制度になじむ物権ではない。権利の内容・対象・主体等が，まさに様々だからである。不動産登記法でも，入会権の登記を認めていない（不登3条参照）。それゆえ，入会権は登記がなくても，その存在自体で第三者に対抗することができるのである。

(3)　入会権の変更・消滅

入会団体の有する権利内容は慣習によって決まっていようが，入会権者全員の一致によって，これに変更を加え，または消滅させることもできよう。特に問題となったのは，その消滅に関してである。──

(a) 国有地入会　1874年（明治7）以降の土地の官民有区分処分によって，入会地のうち，村落が所有する土地とされてきた多くの入会地が官有地とされた。そして，明治政府は，1881年（明治14）頃から，入会権の存続を否定する政策をとったのである（これに対して，農民は，「下戻（かれい）運動」（払い下げ運動）として抵抗した）。大審院も，当初，国有地上の入会権の存続を肯定したが，入会権は官民有区分処分によって官有地に編入されると同時に消滅するのだ，という態度をとってきた（大判大4・3・16民録21輯328頁）。

しかし，最高裁は，この大審院の判決を改め，官地編入によっても入会権は消滅しないという見解を示した（最判昭48・3・13民集27巻2号272頁）。

【官地編入によっても入会権は消滅しない】　前掲最判昭48・3・13（屛風山事件）であるが，地租改正の際に国有地に編入された本件入会地に薪炭材採取の入会権を持つ本家のＢ（被告）らは，国からその土地の貸与を受けたとして，松立木を伐採し，代金を分配した。これに対して，分家のＡ（原告）らは，平等の割合をもつ入会権の確認と，その立木伐採による損害賠償を請求した。原審は，Ｂらの国有地編入による入会権消滅の主張を認めず，Ｂらに当該土地の貸与があったことも認めなかった。Ｂからの上告。

棄却。「明治初年の山林原野等官民有区分処分によって官有地に編入された土地につき，村民が従前慣行による入会権を有していたときは，その入会権は，上記処分によって当然には消滅しなかったものと解すべきである」とし，その理由として，地租改正・官民有区分処分の過程で入会権が消滅するとする明文規定はないことと，本件における入会権存在の地域的特殊性を詳細に述べる。

(b) 公有地入会　官民有区分処分で村落所有と認められ，その名義で地券の交付を受けたもののなかには，明治21年の町村制の施行に伴い，統合された町村の所有名義となるか，財産区（公法人）の所有となるものが多かった。町村制の規定は，これらの土地上の入会権を旧慣使用権とし，町村会の議決により旧慣使用権を廃止または変更できるとしていた。この旧慣使用権は，民法上の入会権であって，公有地入会として認められるものである（大判明39・2・5民録12輯165頁）。

4　入会権近代化事業

冒頭で述べたように，入会権は，団体的生活を基盤として成立・存続してきた団体的用益権である。しかし，個人所有を基本とする資本主義経済にあっては，その発展を閉塞させる原因にもなっている。特に，農林業関係においては，その近代化の遅滞する一因をなしている。他方において，入会権は，現実に，解体・消滅の方向に進んでいることも事実である。このことは，現代における入会権の存在理由が希薄になっていることをも意味しよう。

このような事情を背景として，1966年(昭和41)に「入会林野等に係る権利関係の近代化の助長に関する法律」が制定された。この法律の制度趣旨は，「入会林野又は旧慣使用林野である土地の農林業上の利用を増進するため，これらの土地に係る権利関係の近代化を助長するための措置を定め，もって農林業経営の健全な発展に資することを目的とする」(入会林野1条)ものである。

この基本的視点の下に，上記法律は，一方では，入会権を消滅させて，所有権，地上権，賃借権その他使用および収益を目的とする権利に転換し(同12条，23条1項)，他方で，入会林野整備（および旧慣整備）を行い，もって農林業の近代化を推進しようとする政策をとる。民法上の入会権は，今後は，この法律の政策に沿って規制されるであろう。

事項索引

＊　ゴチック体は重要頁

判例索引

＊ 大審院・最高裁・下級審を通して、年月日順である。

条文索引

近江幸治（おうみ・こうじ）
略歴　早稲田大学法学部卒業，同大学大学院博士課程修了，同大学法学部助手，専任講師，助教授，教授（1983-84年フライブルク大学客員研究員）
現在　早稲田大学名誉教授・法学博士（早稲田大学）

〈主要著書〉
『担保制度の研究――権利移転型担保研究序説――』（1989・成文堂）
『民法講義0 ゼロからの民法入門』（2012・成文堂）
『民法講義Ⅰ 民法総則〔第7版〕』（2018・初版1991・成文堂）
『民法講義Ⅱ 物権法〔第4版〕』（2020・初版1990・成文堂）
『民法講義Ⅲ 担保物権〔第3版〕』（2020・初版2004・成文堂）
『民法講義Ⅳ 債権総論〔第3版補訂〕』（2009・初版1994・成文堂）
『民法講義Ⅴ 契約法〔第3版〕』（2006・初版1998・成文堂）
『民法講義Ⅵ 事務管理・不当利得・不法行為〔第3版〕』（2018・初版2004・成文堂）
『民法講義Ⅶ 親族法・相続法〔第2版〕』（2015・初版2010・成文堂）
『担保物権法〔新版補正版〕』（1998・初版1988・弘文堂）
『強行法・任意法の研究』（共編著・2018・成文堂）
『日中韓における抵当権の現在』（共編著・2015・成文堂）
『New Public Management から「第三の道」・「共生」理論への展開――資本主義と福祉社会の共生――』（2002・成文堂）
『民法総則（中国語版）』（2015・中国・北京大学出版社）
『物権法（中国語版）』（2006・中国・北京大学出版社）
『担保物権法（中国語版）』（2000・中国・法律出版社）
『クリニック教育で法曹養成はどう変わったか？』（編著・2015・成文堂）
『学術論文の作法〔第2版〕―〔付〕リサーチペーパー・小論文・答案の書き方』（2016・初版2011・成文堂）
『学生のための法律ハンドブック』（共編著・2018・成文堂）

民法講義Ⅱ　物権法〔第4版〕

1990年2月2日　初版第1刷発行
1998年6月1日　初版補訂版第1刷発行
2003年4月10日　第2版第1刷発行
2006年5月1日　第3版第1刷発行
2023年4月1日　第4版第2刷発行

著　者　近　江　幸　治
発行者　阿　部　成　一

〒162-0041　東京都新宿区早稲田鶴巻町514番地
発行所　株式会社　成　文　堂
電話 03(3203)9201(代)　Fax 03(3203)9206
http://www.seibundoh.co.jp

製版・印刷　三報社印刷　　製本　弘伸製本

ISBN 978-4-7923-2754-5　C 3032

定価（本体2800円＋税）